中西對話
汪琪 主編

邁向第二代本土研究

社會科學本土化的轉機與危機

汪琪 著

中西對話叢書序

清末民初的百年間西學東漸，中國的思想與學術在一場驚天動地的典範轉變後，逐漸陷入一個歷史學家余英時所謂的「雙重邊緣化」困境。在理論知識上忠實追隨西方，不僅使我們在國際學術版圖上淪為邊緣，研究對本土社會文化發展的貢獻也頗為有限。華人社會在人文社會科學研究上年復一年投入龐大人力與資源，但我們是否真正瞭解「全球化」與「本土化」的意義？在二十一世紀的今天，我們如何看待自己、看待西方、重建「主體性」，又如何在學術上與西方對話？

許多人急於提出「本土理論」，然而理論知識的產生必須由更根本處著手。無論是對西方論述的回應、由現代學術的觀點詮釋傳統、檢視中西思想交流，或直接面對本土學術議題，系列叢書的目的都在以一種較「本土化」視野更為寬廣的思維，來推展本土學術可長可久的發展。

導讀

肖小穗（香港浸會大學傳理學院教授）

過去三十年間，港台和大陸有關「社會科學本土化」的討論此起彼伏，文章寫了很多，研討會、對話會、座談會等開了不少，會議後的論文彙編也出過若干本。在傳播研究方面，最近的有汪琪編著的英文專集《傳播研究去西方化》（*Wang, De-Westernizing communication research: Altering questions and changing frameworks*, 2011）、馮應謙、黃懿慧合編的《華人傳播想像》（2012），以及黃旦、沈國麟合編的《理論與經驗——中國傳播研究的問題及路徑》（2013）。但獨家發表的專著，目前還只有汪琪的這本《邁向第二代本土研究》。行內早在打聽這部書的「產期」，不久前《傳播與社會學刊》邀請汪琪參加了一場「學術對談」，談的就是她對目前傳播研究本土化的看法（汪，2014）。作為學刊一方的對談人，我捷足先讀了這部書稿，對談時更是近水樓台，提出了一些問題，得到汪琪的解答，受益菲淺。所以我很願意為這部新作寫些什麼，雖然自忖沒有評價它的資格，但還是願意分享我的點滴心得，希望能起點「導讀」的作用。其實在介紹這次「學術對談」的「卷首語」（肖，2014）中，我已多少寫下了一些感受，但意猶未足，現在正好把我當時未來得及說的話補上。

要理解汪琪的這部新作，得從她本人的履歷說起。汪琪有學貫中西的寶貴經歷：出身於外交官世家，早年在海外耳濡目染；在美國攻取博士之後，先在美國東西文化中心從事研究，後返台灣執教，並致力於本土研究；在台灣、香港等地擔任傳播學講座教授和院長期間，更積極推動本土與國際的學術交流。這一特殊經歷讓汪琪的本土化見解具有一種恢宏的國際視野。值得一提的還有汪琪長期主持「本土化研究」的資歷。早在一九九八年，汪琪就已啟動其「本土化研究」的大計，開辦過數次工作坊。由香港回台北後，曾主持一個「頂尖大學研究計畫」，主攻傳播研究的本土化，為此她舉辦過國際學術會議，會議論文後來彙編成上述的英文專著（*De-Westernizing Communication Research*, 2011）和一本期刊專輯（*Asian communication research in ferment*, 2009），分別由勞特利其出版社（Routledge）和《亞洲傳播期刊》（*Asian Journal of Communication*）出版。之後，汪琪又開啟一個「中西對話叢書」的計畫。新的研究經歷再次拓展了汪琪的視野，她於是重新檢討第一代學者的本土化論述，這次檢討造就了她的這部新著——《邁向第二代本土研究》。

從書名看出，這部《邁向第二代本土研究》的起點較高，一開始就從一個高度上來檢視過去的本土化觀點。這一高度自然與汪琪長期主持本土研究的資歷相關，但是話說回來，僅僅是「資歷」和「輩份」不足以解釋這部專著的思想高度，「資歷」和「輩份」並不決定汪琪必然要「邁入第二代本土研究」。汪琪的「第二代」觀點與其說是反映了學界的主流意見，不如說是來自她個人的深刻反思和批評意識。

的確，這部專著比現有的許多本土化論述站得更高，也走得更遠。她所追求的本土化「不只在於回歸本土、也在走出本土」（第二五九頁）。在她看來，七〇年代以來港台大陸學界發起的「本土化」運動看似一路高歌猛進，但實際上已經進入了某個瓶頸。問題的原因是多方面的，其中，「最令人焦慮的，是不但『本土化』概念摻雜了許多似是而非的說法，學界對於本土學術發展也呈現兩極化傾向：或是追隨主流、或是專注本土」（2014，頁4）。這一問題反映出學界並不真正瞭解「本土化」的目的，因此不清楚應該如何實現「本土化」。汪琪認為「本土化」的最終目的是提出自己的看法，與國際主流對話（2014，頁9—11）。

回歸本土不難，走出本土也不難——早在上世紀二〇年代的科玄論戰中打得不可開交的「玄學派」和「科學派」就已經分別這樣做了；難的是兩者結合。在我看來，汪琪的心始終是向著本土的，言語間處處流露出對本土的強烈關照。據汪琪自己說，她早年的幾本著作「都是在凸顯媒體的文化特色、『在地』觀點或經驗」（2014，頁4）。這次回首過去，其用意也是要「邁入」第二代本土研究。正是因為有她「立足本土」之情深，才有她「走出本土」，「與主流對話」之意切。

汪琪清楚地意識到，「只是凸顯本土經驗是不夠的，因為本土學術發展最終無法迴避理論層級的討論與對話」。為此她建議我們走出「本土／國際」二分的思維模式，而要這樣做，首先是要小心使用「本土化」這一概念，原因是它「摻雜了許多似是而非的說法」，其中包括了本土「在地化」、「典型化」、「本質化」、「中國化」、「港台化」等片面的說法（2014，頁2—10）。更有甚者，這個「化」有演化成狹隘的本土主義的危險，汪琪相信狹隘的本土主義沒有出路，只會把本土研究引向一種極端的做法，或是「專注本土」，或是「追隨『西方』主流」。不幸的是，她看到這種二極化的危險正在成為現實，許多華人學者都在忙著經營自己的一小塊「本土」，結果是沒有「整合性的整理與分析」、「欠缺理論論述」、「不事經營學術主張」、「對於研究問題與觀察角度欠缺自主性」、「被動地『套用』或『照搬』現成理論」，最後事與願違，「華人學者基本上都仍然是在複製西方的理論論述」（頁22—38）。

「邁入第二代本土研究」，意味著學者要進入一個新的問題區域。對我來說，這部新著最有價值的地方還不在於它給出的答案，而在於它引發我們去思考的許多問題。譬如，「本土文化」是否可以還原為某種「本質」？是否有必要區分「本土」與「非本土」研究？紮根於「本土」的研究是否就是「本土研究」？我們是否有評判「本土」的客觀準則？本土化是否應該牽扯上族群情結？研究傳統的觀念和方法是否就是本土研究？如何避免西方視角和西化立場？……這些問題是沖著目前本土研究的本體論、認識論、價值論和方法論來的，所以不是一般的問題。我們不一定認同所有這些問題，但不能不承認它們是彼此牽連、共同進退的。若分開來看，這些問題可能不是什麼新問題，我們也許在某些場合討論過它們。但綜合來看，它們反映了一種新思維，新在它們超越了本土／外來二分的思維模式，也就是說，它們是在一個新的、開放的思維框架下提出來的。不錯，我們仍然可以堅持舊的本土化思路，並從這一思路上來回答上述問題，但不可否認，這些問題的提出本身已經開放了從另外一個思路上來回答的可能性。新一代的本土學者不是非要在汪琪的問題框架下思考和工作，但起碼要回應汪琪的問題，並要嘗試給出合理的說法。

新一代本土學者要走出本土，與國際學術對話，但在走向對話的路上，他們還必然要遭遇來自「特殊／普世」二分模式的阻礙。汪琪還必須處理好這個二分模式，否則對話會演變出另外一種二極化傾向：或是各說各話（專注本土），或是套用西方的理論論述（追隨主流）。有趣的是，汪琪採取了另外一種處理方法，在「本土」還是「國際」的問題上，汪琪的做法是「走出本土」；而在本土「特殊性」還是西方「普世性」的問題上，她卻選擇把西方拉回到它的「本土」原點，「西方不過是另一個『本土』」（頁30）。既然西方不代表「普世」，對話也就沒有必要套用西方的論述。

但與此同時，為了避免各方學者各說各話，汪琪「必須尋找一條『異』中可以求『同』的途徑」，她於是主張用「可共量性」概念取代「普世性」（2014，頁7）。「可共量性／不可共量性」（commensurability/incommensurability）源自孔恩（Thomas Samuel Kuhn）的「科學革命」理論。之所以要說「革命」，是因為孔恩認為新的科學典範不可能從舊的典範內部自發產生出來，新舊典範使用不同的語彙，彼此無法對譯和互通。孔恩說它們「不可共量」，意謂它們是不可比較的。但因為「不可共量」的說法無法解釋在不同典範下工作的科學家仍然可以溝通的事實，孔恩在晚年修正了原先的一些說法，在他看來，「不可翻譯」的語彙不一定就「不可詮釋」，因此在不同典範下工作的人們仍然可以借助「詮釋」來達至相互的理解（Kuhn, Conant & Haugeland, 2000, pp. 36-38）。這一修正開放了一種可能性：「不可共量」的語彙或概念經由適當的「詮釋」之後是「可以共量的」。「可共量性」概念於是被汪琪用來說明本土學術在國際間與其他本土學術對話的可能性。這個「可共量」而不是「普世性」的選擇再一次顯示了汪琪的本土傾向，對她來說，「『可共量』有一個『普世性』所沒有的關鍵性優點，就是它所要求的是『相似』或『對等』、而非絕對的『相同』；……因為只是『雷同』，『特殊性』就保有了一個合理的存在空間」（2014，頁8）。

由此看來，在汪琪的本土化論述架構裡「詮釋」（interpretation）最後承擔了促進學術對話的重托，它甚至承載了本土研究發展的希望，它因此必須是一個複雜的過程。這樣一個論述架構決定了這裡說的「詮釋」既不同於「翻譯」（translation），也有別於一般人所理解的「詮釋」。它需要處理好「不可翻譯性」與「可共量性」的關係，前者解釋了本土學術的「特殊性」，後者則解釋了它由「特殊」走向「共通」的可能性。因為這樣，它至少要分兩步走，即「由『普世』到『特殊』、再由『特殊』到『可共量性』」（頁214）。從另一角度來說，詮釋意味著詮釋者不能滿足於尋求意思相等或相近的語彙，他還要「進入概念與命題的歷史脈絡」（頁212）。如何進入？汪琪提供了以下方法，它包括兩個重要步驟：

首先，要擴大文獻探討（literature review）所參考的範圍。不但包括相關理論過去的討論，也包括這些理論的思想根源與歷史文化背景，同時找出所有本土文獻中足以連結「本土」

與「外來」觀點與關懷重點的論述。其次，由於這些本土觀點、思想與關懷重點未必是以現代所謂「科學語言」所書寫，甚且也不合乎社會科學的論述原則，因此在分析比較「外來」與「本土」的「異」、「同」及其理論上的意義之前，必須經過「詮釋」與「翻譯」，將其轉化成為得以與「外來」論述對話的語言（頁251—252）。

汪琪在最後一章（第六章）還提供了一個具體實施這一方法的分析案例。我個人認為，「進入概念與命題的歷史脈絡」是必須的，但在具體的操作上，我們可以不拘一格，我們可以有各種進入「歷史脈絡」去尋求「特殊性」和「可共量性」的途徑。就是在以上方法的框架之下，我們也還可以選擇不同的做法。思想史家如張灝、墨子刻、史華慈等已開發出一些具體進入「中國歷史脈絡」的路徑，譬如從當事人的思想環境和生存情境進入（如張灝，2006），或者從儒學傳統的「共同語法」入手（如墨子刻，1996）、又或者從中國文化的問題意識（Problematiques）出發（如史華慈，見林同奇，2002），這些路徑各自代表了一種處理和分析歷史文獻的方法。學者在尋求進入歷史文獻的同時，也在尋求一種理解和對話的方式。本土的傳播學者可以參考這些方法和途徑。但無論是何種方法和途徑，它們都將見證這一過程是汪琪所說的「一個批判／吸納、對抗／融合、破壞／建立的過程」（頁212）。

在我看來，本書有兩個道德亮點，讓這本視野高遠的專論不會顯得高不勝寒。首先是對文化間對話的冀望。把跨文化對話看作是「本土化」或發展本土學術的最終目的，是汪琪個人的理解和願景，本土學者不一定都這樣想，這不一定就是他們發起「本土化」運動的初衷。但我認為這是汪琪的灼識，它展示了一種國際視野，也為「本土化」或本土學術發展安排了一個美好去處，「本土化」不是閉門造車，自說自話，這畢竟是一個全球化的時代（不管從哪個意義上來理解它）。其次是汪琪對中國文化的深刻反思。她在第二、第三章指出目前「本土化」的許多問題（譬如欠缺自主性）都可以追根求源到華人文化的治學傳統、教育體制、或學術政策，她的意思是要本土學者更多地思考中華文化自身的問題。對她來說：「今天華人學術發展所面對的也絕不只是一個學術帝國主義的問題，而是學術典範、教育體制與政策問題，更是歷史文化問題——是一個關乎整體、而非只是「本土」或非西方學界的問題。文化是關鍵、也是所有上述因素背後的根源；它不是一個冰冷遙遠的研究題材，也是研究的本身」（自序）。反思自己的文化不應該是問題，中國文化不是也講究反求諸己嗎，所以這一要求不過份，起碼在道德上說得過去。

我個人認為，汪琪在書中提出了一個理論架構，這是一個完整的架構，每個部份都經過仔細的斟酌和推敲，而部份與部份之間則由若干重要的文化價值理念鉚接在一起。任何理論架構都需要某些價值理念從中穿針引線，所以不是問題。我倒認為汪琪對跨文化對話的熱切關照和她強烈的反思意識，正好凸顯出她的本土化論述的主要特色。

參考文獻

1 Kuhn, T. S., Conant, J., & Haugeland, J. (Eds.) (2000). *The road since structure : philosophical essays, 1970-1993, with an autobiographical interview.* Chicago: University of Chicago Press.

2 Wang, G. (Ed.) (2011). *De-Westernizing communication research: Changing questions and altering frameworks.* London: Routledge.

3 Wang, G. (Ed.) (2009). Special issue: Asian communication research in ferment – Moving beyond Eurocentrism. *Asian Journal of Communication*, 19 (4).

4 馮應謙、黃懿慧編（2012）：《華人傳播想像》，香港：香港中文大學香港亞太研究所。

5 黃旦、沈國麟編（2013）：《理論與經驗——中國傳播研究的問題及路徑》，上海：復旦大學出版社。

6 林同奇（2002）：〈他為我們留下了什麼：史華慈史學思想初探〉，《世界史學》，第二期，頁38－66。

7 汪琪（2014）：〈本土傳播研究的下一步〉，《傳播與社會學刊》，第二十九期，頁1－15。

8 肖小穗（2014）：〈走出簡單的二分模式〉，《傳播與社會學刊》，第二十九期，頁v－x。

9 墨子刻（1996）：《擺脱困境——新儒學與中國政治文化的演進》（*Escape from predicament: Neo-Confucianism and China's evolving political culture*）。南京：江蘇人民出版社。

10 張灝（2006）：《危機中的中國知識份子：尋求秩序與意義》（*Chinese intellectuals in crisis: Search for order and meaning,* 1890-1911）（高力克、王躍譯），北京：新星出版社。

序

或許是自己的生長環境與經歷，文化議題始終讓我著迷；但是會把文化差異帶進學術研究本身來看「本土化」，卻是經年累月在「問」、「被問」、「反問」與我所得到、以及沒有得到的答案之間發酵、沉澱而來的。

十多年前，在巴黎一次以全球化為題的演講結束後，一位白髮蒼蒼的教授來問：「為什麼妳不講『你（們）的』理論？」面對這樣一個從未想過的問題，我只能回說：「全球化理論就是這樣」；「但東方有很深刻的思想傳統」，他顯然不滿意我的答覆，說完轉身離去。又一次和一位被我認為是「狂熱馬克思主義者」、「思想不轉彎」的朋友閒聊，無意間說出自己的疑惑：「為什麼新舊馬克思主義論述總把自由主義經濟與文化視為對立的兩個極端？」本以為這問題會觸發對方熱辣的反駁，不料這位德國學者竟回說：「有道理；問得好！」這答覆同樣讓我出乎意表。巴黎老教授的問題讓我開始思索「我」、和「我的文化傳統」與我所瞭解的理論之間的關聯；而終生以馬克思研究為職志的老友，則讓我不得不認真面對「理論未必有效」、以及「所以又怎樣」的問題。

問題引導思考，但有時沒有問題，也同樣逼人思考。一段時日後，我觀察到這類對答不常在本土社會科學與人文學界出現——這又是為什麼？問到理論，我當年給法國老教授的答覆：「人家理論就是這樣」是常見的回應；也有更熱心的學者建議：「先回去把它弄懂再問。」但就只有「沒弄懂」才會有問題嗎？在西方的思辯傳統，問題是科學發現與知識建構的起點。常常是：有問題就沒問題、沒問題倒會有問題。或說華人不習慣發問與質疑，但重「體悟」與「轉化」。問題是，我們的研究中展現了多少體悟的淬鍊與轉化的智慧？如果我們覺得不應該安於本土學術的現狀，未來的路又要怎麼走？

對於許多學者，「本土化」是問題的答案；它也是一個學術自主的問題。「主體性」淪喪所造成的現象令人不安，由這個角度切入本土化議題十分自然。但是本土化概念有其含混之處；對我而言，今天華人學術發展所面對的也絕不只是一個學術帝國主義的問題，而是學術典範、教育體制與政策問題，更是歷史文化問題——是一個關乎整體、而非只是「本土」或非西方學界的問題。文化是關鍵、也是所有上述因素背後的根源；它不是一個冰冷遙遠的研究題材，也是研究的本身。我們要進入西方所建構的現代學術領域，無時無刻不在面對跨文化互動所可能出現的問題。脫離文化脈絡去講「主體性」，不但很容易讓我們落入「文化中心主義」的陷阱，許多無解的問題也隨之而來。

本書是根據作者於二〇一一年編輯出版的英文著作：《傳播研究去西方：不同的問題與框架》（*De-Westernizing Communication Research: Altering Frameworks and Changing Questions*）中，自己執筆的三章發展而成。這本書的付梓，也是一連串因緣際會的產物。二〇〇七年我由香港回到台北執教，當時一個有關傳播研究本土化的「頂尖大學研究計畫」主持人出缺，給了我一個重拾此一研究議題的機會。說「重拾」，是因為一九九八年起，我已經開始了這一主題的跨學門計畫，但是在舉辦了幾次工作坊、以及初步資料蒐集之後，始終沒能在工作的轉換中，得到進一步開展的機會。二〇〇七年的「頂大計畫」提供了一個平台——兩年期間由工作坊發展出國際學術會議，會議論文再分別由《亞洲傳播期刊》（*Asian Journal of Communication*）與勞特利其出版社（Routledge）出版，至此告一段落。同一時間，國立政治大學提供的「講座研究費」，讓我得以開啟了一個頗為浪漫的「中西對話系列叢書」計畫，希望能藉由深入歷史文化脈絡去討論各學門的關鍵概念，為未來建構本土論述鋪路。然而系列專書第一、二本所得到的反應讓我了解，對大部分學界人士，「本土化」的意義、作法與牽涉的因素，還是相當陌生與模糊。困心衡慮的推敲，使我興起了撰寫本書、以及調整系列叢書方向的念頭。

由文化角度來看本土學術有助於拓展視野，但也令我遭遇前所未有的挑戰。首先，是「本土化」所牽涉的議題，逼使我遠遠離開了自己熟悉的傳播研究，進入許多頗為陌生的領域——包括哲學、詮釋學、甚至中東、以及南亞近代史。這其中的每一個領域都足以令人傾畢生之力去鑽研；而我只是一名過客、一名粗暴的掠奪者，貪心地各處尋找可以灌溉本土議題的活水泉源。書寫過程中的另一挑戰，是我提出的論述，是否能夠通過自己所定立的標準、達到自己期許他人的目標？每一支射向別人的箭，都有兩支對準自己。但不論顧慮有多少，在學術的領域，態度可以謙虛，但在「表述看法」方面，需要「（野人）獻曝」的勇氣。學術思想的衍展，貴在我們檢驗別人主張的同時，別人也檢驗我們的主張——包括我們對別人主張的檢驗。在這樣的思維之下，我不揣淺陋、提出自己的看法，準備接受批評與檢驗；本書中對於第一代本土化論述的檢討與評論，也是在這樣的思維下展開的。

檢討與評論的目的不在否定或抹殺，而是對話與討論——這也是本書的目的。事實上，由人類歷史來看，無論中國、歐洲或其他文明的傳統，缺少了這一環，思想都趨向停滯。歐洲中古時期與中國在近兩千年科舉盛行時期，都出現思想的停滯現象。如果三百年前歐洲在拋棄神權時，一併拋棄了希臘傳統，則今天的歐洲會是現在我們看到的歐洲嗎？如果文藝復興讓歐洲的思想再度蓬勃發展，則華人學界何不能換個角度去審視「傳統」？西方有一句諺語：「（替嬰兒洗完澡）不要把嬰兒連洗澡水一起倒掉了。」師法西方不必全盤否定自我；科舉式思考不足取，何不回到中國歷史上思想發展最蓬勃的春秋戰國時期去尋找答案？諸子學說的論述方法與取徑，難道沒有值得我們參考借鏡之處？這部分我們了解了多少？

經過近兩千年思想上的限縮與百餘年的自我否定，如今要求華人學界融合中西、啟動一次學術上的「浴火重生」，絕非易事；但若今天我們不往前走，未來將益發地舉步維艱。本土學術發展是一場接力賽；最重要的是我們有沒有把棒子丟掉、自我放棄。

本書大部分書稿是在退休之後寫就的。我謝謝兩岸四地在不同階段給我寶貴意見的學界朋友。多年來他們給我的回應與鼓勵，讓我瞭解本土學術發展議題在不同華人學術社群的意義。唯一令我遺憾與感傷的，是在本土議題上一路相互激勵的好友、已故香港浸會大學講座教授張佩瑤，未及看到本書便已辭世。另方面，青年學者——包括政治大學傳播學院博士班、以及北京大學新聞研究會新聞史論青年師資特訓班同窗會的成員——對於本土學術發展的關懷，令我對未來充滿期待。我也謝謝在整個書寫過程當中擔任助理的紀金慶。金慶一手總攬所有的「後勤任務」。他對於我各種「非典型」文獻搜尋與分析指令的回應，是我思索問題很大的助力。而本書以及「中西對話系列叢書」書稿能夠問世，更要感謝北京大學出版社以及台灣商務印書館拋開利潤考量、全力支持簡、正體字版的出版，和北大出版社謝佳麗女士的熱心協助。

最後，我謝謝女兒肇華和外子彭家發教授多年來的體諒與支持。當我離家遠去新加坡與紐西蘭閉門寫作，老伴與家中老狗相伴；一天兩餐便當度日。為了這本他口中的「天書」，到處幫我找資料、在夜晚燈下一字一句地耐心替我校訂書稿。這些點點滴滴留在心頭，豐富了四十年婚姻生活的色彩。

母親任永溫女士是我一生的精神支柱，而父親公紀先生則是我的啟蒙老師。現在回想起來，自己也是外交官子女的父母親，給我的教育其實蘊含了相當多元的文化思維。童年時期我曾因氣喘病而休學，父母親特地帶我上阿里山調養身體。每天早上七點，父親便把我叫醒，牽起我的手，在漫天晨霧的山中健走。蛛網一樣的山徑向四面八方延展；父親往往不走熟路，卻慫恿我去探尋未知的景色。他經常玩的一個把戲，是兩手一攤，說：「迷路了。」此時八歲的我，就會豪氣干雲地帶領父親找路。不知道為什麼，當年的我，對於「找到路」總是充滿信心。近六十年後的今天，撰寫本書的經歷很巧妙地牽連著兒時在山中找路的記憶。

謹以此書獻給先父母、家人，以及所有為本土學術發展努力不懈的有心人。

二〇一三年九月十五日於基督城寒舍

目次

第一章
「本土化」：錯誤的答案

距今一百多年前的中國，在遭逢殖民侵略、現代化與民主化多重衝擊的同時，經歷了一場驚天動地的思想典範轉移。在號稱「普世」的科學價值洗禮之下，中國知識份子把兩千年來被視為「國學」的典籍鎖進「中國文史」的小箱子，開始走上一條「學術現代化」的不歸路。

然而這條「擁抱普世」的路，卻並非走得無怨無悔、也絕不是全然地義無反顧。由民國初年到文革，儘管中國文化傳統曾經一而再、再而三地在各種運動中被「自己人」所否定、撻伐，但「本土」的焦土之下，種子卻沒有腐化、消失；一股不安的躁動情緒，隱身在「西化」╱「國際化」╱「全球化」的表象之下，伺機而動。由一九三六年，無論是社會學家楊開道對於「中國社會科學……只用外國的材料」[1]的批評，到潘菽[2]和吳文藻有關「學術中國化」[3]的呼籲，以至於今天華人學界有關「本土化」的檢討，都可以說是反映了同一種對於現狀的不滿，以及對於現代學術「普世性質」、以及自身角色的疑問與惶惑。問題是，「解藥」在哪裡？

截至目前為止，許多華人以及亞非學界人士都將「本土化」視為答案；多年來，「本土化」或多或少也都曾經引起一些有關學術上「自我」與「他者」的反省。但各個華人社會的學術發展路徑與學門特質不同，「本土化」被重視的程度也有差別。香港與新加坡受惠於其特殊的歷史經驗與貿易地位，研究國際化程度和壓力一向較高。台灣由七〇年代開始經濟起飛，留學生回流，積極引入國外的理論與方法。一九八〇年代，學界面臨全球化挑戰，楊國樞等學者發起「心理學本土化」運動之後，開始討論社會與行為科學「中國化」的問題，港、台才陸續出現了有關本土化的學術討論與著作[4]。中國大陸的社會科學研究受到政治因素牽連，起步較晚。但改革開放後社會科學重建；面對西方文獻大量快速引入，學界也陸續出現了本土化、中國化的討論。

在八〇年之後、二十一世紀的今天，國際學術環境已經與一九三〇年代大不相同，然而對於未來發展方向的疑惑不但仍然沒有解開，學術環境在「追求國際競爭力」的壓力之下，似乎更加沒有多元發展的空間。有關本土化的討論，整體而言在深度和廣度上也始終沒有太大突破。就如同傳播學者黃旦所描述的，這些所謂「本土化」「爭論」其實是「有爭無論」；一些「非黑即白非白即黑式的你來我往」論題既然從未曾展開，也就難怪「轅門外三聲砲響」，但引起的不過是星點煙火；四周仍然是「一片死寂」。而這種沉默，黃旦警告說，比爭論本身更值得警惕和重視[5]。

「本土化」的議題未能撼動人心有許多原因；或是政治與民族情緒的參雜滲透、或是欠缺切實可行的方法與途徑，都使得討論無以為繼。然則「下一步」邁不出去，其實隱含的是一個更根本的問題，就是概念本身。就以學術「本土化」的進展而言，有學者認為台灣已經由「研究現象本土化」逐漸進展到「研究概念本土化」、以至於「研

1　葉啟政：《社會學和本土化》，巨流出版社二〇〇一年版，第一〇九頁；楊開道：〈序〉，瞿同祖：《中國法律與中國社會》，台南市：僶勉，一九七八年版，頁1—3。

2　葉啟政：《社會學和本土化》，巨流出版社二〇〇一年版，頁109；潘菽：〈學術中國化問題爭議〉，《讀書月報》一九三九年第一卷第三期。

3　葉啟政：《社會學和本土化》，巨流出版社二〇〇一年版，頁109；楊開道：〈序〉，瞿同祖：《中國法律與中國社會》，台南市：僶勉，一九七八年版，頁1—3。

4　黃光國：〈由建構實在論談心理學本土化〉，《社會科學理論與本土化學術研討會論文集》。南華大學教育社會學研究所暨應用社會學系，一九九九年五月，頁20；朱雲漢：〈社會科學本土化的深層課題〉，《二十一世紀雙月刊》（台北）第七十四卷，頁64、73（2002.12）。

5　黃旦：〈問題的「中國」與中國的「問題」〉，《理論與經驗——中國傳播研究的問題與路徑》，黃旦、沈國麟編，上海：復旦大學出版社，二〇一三年版，頁36。

究典範本土化」6。然而同樣看台灣的本土化運動，也有人認為不可樂觀；社會學者葉啟政就認為，台灣的本土化運動不但成績稱不上耀眼，甚至遭遇瓶頸、後繼乏力7。觀察結論如此不同，是否因為判斷標準不一、或者根本對於「本土化」的內涵有不同的認識？「本土化」究竟指的是什麼？如果意義不清楚，「本土化」是方是圓人人理解不同，我們又怎麼知道如何去觀察、判斷，應該贊成或反對、又如何去實踐？

一、「在地化」與一片迷霧中的「本土化」

意義的含混與矛盾，常使討論陷入泥沼；然而要澄清「本土化」概念，還得先處理「本土」與「在地」之間的差異。文獻中對「全球化」的討論不少，但有關「本土」的則非常有限。在英文裡，社會科學研究「本土化」一般被解釋為「本土」（indigenous）或「在地」（local）。兩者的意義都被它們的相反詞所制約：非「外來」的，便是「本土」；而非「全球」的，便是「在地」。「本土」和「在地」最主要的差別，是前者還有「原生（於一地）」的意思，例如「原住民」（indigenous people）。而「在地」的拉丁字源「locus」的意思其實是「地方」（place），因此「在地」也和「地方」脫不了關係；然而這個「地方」卻未必是一個「地理」的概念，而是人和他所居住、生活的土地之間的連結；它牽涉到人如何去「熟悉與瞭解自己居住的地方與社區」、尤其牽涉到人「對地方的情感」、一個讓人真正覺得「有歸屬感的地方」。換言之，「在地」是由「人」與「地方」之間的聯繫與思考習慣所形塑的。「在地」的世界可能是流動不拘的，然而人與「地方」的聯繫與習慣卻不輕易動搖；正如哈維（David Harvey）所指出的，世界的變動愈大，我們愈像一條航行五湖四海的船，不能沒有一個可以下錨的地方[8]。由上述解釋，我們可以確定「在地」，其實並不一定有很清楚的時間、或空間的指涉；它存在每個人心中、未必是一個客觀存在的實體。

「在地」的意義已經如此抽象、流動，使得問題更複雜的，是目前中文文獻談論「本土化」概念，有時候是在「本土」（indigenous）的意義之下去談的，但是也有些是在「在

6 楊弘任：《地方知識與在地範疇本土化的一種進路》，鄒川雄、蘇峰山編：《社會科學本土化之反思與前瞻：慶祝葉啟政教授榮退論文集》，嘉義縣大林鎮：南華大學教社所出版，高雄市：復文圖書總經銷，二〇〇九，頁367－380。

7 葉啟政：〈全球化趨勢下學術研究「本土化」的戲目〉，鄒川雄，蘇峰山編：《社會科學本土化之反思與前瞻：慶祝葉啟政教授榮退論文集》，嘉義縣大林鎮：南華大學教社所出版，高雄市：復文圖書總經銷，二〇〇九，頁1。

8 David Harvey, *The urban experience*, (Oxford, 1989,) p.302.

地」（local）的意義之下去談的。這裡需要注意的是，雖然這兩者經常被交替使用、甚至翻譯上也未必有所區分，但是如果要從全球化的理論脈絡來看，則「本土化」與「在地化」卻有微妙但關鍵性的差異。「在地化」對應「全球化」，而全球化論述所注意的，是現代自由經濟體制進一步向全球擴張時所出現的各種現象，因此在這個脈絡下談「在地化」，出發點與觀察角度其實是「全球如何進入在地」。以廣告文案為例，過去麥當勞廣告裡歡欣鼓舞吃漢堡的可能都是西方人，然而「在地化」之後，同樣是一個在搖籃裡看到麥當勞招牌就會開心歡笑的娃娃，非洲觀眾看到的是黑膚色娃娃、亞洲觀眾看到的是黃膚色娃娃；觀眾覺得親切，美國漢堡薯條也賣得更好。「理論上」所有地區的商品都可以用這種方式銷到其他地區去，就如同宏碁電腦在國外的廣告通常也不會只出現黃皮膚演員；但這並不是「全球化」論述的走向。它的觀察角度反映的其實是西方——甚至是西方的跨國企業。也因此「在地化」的本意並不是要讓「在地人」回心轉意，重新認識水餃的美味，而是要更多吃水餃的人去吃漢堡。在學術上，「在地化」所隱含的，因此不過是靈活運用源自西方的理論，增強它的適用性與有效性。

除此之外，「全球化」／「在地化」的論述裡面，有另外一個通常被忽略的涵義：如果一個地區並沒有可供外銷的產品，那麼談談外來產品的「在地化」就可以了；至於「在地」如何發展產業的競爭力、積極加入國際貿易活動就更不是論述所關心的議題。用上述漢堡與水餃的例子來說，「在地化」並不是要讓水餃在美國賣得更好。但是對於非西方學界而言，如何發展學術研究、積極加入國際對話卻正是最迫切的問題。上述分析顯示，在「全球化」的脈絡之下談「在地化」，其觀察角度與關懷主旨都並非出自「在地」或「本土」，也不能涵蓋目前非西方學界所關心的許多議題。由後殖民理論的角度來看，如此非西方仍然是研究中的「他者」或「客體」，不但沒有成為研究的主體、也沒有平等對話的空間。

與「在地化」一詞相比，使用「本土化」概念無須掛心上述問題，但卻容易走入「文化本質主義」（cultural essentialism）的死角。一旦被冠上「本土」的稱號，「文化」立刻被「典型化」，成為一種口號性的用詞；無論贊成或反對都充滿情緒反應、甚至落入愛國／愛鄉情懷或意識型態的漩渦。在中國大陸，有人認為「本土化」反科學、反全球化，因此是「大逆不道」的[9]；又或者認為「本土化」不是傳統化、台港化，而是中國化，是「發展有中國特色的研究」[10]。在台灣，日本殖民與國民黨統治的經驗同樣使「本

9　王紹光：〈西方政治學與中國社會研究〉，朱雲漢、王紹光、趙全勝編：《華人社會政治學本土化研究的理論與實踐》，台北市：桂冠，二〇〇二年，頁21。

10　這種說法無法令人不聯想到毛澤東時代那種極具「中國特色」的政治研究；見童燕齊：〈美國知識霸權與中國政治學研究的困境〉，朱雲漢、王紹光、趙全勝編：《華人社會政治學本土化研究的理論與實踐》，台北市：桂冠，二〇〇二年，頁88－89。

土化」概念無可避免地牽扯上族群情結，最後引發「中國化」是否等同「本土化」的爭議[11]。但事實上，這些爭議的本身就已經明白揭示將「本土」「典型化」或「木乃伊化」，是忽略了文化「同中有異、異中有同」、與「改變中有存續、存續中有改變」的特質。

就上述這些說法來看，「本土化」往往隱藏著十分複雜的內涵，無怪乎阿拉塔司（Syed Farid Alatas）將之定義為一個「無定型」（amorphous）的詞彙、一個定義鬆散的類目[12]。這個類目包含了許多不同學門、不同作者的著作，只不過是這些作者都關懷外來理論與本土文化及本土現實「不搭」的問題、以及是否有可能發展另類的科學傳統。而中文文獻中有關「本土化」的解釋，正巧反映了阿拉塔司的觀察——意涵十分「多元」：它可以是一種建立本土知識體系的「過程」[13]、「活動」[14]，也可以是知識上的自覺、反省與批判[15]；還有更多人認為「本土化」是一種手段或策略，它包含了所有學術社群功能的自主與

11　蕭全政：〈社會科學本土化的意義與理論基礎〉，蘇峰山總編：《「社會科學理論與本土化」學術研討會論文集》，嘉義縣大林鎮：南華大學教社研所，一九九九，頁44；葉啟政：《社會學和本土化》，台北：巨流出版社，二〇〇一年版，頁110－112。

12　Syed Farid Alatas, "The definition and types of alternative discourse," in Georgette Wang,ed.,

De-westernizing communication research : altering questions and changing frameworks(London ; New York : Routledge, 2011,)p.238-253.

13 葉啟政：《社會學和本土化》，巨流出版社二〇〇一年版，頁112。

14 葉啟政：〈全球化趨勢下學術研究「本土化」的戲目〉，《社會科學本土化之反思與前瞻——慶祝葉啟政教授榮退論文集》，鄒川雄、蘇峰山主編，南華大學社會所出版社二〇〇九年版，頁15；翟學偉：〈論社會心理學中國化的方向〉，《社會心理研究》第三期（1993）；楊宜音：〈社會文化視野下的社會科學：近期中國大陸社會科學本土化及規範畫論述析評〉，阮新邦、朱偉志主編：《社會科學本土化：多元視角解讀》，美國紐澤西：八方文化：社會科學文獻出版，二〇〇一版，頁325。

15 郎友興：〈社會心理學中國化的方向與途徑〉，《社會心理研究》第二期（1994）；楊宜音：〈社會文化視野下的社會科學：近期中國大陸社會科學本土化及規範化論述析評〉，阮新邦、朱偉志主編：《社會科學本土化：多元視角解讀》，美國紐澤西：八方文化：社會科學文獻出版，二〇〇一版，頁326；蕭新煌：〈社會學在台灣〉，蔡勇美與蕭新煌主編：《社會學中國化》，台北市：巨流，一九八六年版，頁296；金耀基：〈社會學的中國化：一個社會知識學的問題〉，楊國樞與文崇一主編：《社會及行為科學研究的中國化》，南港：中央研究院民族學研究所，一九八二年，頁91－114；葉啟政：〈從中國社會學的既有性格論社會學研究中國化的方向與展望〉，楊國樞與文崇一主編：《社會及行為科學研究的中國化》，南港：中央研究院民族學研究所，一九八二年，頁115－152。

自立[16]。整體而言，華人社會科學界在討論「本土化」時，大多將之視為一種努力或手段。或更貼切的說，「本土化」是：透過自省以使研究貼近心目中的「本土」的努力、手段、或策略；目的一方面要使研究彰顯本土的語言、文化特質[17]與主體性以服務本土[18]，另方面也強調要發展理論論述與國際接軌的重要性[19]。簡言之，「本土化」主要的意義在將根基放置在本土，而不再透過西方的出發點、觀察角度與關懷主旨來從事學術研究工作。

上述的定義方式雖然揭櫫了本土化努力的大方向，但在方法與實踐的層面仍然留下不少模糊地帶；其中一個經常和這個問題纏雜在一起的，就是很多人對於「本土化」雖然有一些瞭解，但是對於「什麼才算是『本土』研究」卻並不很清楚。有不少人認為自己、以及自己所問的問題、所研究的人、現象、以及收集的資料既然都是「本土」的，這樣的研究自然是「本土研究」，又何需刻意區分本土或非本土？如果這樣還不算本土，那還可能如何加強？

二、本土研究的陷阱

確實，儘管我們已經盡量釐清「本土」、以及「本土化」概念的意涵，落實到執行層面，「研究」、甚至「理論」、「概念」、「典範」是否就可以清楚區分「本土」或「非本

16 J.L.Loubser, "The need for the indigenization of the social science," *International Sociology* 3,1988,p.179-187. 唐君毅，《論中華民族之花果飄零》，台北：三民書局，一九七四年，頁34—35。

17 葉啟政：《社會學和本土化》，巨流出版社二〇〇一年版，頁101；黃光國：〈由建構實在論談心理學本土化〉，《社會科學理論與本土化》學術研討會論文集，南華大學教育社會學研究所暨應用社會學系，一九九九年五月，頁21；蔡勇美：〈蔡序〉，蔡勇美與蕭新煌主編：《社會學中國化》，台北市：巨流，一九八六年版，頁1—3；郭文雄：〈從社會學中國化觀點看中國少數民族政策與研究〉，蔡勇美與蕭新煌主編：《社會學中國化》，台北市：巨流，一九八六年版，頁151—164；郎友興：〈社會心理學中國化的方向與途徑〉，《社會心理研究》第二期（1994）；楊宜音：〈社會文化視野下的社會科學：近期中國大陸社會科學本土化及規範化論述析評〉，阮新邦、朱偉志主編：《社會科學本土化：多元視角解讀》，美國紐澤西：八方文化：社會科學文獻出版，二〇〇一版，頁326。

18 賀雪峰：〈回歸中國經驗研究：論中國本土化社會科學的建構〉，《探索與爭鳴》，第十一期（2006），頁52—54。

19 李金銓：〈三十年河東與河西：國際傳播研究再出發〉，《傳播與社會學刊》，二〇一一年第六卷第一期。鄭杭生：〈促進中國社會學的「理論自覺」——我們需要什麼樣的中國社會學？〉，《江蘇社會科學》二〇〇九年第五期。

土」，甚或「假本土」或「真本土」，仍然是一個棘手的問題。換言之，我們似乎可以在進行研究的時候使用「本土化」這個手段，使研究更貼近我們心目中的「本土」，但是具體說，這「手段」如何落實、又是否可以保證「成果」？正如同一個傻徒弟可以按照師傅教他的手法去雕刻一尊觀音像，但這並不能保證最後的成品就是大家心目中的「觀音像」——「他」可能太胖、或眼睛太大、或姿態放縱，以致於我們已經無法確定這成品刻畫的究竟是不是觀音、或是真觀音或假觀音。然則誰又能說出一尊「觀音像」的客觀評判準則和「充要條件」？還是說：只要徒弟有心想要雕的是觀音像、那就是觀音像？

話雖如此，很多時候我們在討論本土化的時候，依然常常預設了「本土研究」的存在。多年前，心理學者楊中芳認為，要繼續深化本土化研究，心理學者必需要對幾個問題形成共識 **20**：

1 怎樣作才算「本土」心理學研究？
2 什麼樣的研究「本土化程度」才算高？
3 如何把歷史／文化放在研究的思考架構中——挖掘老古董、研究傳統概念與方法就是本土研究嗎？
4 要怎樣分工才能建立一個有系統的「本土」心理學？

楊中芳所提出的第一個問題，也就是：「怎樣的研究才算『本土』研究？」就預設了「我們是可以明白劃分『本土研究』與『非本土研究』的；只是我們對於劃分的標準不很清楚、沒有共識。」而她的第二個問題：「什麼樣的研究本土化程度才算『高』」還預設了一個「本土」的性質，就是它不僅僅是「是」或「不是」的問題、而還是程度的問題。楊國樞就曾批評一些國外學者對於邊陲心理學研究的「本土契合性」不足[21]，這表示我們可以有很「本土」的研究——也就是「本土契合性」很足夠的本土研究，也可以有「不大本土」、或「契合性很差」的本土研究。為幫助讀者瞭解他所稱的「本土契合性」，楊國樞特別整理了一套「契合性」的影響因素[22]；將研究以「特有」或「非特有」現象、「被研究者」或「研究者」觀點、以及「單文化」或「跨文化」研究作區分，最後歸納出「以研究者觀點探討特有現象的單文化研究」為「本土契合性」最高的研究。

20 楊中芳：〈試論如何深化本土心理學研究：兼評現階段之研究成果〉，《本土心理學研究》，一九九三年第一期，頁122—183。

21 楊國樞：〈心理學研究的本土契合性及相關問題〉，阮新邦與朱偉志主編：《社會科學本土化：多元視角解讀》，美國紐澤西：八方文化：社會科學文獻出版，二〇〇一年版，頁3。

22 楊國樞：〈心理學研究的本土契合性及相關問題〉，阮新邦、朱偉志編：《社會科學本土化：多元視角解讀》，美國紐澤西：八方文化：社會科學文獻出版，二〇〇一年版，頁36—39。

楊國樞所歸納的研究類別讓我們瞭解在實際操作的層面如何去落實「本土契合性」；然而這些要件仍然有其侷限。翟學偉在評論「本土契合性」的概念時就指出，楊國樞其實並沒有改變研究視角和西化立場[23]；葉啟政則認為概念之中預設了實證主義的立場[24]。不但如此，許多套用外國理論的「複製型研究」，倒有不少是符合要件的。甚至有人因為「契合性」要件中有「特有現象」，因此誤以為「本土化」要突顯本地特色，就只能關注華人或華人社會特有的信念、價值或現象，例如「緣分」、「面子」、「報」、或網路世界的「人肉搜索」等等。這些題目自有其研究價值，只是如果過度強調「特殊性」（particularity），將使得理論的開展十分困難。

與一項研究的「本土成分」高低有關的，是一項研究究竟「因何而起」、「為誰而作」。目前文獻中有一種經常可見的本土研究，是回到傳統典籍或本土文獻中「指認」其中符合社會科學概念或理論的部分。換言之，這種研究嘗試證明「西方有的、我們也有」。包括傳播學在內的許多社會科學界人士在剛開始思索本土化議題的時候，走的都是這條路[25]；直到今天，類似的例子依然俯拾皆是。亞非地區許多有關「公共論域」（public sphere）概念[26]的研究，其實不過就在努力證明這樣的現象「也可以在本地社會找到」。另外一個被認為是具有代表性的例子，則是一位印度史學家及科學哲學家南達（Meera Nanda）的主張[27]。她宣稱透過古典印度文本所得來的吠陀梵語（Vedic）[28]知識是「科學的」。米羅（Walter Mignolo）不客氣地批評這種研究其實是不偏不倚地掉入了西方基本教義

的陷阱[29]；因為它所改變的只是西方學界主張的內容，而非內容背後所依循的邏輯。華勒

---

23 翟學偉：〈本土社會研究的本土視角〉》，阮新邦、朱偉志編：《社會科學本土化：多元視角解讀》，美國紐澤西：八方文化：社會科學文獻出版，二〇〇一年版，頁88－92。

24 葉啟政：〈全球化趨勢下學術研究「本土化」的戲目〉，《社會科學本土化之反思與前瞻——慶祝葉啟政教授榮退論文集》鄒川雄與蘇峰山主編，南華大學社會所出版社二〇〇九年版，頁7。

25 黃旦：〈問題的「中國」與中國的「問題」〉，《理論與經驗——中國傳播研究的問題與路徑》，黃旦、沈國麟編，上海：復旦大學出版社，二〇一三年版，頁44－46。

26 Jürgen Habermas, *The structural transformation of the public sphere : an inquiry into a category of bourgeois society*, trans. Thomas Burger with the assistance of Frederick Lawrence(Cambridge, Mass. : MIT Press, 1989).

27 Meera Nanda 的主張見 Meera Nanda, "Postmodernism, Hindu nationalism and 'Vedic science'," *Frontline*, Vol. 20, Issue 26, 2003.

28 早期梵語之一種。

29 Walter Mignolo, "The splendors and miseries of 'science'," in Boavent--ura de Sousa Santos ed., *Cognitive justice in a global world* (Lanham: Lexington Books, 2007,) pp. 375-405.

斯坦（Immanuel Wallerstein）更認為這種「照著西方藥單到自己的傳統（或社會文化）去抓藥」的研究，不過是「東方主義」（Orientalism）的化身——也就是由西方人眼裡看自己的「虛幻角色」（avatars）[30]。它代表著邊陲學者嘗試恢復自信、與西方建立平等對話的努力；但也反映出他們在急於連結本土與主流西方文獻之餘，忽略了其中潛藏的價值與世界觀的重要差異。同樣的，一些學者把「陰陽」歸到西方「二元對立」的傳統模式之下，完全忽略了兩者反映的世界觀在根本上是不相同的。這種研究的最大貢獻，是幫助「歐洲中心」論述證明歐洲確是「普世」與「全球」的；即使不是「助紂為虐」，也不能超越既有框架、發展由本土觀點出發的論述。

另外還有一種研究，表面上可能具有所有「本土研究」的形式要件，但是因為這種研究所反映的不是本土、而是西方、甚至資本主義者的需求，因此在本質上與十八、十九世紀殖民主為殖民所需而作的研究同樣都是「木馬屠城記」中的「木馬」[31]。一九八〇年西方學界對於中國組織機構當中「關係」突如其來的興趣，顯然和大陸市場開放之後，西方投資者與中國官僚體系打交道的挫折經驗有非常密切的關係。在這個觀察角度下，所謂「社會科學研究的本土化」，不過是資本主義進入各地市場的工具而已。這種研究代表了非西方學界對於研究問題與觀察角度欠缺自主性，以至於那些有權力、影響力的一方就決定了他們所應該從事的研究、以及如何進行這些研究。

由上述分析來看，一項研究是否「真本土」、或「足夠本土」，很難以單純的「是」、或「否」來回答。過去不少學者提出「本土研究」的要件；但是一項具備所有這些要件的研究是否必然就是「真本土」、或「高本土性」研究？似乎又不盡然。這個問題不但牽涉到「本土」與「本土化」的含混定義、資料與研究方法的應用、學術研究的動機與目的、更牽涉到異質文化的差異是否妥善處理、以及「主體性」的根本問題。這些問題我們在後面的章節會有更深入的討論，但是由以上的分析來看，經由「本土化」來推展本土學術發展不僅很容易使我們陷入死角，而且「本土化」原來的詞義也仍然是「令外來的事物更適用／適應本土」，其實並不帶有將「本土」轉為行動主體的意思。那麼發展本土學術我們真的不談「本土化」不行嗎？我們今天所面對的所有困難，真的是「不夠本土」所造成的、抑或還有其他的問題存在？我們是否陷入了「本土」的泥沼、卻忽略了問題真正的關鍵？換言之，如果我們跳出「本土／外來」的框框去看本土學術發展的瓶頸，可能看到什麼？

30 Immanuel Wallerstein, *European universalism: The rhetoric of power*, (New York: The New Press, 2006,) p.46.

31 Arif Dirlik, "Markets, culture, power: The making of a 'second cultural revolution'," *Asian Studies Review*, Vol. 25, No.1, 2001, pp. 1-33.

三、在「本土」談學術：問題在哪裡？

很弔詭的，由國際學界的演變來看，我們正在一個「本土」的浪頭上。

二十世紀中期以後，全球化的浪潮席捲全球，帶來的不是世界大同的氣象，反而是主流政經勢力進一步擴張的疑慮。但是到了二十一世紀初，在資本主義極度操作、以及一波波金融風暴的影響下，以西歐和北美為首的西方世界竟由征服者和解放者逐漸轉換到被援助和借貸者的角色；相對地，亞洲的印度、中國、馬來西亞，非洲的埃及、南非，以及南美的巴西、墨西哥等地紛紛開始展現經濟實力。經濟力影響政治和體育、科學等其他國際競爭的場域，原來的「中心」雖然沒有被「去除」，但顯然已經開始褪色。邊陲地區自十九世紀以來就被帝國主義和殖民勢力壓得透不過氣，現在終於看到了去「舊中心」的潛在可能。

近年來社會科學在國際學術發表的整體外貌，彷彿也呼應著上述「去中心」現象。無論是以英語以外的語文、或以歐美以外地區為重點的期刊或專書不但為數更多、有關這些地區的研究也較以往更受重視[32]。除此之外，心理學門的多元發展更令人矚目：除了早年的跨文化心理學（cross-cultural psychology）與比較心理學（comparative psychology），又發展出本土心理學（indigenous psychology）、文化心理學（cultural psychology）或族群心理學（psychological anthropology/ethnopsychology）等等。或許在社會科學領域，心理學是個例外；早在醞釀時期，心理學研究就已經開始本土化[33]。然而今天無論我們將「文化」一詞加在任何一個傳統學門的名稱之前——例如：文化哲學、文化經濟學或文化人類學，都會發現心理學界的情況隱隱然已經成為整個社會科學界的一種演變趨勢。

上述發展很容易讓人感覺社會科學研究終於開始趨向「多元化」與「本土化」。多元文化論述為非西方觀點開拓了空間，「邊陲」在主流論述中終於得到更多關注的目光——聚光燈終於掃到了過去沒有什麼人注意的角落；它為邊陲學界帶來了比以往更有利的發

32 僅僅以傳播學界而言，二〇〇五年左右已經有七種傳播期刊在亞洲出版，另外，傳播學門的 SSCI（Social Science Citation Index）期刊當中，以中國為主題的論文數，也逐年增加，參見 Guo-Ming Chen，“Asian communication studies: What and where to now,” *Review of Communication*, Vol. 6, No. 4, 2006, pp. 295-311，以及 Y. K. SO Clement,“The rise of Asian communication research: A citation study of SSCI journals,” *Asian Journal of Communication*, Vol. 20, No. 2, 2010, pp. 231-248.

33 Kurt Danziger,“Universalism and indigenization in the history of modern psychology.” In A.C. Brock ed., *Internationalizing the History of Psychology*. (New York: New York University Press,) pp. 208-225.

言位置、帶動了邊陲學界對於「學術自主」的關注，對於「本土化」議題也賦予了更多的「正當性」。甚至有不少學者認為，「本土」與「西方」已經開始對話。然而再深一層去看，情況其實並沒有根本改變。從十九世紀以降，來自西方的「主流論述」不斷推陳出新。早年的「現代化理論」盛極一時，但是歷經世界各國工業化、資本主義極度擴張與兩次世界大戰，歐美學界在不斷的反思與論辯後開始孕育出新一代的論述：一九五〇年代出現的「後現代」（postmodernism）理論是針對「現代化理論」核心論點的挑戰；一九三〇年代法蘭克福學派（Frankfurt School）則對「馬克思主義」盲點提出了「新馬克思主義」（neo-Marxism）／「批判理論」（critical theories）。一九六〇年代由英國起家的「文化研究」反映的是當時伯明罕一群學者對於社會上一些特殊現象的研究興趣。同樣的情況發生在社會科學方法論：儘管「邏輯實證論」（logical positivism）與「經驗科學」（empiricism）在十九世紀末到二十世紀中如日中天，所有這些論述所標榜的原則與基本價值也都在一九六〇與一九七〇年代出現的「後實證主義」（postpositivism）、「批判實在論」（critical realism）與「社會建構論」（social constructivism）所修訂、甚至排拒；相對的，歷史悠久的「詮釋學」（hermeneutics）則在此同時又重新得到重視。不但如此，所有這些在過去五、六十年當中所孕育的論述，也都不斷地被討論、否定、修訂，而新的論述也不斷在醞釀當中。

對於「主流論述」的演變，這樣的描述顯然極為粗略；然而這裡的重點並不在它是如何演變的，而是在這不斷演變的過程當中，華人學界——甚至整個非西方學界所扮演的角色是什麼？一九七〇年代末期，由法農（Frantz Fanon, 1925－1961）、薩伊德（Edward W. Said, 1935－2003）、以及史碧娃克（Gayatri Chakravorty Spivak, 1942）等人帶動的「後殖民論述」（post-colonial theories），近年來陷在反西方的思考框架，未有突破。然而除此之外，非西方學界就沒有對主流論述本身提出過有力的評論或意見、遑論對話。二次世界大戰後，社會科學理論與方法的轉變與發展不可謂不巨大，但是在上述理論論辯的過程當中，很少看到包括華人在內的亞非學者身影。這現象並不單只存在於實證研究，也普遍存在於不同學術立場、使用不同方法的研究。

國際學術研究多元化蓬勃發展，亞非學者卻在理論論辯過程中缺席——這其中的意涵是什麼？或許，我們可以由華人社會學術發展的現況得到一些線索。過去數十年間，華人學者中對「本土化」有持肯定、也有持否定態度，而肯定的一類當中，又可以細分出較溫和的「增修主義」一類，以及較激烈的「自立門戶」一類；前者以修訂、增補外來的理論知識為主——或至少是階段性目標，而後者則主張完全回歸傳統，在本土的歷史文化脈絡中建立嶄新的學術典範。他們在學術場域中自由發揮，看似生機無限。問題在於，無論「本土化」是否為研究的關懷要點、無論作者投身主流或自立門戶，研究作品中原創的系統性理論論述卻不多見。一九八〇年代初蕭新煌與張笠雲檢視了十多項由台灣各單位委託完成的經驗研究，發現這些研究大多缺乏理論基礎；理論架構與研究設計也明顯脫節。一九八五年，蕭新煌和李哲夫在回顧社會學本土化成果時發現類似的情況；台灣的社會學研究不但沒有「整合性的整理與分析」，更重要的，是也沒有「理論建樹」[34]。針對這個問題，葉啟政有更直接的評論：「『具有原創的』『理論』論述雖非完全空白，但也幾近全無。」[35]

同樣的在大陸，當西方人文思想與社會科學的「大論述」（grand narrative）逐漸取代文革、以及文革以前的知識體系時，學界也出現一些質疑的聲浪。翟學偉便觀察到，植基於歐美文化的理論與概念和中國人所熟悉的「在地知識」相距頗遠，因此中國學者往往是「在光禿禿的概念上建構學門的想像」[36]。反映在研究上，是被動地「套用」或「照搬」現成理論，也就是拿西方的方法來切割、處理中國問題[37]；即便研究問題與數據來自本土經驗，但無論是否證實中國現實符合西方理論，結果都未曾提出自己的論述、與之對話。另方面，雖有學者在「本土化」的大纛之下捨棄西方，選擇回歸歷史傳統，試圖在文化的基礎上去建構「具有中國特色的社會科學理論體系」[38]，然而這兩種研究所帶來的成果都各有其不足之處。賀雪峰認為，前者是沒有歷史關照、也沒有理論建樹的複製型研究，而後者卻是沒有現實關照、無法回應當代需求、也不能啟迪現代思潮的復古之作。這些研究不顧基本學術規範、閉門構築理論，他認為，不關心現實的歷史研究，遠比不關心歷史的現實研究來得荒誕[39]。

華人學界既然缺乏看法或創見，所能做的就頗為有限。在一九八二年出版的一本書裡，楊國樞與文崇一在序言裡寫道，全盤承襲西方的理論及方法是「問題主要的原因」[40]。其實我們也可以說：「全盤承襲西方理論」是問題所造成的結果，「自己不事理論論述」才是

34 蕭新煌、李哲夫：〈三十年來海峽兩岸社會學的發展（上）〉，《中國論壇》（台北）第二二四期（一九八五年一月），頁47－51；蕭新煌、李哲夫：〈卅年來海峽兩岸社會學的發展（下）〉，《中國論壇》（台北）第二二五期（一九八五年二月），頁58－60。

35 葉啟政：《社會學和本土化》，巨流出版社二〇〇一年版，頁81。

36 黃旦：〈傳播的想像：兼評中國內地傳播學本土化之路徑〉，《華人傳播想像》，馮應謙、黃懿慧編，香港：香港中文大學香港亞太研究所，二〇〇二年版，頁92。

37 徐湘林：〈面向二十一世紀的中國政策科學〉，朱雲漢、王紹光、趙全勝編：《華人社會政治學本土化研究的理論與實踐》，台北市：桂冠，二〇〇二年，頁363。

38 郝雨凡：〈只有充分國際化才有真正本土化〉，《中國社會科學報》，二〇〇九年十二月二十六日；楊宜音：〈社會文化視野下的社會科學：近期中國大陸社會科學本土化及規範化論述析評〉，阮新邦，朱偉志主編：《社會科學本土化：多元視角解讀》，美國紐澤西：八方文化：社會科學文獻出版，二〇〇一年版，頁333。

39 黃旦：〈傳播的想像：兼評中國內地傳播學本土化之路徑〉，《華人傳播想像》，馮應謙、黃懿慧編，香港：香港中文大學香港亞太研究所，二〇〇二年版，頁75－89；賀雪峰：〈回歸中國經驗研究：論中國本土化社會科學的建構〉，《探索與爭鳴》，第十一期（二〇〇六年），頁52－54。

40 參見楊國樞，文崇一主編：《社會及行為科學研究的中國化》，台北南港：中央研究院民族學研究所，一九八二年，序言第i、ii頁。

原因；又或者兩者互為因果。但不論是因是果，確實如兩位作者所描述的：如此一來，我們只能亦步亦趨，以趕上國外學術潮流為能事；「在日常生活中，我們是中國人，在從事研究工作時，我們卻變成了西方人」，或更貼切的說，是變成了「半吊子」的西方人。離一九八〇年代已有三十餘年後的今天，很難說問題已經根本解決。

使得情況更為嚴重的，是不少研究連學術的基本規範也不顧。郝雨凡認為，近年來，中國人文社會科學的發展已經出現了普遍的規範性危機[41]。事實上，學術規範不受重視與複製研究的問題可以說是相互扣連的；無論在中國大陸或台灣，會粗率地「照搬」外來理論[42]、套用外來的測量工具、換上本地收集的資料草草了結「結果分析」的這些研究，在學術規範上必然也有缺失。黃光國便指出，「許多研究者更用……常識來解釋其研究發現，譬如：『中西文化的差異』、『傳統與現代的不同』、『社會變遷的影響』等等。」[43]至於曾志朗[44]所提到的，「隱含在社會文化實際運作中的心智活動」、或造成差異的歷史文化社會脈絡等等，不但少有在研究架構中出現，反而經常被歸入「未來研究建議」項下，一筆帶過。黃光國認為，台灣的心理學研究在本質上和「代工產業」沒有根本差異：代工工廠根據先進國家所交付的設計圖大量生產複製品，而邊陲地區的研究人員根據西方框架分析本土數據。這種研究都被黃光國稱之為「複製型」的、「沒有靈魂」的、或「沒有腦筋的素樸經驗主義」的研究[45]。

無獨有偶的，藝術與文史研究也陸續被診斷出「失語」的問題；在文學的領域，就

41 郝雨凡：〈只有充分國際化才有真正本土化〉，《中國社會科學報》，二〇〇九年十二月二十六日。

42 徐湘林：〈面向二十一世紀的中國政策科學〉，朱雲漢、王紹光、趙全勝編：《華人社會政治學本土化研究的理論與實踐》，台北市：桂冠，二〇〇二年，頁363；蕭新煌、李哲夫：〈卅年來海峽兩岸社會學的發展〉，蔡勇美與蕭新煌編：《社會學中國化》，台北：巨流，一九八六年版，頁313－314；黃光國：〈由建構實在論談心理學本土化〉，蘇峰山總編：《「社會科學理論與本土化」學術研討會論文集》，嘉義縣大林鎮：南華大學教社研所，一九九九，頁1－39；童燕齊：〈美國知識霸權與中國政治學研究的困境〉，朱雲漢、王紹光、趙全勝編：《華人社會政治學本土化研究的理論與實踐》，台北市：桂冠，二〇〇二年，頁83－97；葉啟政：《社會學和本土化》，台北市：巨流，二〇〇一年版；楊中芳：〈回顧港台「自我」研究：反省與展望〉，楊中芳與高尚仁合編：《中國人．中國心．人格與社會篇》，台北市：遠流出版一九九一年，頁15－92。

43 黃光國：〈由建構實在論談心理學本土化〉，《社會科學理論與本土化》學術研討會論文集。南華大學教育社會學研究所暨應用社會學系，一九九九年五月，頁18。

44 曾志朗：〈華語文的心理學研究：本土化的沈思〉，楊中芳與高尚仁編：《「中國人．中國心」：發展與教學篇》，台北市：遠流，一九九一，頁540－581；黃光國：〈社會及行為科學之中國移植：多項變數分析之應用〉，《社會及行為科學研究的中國化》，中央研究院民族學研究所一九八二年版，頁19。

45 黃光國：〈由建構實在論談心理學本土化〉，《社會科學理論與本土化》學術研討會論文集，南華大學教育社會學研究所暨應用社會學系，一九九九年五月，頁15－19。

有學者認為「歐洲人的規範統治了文學的產生過程」46。整體而言，近年來文史及社會科學教育及學術研究在華人地區快速成長，社會投下大量的人力及預算，也累積了大量研究結果，這些研究讓我們對華人、以及華人社會文化有更廣、更深的瞭解。但是回顧過去累積的文獻來看，研究的數量雖然不少，要克服「失語」的困難，未來的路途卻還很漫長。二次世界大戰之後，許多國家在政治上獨立了、卻沒有在學術上獨立。迄今非洲47、拉丁美洲48與亞洲，包括華人學界基本上都仍然是在複製西方的理論論述。如果說中華文化博大精深，則我們不得不問：過去華人學界的成果究竟有些什麼？更仔細一點說，百年來這個龐大的學術社群在學術研究方面所成就的主要貢獻是：

- 新的觀察與分析角度？
- 新的概念、理論、研究方法或典範？
- 新的研究領域、方向？
- 數據與資料？

就個別領域來看，我們不能說沒有值得一書的成績。以費孝通有關中國社會「差序格局」的論述49而言，他引用「功能人類學」（functional anthropology）來分析中國農村現象、透過理論的應用發掘新問題，並且經由理論的評論與修訂50，與西方進行對話，這正是今天許多人希望「本土化」能夠達成的目標。然而類似的創新仍然過於稀少。整體而言，「欠缺理論論述」是問題的核心、但其中所牽連的其實是學術研究範疇中所有的面向。更廣泛地說，在華人學界，學術發展不僅僅是缺乏「理論論述」、而是缺乏「學術主張」。「學術主張」包括研究者對於文獻中所有隱含的預設、所展現的觀察分析角度與立論架構、使用的方法、背後的深層結構、價值、與世界觀提出的意見，也包括他自己從中所發展出來的看法與主張；這看法與主張可以包括上述四種學術貢獻中前三項裡面的任何

---

46 張佩瑤，《傳統與現代之間：中國譯學研究新途徑》，湖南人民出版社二〇一二年版，頁6。

47 Thankdika Mkandawire, "The social sciences in Africa: Breaking local barriers and negotiating international presence," *African Studies Review*, Vol.40, No.2, 1997, pp. 15-36.

48 Catherine Walsh, "Shifting the geopolitics of critical knowledge," *Culture Studies*, Vol. 21, No. 2, 2007, pp. 224-239.

49 費孝通：《鄉土中國》，北京：三聯書店；新華書店，一九八五（民七十四）。

50 Syed Farid Alatas, *Alternative discourses in Asian social sciences: responses to Eurocentrism*(New Delhi: Sage Publications,2006,)p.34;Frank N. Pieke, "Is there Room For Cultural Anthropology in the people's Republic of China ?," Paper presented at the International Workshop on Indigenous and Indigenized Anthropology in Asia,1-3 May,Leiden.

一項。不論學派、也不論學門與研究方法，在欠缺「學術主張」的研究中，讀者無法看到研究者本身背景、專長與關懷主旨所反映出來的任何觀察角度、看法、論點或新意。

由「主流論述」在過去數十年間轉化的情況，我們可以了解現代「學術研究」是透過不斷的、反覆的思辯（dialectic）過程向前推衍的[51]，而這其中的關鍵就在於研究者必須指出既有文獻的盲點、並且蒐集證據、提出自己的看法——也就是「學術主張」；但是包括華人在內的亞非學界中人，往往走到這一步便停下了腳步。數年前，在一場以「公共論域」（public sphere）為題的演講，主講者最後無奈地以兩個問題作了結束：「公共論域為什麼遲遲沒有出現在台灣？」他沉痛地說：每次遇到災害，災民都只是要補償金，卻沒人願意一起討論問題的癥結與解決方案；「『我們的』問題出在哪裡？」無巧不巧，一次國際學術研討會上，一位來自印度的學者在個案分析之後，問了幾乎完全一樣的兩個問題。

數年後的今天，無論台灣或印度都有許多改變；這兩位學者對於「公共論域」是否存在本土社會，也可能已經有不同的看法。但當時他們所提的問題，卻反映了本土學術研究一個十分常見的現象，就是在引用國外學者所提出的概念或理論時，大多預先假設它是普世的、是必然的。因為是普世的，所以不但也應該適用本土、甚至也應該有同樣的功能與重要性。如果事實不是如此，那麼出問題的必然是研究本身，例如：調查樣本太小、觀察時間太短等等；再不然就是「我們自己」——人民缺乏某種素養、制度不夠成熟、或社會仍在轉型當中。除了將矛頭指向自己，作研究的人很少去探究概念或理論的有效性（validity）與普世性（universality）問題。

將理論的普世性視為是無須質疑的，不但不符合學術研究的初衷、更使作研究的人掉落一個自己挖掘的陷阱：如果理論的普世性無須質疑，那麼理論便無須檢驗、也無須更多證明它為「有效」的證據；所有根據這理論所作的「學術研究」唯一的任務，反而變成是檢驗「本土」的「普世性」。如果在本土所蒐集的資料符合理論論述，表示「本土」已經是「普世」的。萬一無法證明，則表示「本土」仍然是「特殊」的、「發展、轉型中」的、尚未「到位」的；也就是後殖民主義（post-colonialism）學者恰夸巴提（Dipesh Chakrabarty）所形容的，一種將殖民世界鎖在歷史的「等待區」（waiting room）的作法[52]。如此理論即使是不夠完美，也不過修補一下即可。在這樣的心態下，學界往往發展出一些奇

---

51 有關歐洲的思辨傳統請見第三章。

52 Dipesh Chakrabarty, "Europe as a problem of Indian history," *Traces*, Vol. 1, pp. 163-4, Naoki Sakai, "The dislocation of the west and the status of the humanities," *Traces*, Vol. 1, p. 82,); David Morley, "The geography of theory and the place of knowledge: Pivots, peripheries and waiting rooms," in Georgette Wang,ed., *De-westernizing communication research : altering questions and changing frameworks*(London ; New York : Routledge, 2011.)

特的關注重點，例如：當全球化理論開始成為主流，大家問的不是這理論的邏輯或證據是否周延，而是：「我們何時全球化？」

事實上，將理論的「普世性」來對應本土的「特殊性」有其明顯的矛盾存在。首先，我們究竟應該如何看待「本土」的性質？以西方的論述來看，目前有兩種相反的立場[53]：或是肯定、或是否定任何論述的「普世性」。如果否定「普世性」，則台灣與印度是「本土」、是「特殊」的，但英、法、德等「公共論域」的理論的「發源地」也會是「本土」、是「特殊」的。套句恰夸巴提的話，西方不過是另一個「本土」。如此，「公共論域」反映的是西歐這些國家的特殊性，本就不應該在台灣或印度出現。但如果是肯定理論的普世性，那麼除非事先已經劃定理論的適用限制，例如組織行為，否則大家都應該屬於「普世理論」的涵蓋範圍。如果證據無法支持理論，就不會是「本土」的特殊性所造成的，而是理論的有效性出現問題。否則，如果台灣、印度這些「本土」是因為尚未發展成熟而可以劃在「普世」所涵蓋的範圍之外的，則在「普世」範圍之外的範圍可以有多大？那麼「有效」的意義又是什麼？因此一方面肯定理論論述的「普世性」，另方面卻將本土視為「特殊」，就難怪作研究的人會變成像翟學偉所形容的，「要麼在說特殊情況下的現象，而不能對其公認的理論構成挑戰，要麼在證明公認理論的解釋限度，供其修訂完善」；說穿了，是「怎麼做都無關緊要。」[54]

話說回來，在現代社會提倡「公民意識」、建構「公共論域」的空間並不是不應鼓勵；包括華人社會現代化、民主化的工程，似乎都是在「根據外來理論改造自己」。然而純就學術本身而言，研究的目的究竟是什麼？努力設法讓外來理論在「本土」的土壤生根，還是根據本土經驗反思理論，進行學術對話、回饋社會？以「公共論域」為例，世界上沒有十八世紀歐洲社會文化條件的國家很多，「公共論域」概念的預設未必成立；但「預設不成立」並不表示它對這些國家毫無價值。畢竟今天亞非大部分地區也都已經民主化；既然民主化，必然同樣需要面對公共政策的議題。那麼今天亞非國家中公共政策的形成，是否就不具備概念化或理論化的價值與潛力[55]？我們是否可以由本土個案分析中找出台灣或印度公共政策形成的軌跡，檢討概念、或發展新的分析模式？很可惜的，是非西方學界大多數學者在發現外來理論不適用的時候，不是將矛頭對著自己，就是將本土與西

53 在本書第四章對「普世性」概念有更深入討論。

54 黃旦：〈問題的「中國」與中國的「問題」〉，《理論與經驗——中國傳播研究的問題與路徑》，黃旦、沈國麟編，上海：復旦大學出版社，二〇一三年版，頁49，引自翟學偉，〈「關係」研究的脫殖民化與理論重構〉，翟學偉，《中國人的關係原理》，北京大學出版社，二〇一一年版，頁175。

55 詳見第五章〈「共量性」與「不可共量性」的相依相隨〉一節。

方的差異視為另起爐灶的理由——既然雙方全然不同，不如走自己的路。問題是，前者將問題歸罪於「本土」，期待有一天能改造社會以解決學術問題[56]；後者閉關自守、放棄對話，兩種反應都不符合現代學術研究的精神。在這樣的心態和方向下會發展出何等樣貌的學術研究？這種學術研究確是華人學界、以及非西方學界所追求的目標嗎？

由上述例子，我們看到的一個現象，是「研究者」這個「主體」被他所引用的論述與收集的資料帶著走，而不是由他主導研究。這是過去在檢討「複製型研究」時常被提到的，研究欠缺「主體性」的問題。由於「複製研究」「套用」理論框架的現象在量化研究最為明顯，因此許多學者認為，只要拋棄量化研究法就可以解決問題。事實上這個看法忽略了一點，就是即便我們不再使用量化研究法，甚至將帶有實證色彩的「理論」也放在一邊、轉而以詮釋學較通用的「論述」或「話語」（discourse）替代，仍然無法迴避一個問題，就是「論述」也是一種「理念的表達」[57]；只有資料的堆砌仍然談不上理念或想法（idea），所不同的，只是由堆砌量化數據轉而堆砌質化資料。那麼，如果過去華人學界最主要貢獻只是數據與資料，未來我們是否還要照著這個方向繼續走下去？

正如前面所提到的，近年來國際學界盛行的「後現代」、「後結構」（post-structuralism）、以及「詮釋學」等論述，使得啟蒙以來就統領主流思潮的「大一統」普世知識觀，終於轉向「特殊」、「在地」、以及「多元」。在「後殖民主義」的推波助瀾之下，一時之間「在地」聲勢看漲，吸引了較以往更多的目光，也進一步激發非西方學界思考學術未來方向的動力。然而這個轉變所代表的，仍然是西方學界對於現代性在歐美社會出現的種種複雜問題的回應。由「在地」的角度來看，它的意義究竟是什麼，則並沒有明確答案——主流學界甚至也沒有太多的興趣與討論；「在地化」的火燒得愈旺，「在地」的冷灶也愈顯突兀。如果非西方學界不趁勢積極面對「在地」／「本土」的學術開展，則前述多元化與去中心的路能走多遠、是否可以解決「在地」問題不但是個未知數，連帶亞非學界對於主流典範的批判也失去了著力點。如果確是這樣，則現在的努力是否也不過是配合西方學界的賣力演出？畢竟「文化研究」源頭是英國，「後現代論述」和「批判理論」同樣和歐美文化社會脫不了關係。這一幕過後，是否回歸西方主軸、還坐實了「你拿不出東西」的帽子？換言之，當「大敘述」、絕對性與普世性飽受排斥與否定、一切講究多元、相對、特殊性，亞非學界所面對的卻是一個頗為矛盾的情況：跟著走「小敘述」的路，看

56 在後面章節裡面我們會談到，其實這心態牽涉的不只是「社會」與「學術」的問題，還包括了「本土社會」與「外來理論」的問題，也就是後殖民論述所談的「歐洲中心主義」與「東方主義」。

57 張佩瑤，《傳統與現代之間：中國譯學研究新途徑》，湖南人民出版社二〇一二年版，頁131。

似是回歸本土，實際上卻又仍然在跟隨西方。「跟隨」本身未必是問題，問題是這「跟隨」是「階段性」、或是「永久性」的？如果未能利用機會走出一條新的學術路線，則包括華人學界在內的亞非學界最終是否也終究跟著西方落入類似「後現代」（勞思光，西方思想困局，未出版）與「特定文化取徑」的論述僵局（詳見第四章）？對於一些華人學者批判主流論述，石之瑜有頗為中肯的觀察：

……借用批判學派除了有助於抗拒歐美的情緒外，是不是真的有利於反帝反殖民呢？……好像任天堂遊戲，用遊戲主人已經規定好了的武器相互投擲，在進入螢幕的廝殺情境時，疏離了自己的生活實踐，塑造一個西方，在反對它……或修正它……的過程中，培養一種中國特色的感覺。58

因此整體來看，國際學界所顯現的「多元」和「本土」趨勢充其量只停留在表象；「主流典範」仍然牢牢的掌握在歐美學界手裡。華人有點像翻不出如來佛掌心的孫悟空：任憑有多少著作在主流學術刊物上發表，題材、對象為何，所扮演的始終是個「追隨者」的角色，實際上對於歐美發展出來的理論框架、以及它鎖定的觀察角度與方向並沒有太多的貢獻或突破，有時甚至自失立場。

這情況可以用一個比喻來說明：如果學術研究有無數發展的可能性隱藏在黑暗當中，則概念、理論與典範框架就是一支火把；它引導我們去關注某一個特定的區域範圍。但是如果我們全體都只靠一支火把引路、而不自備火把，就永遠只能跟著它的光走，永遠只看到從它的角度所看出去的景色、以及它所能照到的範圍；即便我們自己的樣貌，也得依賴拿著火把的人描述給我們聽。不但如此，用這支火把找路的人還可能會走錯路、迷失方向、或在原點打轉，那麼跟隨在後面的人又如何？就算是拿火把的人不犯錯，他要往哪個方向去照，也是他依據自己——而非跟在後面的人——的想法和需要來決定的。簡單說，廣義的理論論辯就像是別人手中的火把，而我們作學術研究，就是去借別人火把的光來收集柴火、並點燃自己火把。因此只將理論或論述作為引導資料收集與分析的工具，不檢討它的預設、邏輯架構、與論據的周延與否，也不提出任何主張或看法，就等於「誰有火把跟誰」、卻不思借用別人的火來點燃自己的火把。這種不從事學術對話的研究很容易淪於一種「習作」：只需將數據或資料套入不同的公式便可完成。在這種情況下，研究人員能證明的，只是他們具有一些理論論述的知識、以及收集與組織、分析資料的能力。我們可以不客氣的說，研究只為提供數據資料而沒有理論論述，等於是出了勞力，卻將型塑論述的機會拱手讓人。學術研究不能脫離理論論述所設定的方向與範圍，如果對「框架」束手

58　石之瑜：〈政治學是一種政治主張，中國人有沒有自己的主張〉，《華人社會政治學本土化研究的理論與實踐》，桂冠出版社二〇〇二年版，頁57—81。

無策，自然難逃「歐美理論測試場」（testing ground）的下場[59]。換言之，學術研究的最終目的並不在於證明作者收集與處理資料的能力，而在於提出作者對研究議題的重要看法。如果沒有，即使主題定位在本土的特有現象、或使用了大量本土歷史與文化背景資料，這項研究可能依然停留在探索問題、描述現象的初始階段，而尚未由資料分析中發展出理論論述。也就是說，研究所貢獻的仍是數據資料。在這情況下，斤斤計較研究是否可以稱之為「本土」、或有多少成分的「本土」血統，意義又有多重大？

確實，在西方強大的影響與現實環境限制之下，華人學者要求突破而有所作為並非易事；然而如此大的一個學術社群在如此長的一段時間內，在領導社會科學研究的思想、理論論述層級的貢獻都非常有限、甚至沒有參與論辯，這情況便不僅僅是研究性質可以解釋的。造成「研究欠缺學術主張」的問題，訓練不足、大環境不佳都是原因[60]，卻絕不是全部原因。撇開研究基本規範的問題，我們在人文與社會科學研究的各個環節之間似乎出現了問題：收集數據和資料的功夫可能已經作了不少，然而最終並沒有能根據研究者的反思與研究發現，有效「反饋」到理論層面的討論。「代工式研究」所傳達的訊息是，大多數學界中人並沒有顯示要突破現狀的意圖、或深刻的省思，反而是採取了最安全、便捷的作法去交卷。深一層次檢視這個現象，與其指責理論背棄了我們，不如說我們放棄了理論。

將眼光放遠一些來看，「複製型研究」所影響的，還不只是某一個學術社群在國際社群中所扮演的角色與它的未來。如果學術對話可以化為一幕舞台劇，則劇中人理應各有其必須要扮演的角色和背誦的台詞；我們可以想像舞台上有一些人在表演，而其他演員只是模仿主角的動作和台詞嗎？過去「後殖民」以及歐洲中心主義的論述大多指責西方論述獨大的現象，卻忽略了這個現象所造成的另一個問題，就是唐寧（John Downing）所指出的，今天國際學界人文與社會科學的討論，基本上都不過是「主流西方知識傳統之內的『獨白』」[61]。表面上學術主張針鋒相對，實際上系出同源；遵循的是同樣的典範、秉持的是同樣的世界觀與價值觀、具有同樣的優勢但也暗藏同樣的盲點。同樣的，「源自歐洲的」社會科學所能提供的研究工具與規範雖然五花八門，這些方法仍是由一「特殊」（並非「普世」）的社會文化脈絡與知識系統所孕育出來的，在此系統中所設計的有效性的檢驗、以及過程當中所遭到的批判，也都還是來自「自家人」、並沒有脫離這個知識體系，其思考框

59 Yoshitaka Miike, "Beyond Eurocentrism in the intercultural field," in William J. Starosta and Guo-Ming Chen (Eds.) *Ferment in the intercultural field: Axiology/value/praxis*(Thousand Oaks: Sage Publications,2003,) p. 244.

60 傅大為：〈歷史建構、邊陲策略、與「中國化」〉，《島嶼邊緣》（台北）第一卷第一期，一九九一年，頁103－127；葉啟政：《社會學和本土化》，巨流出版社二〇〇一年版，頁124。

61 Downing, J. *Internationalizing media theory: Transition, power, culture* (London: Sage, 1996,) p.xi.

架與基本預設。就像鐘擺，論述方向可以由一頭擺盪到另外一頭，但「萬變不離其宗」，無論是擺到極左或極右，仍然同屬同一「鐘」之下的運動；沒有、不會、也不可能變成「土圭」[62]。甚至我們可以說，正因為鐘的設計如此，才會有鐘擺的現象。

任何學術體系都有優點與缺點，在某一時空情境下，一個體系的優勢可能凌駕其他，但這並不表示這個較優體系就完美無瑕、其他的就全無價值。無論是否別無選擇，當西方傳統之外的研究人員拋棄自己的世界觀與價值觀、以及本有的優勢，盡力追隨模仿時，其實是造成了另一層次思想上與原創性的貧乏。在學術研究的領域裡，「追隨者」的貢獻與地位都不受重視；而看似居於領導地位的「被追隨者」同樣沒有得到好處；它不但失去對話的對象、無法由不同的觀點得到更多啟發與成長，也失去了精進的機會。無論是有意或無心造成，今天國際學界所面臨的，實際上是一個雙輸的局面：思想上的「去殖民」是所有人——包括西方學界——的事情，絕不僅僅是邊陲學界的事情[63]。

本土學術社群「不事經營學術主張」造成的另一個問題，是研究與社會脫節。近年華人學界關心本土化議題，最常見的理由是外來理論「不適用」[64]。簡單說，就是歐美所發展出來的典範、理論和方法並不適合用於分析、瞭解我們的心理、行為與社會文化，或解決我們的問題。我們在前面提到，有學者將外來理論與本土現實的「不合」歸咎本土，但也有人認為外來理論既然不好用，不如拋開理論，以研究直接回應本土社會需求。還有學者認定「經營理論論述」與「回應本土需求」兩者根本不可得兼[65]；將焦點放置在理論必

定使我們偏離社會需求。誠然，廣義下的「研究」種類很多，例如：解決實務上問題的

---

62 中國最古老的計時器，西元前兩千餘年前始於堯帝時期。

63 Walter Mignolo, "The splendors and miseries of "science" in Boaventura de Sousa Santos ed. *Cognitive justice in a global world* (Lanham: Lexington Books, 2007), p. 375-405. 另一版本出版在：Walter Mignolo, "Prophets facing sidewise: The geopolitics of knowledge and the colonial difference," *Social Epistemology*, Vol. 19, No.1, pp. 111-127.

64 黃光國：〈由建構實在論談心理學本土化〉，《社會科學理論與本土化》學術研討會論文集。南華大學教育社會學研究所暨應用社會學系，一九九九年五月，頁13；許紀霖：〈學術的本土化與世界化〉，《香港社會科學學報》，香港牛津大學出版社一九九五年第三期；王紹光：〈西方政治學與中國社會研究〉，《華人社會政治學本土化研究的理論與實踐》，桂冠出版社二〇〇二年版，頁21－55；蔡勇美與蕭新煌主編：《社會學中國化》，巨流出版社一九八六年版。

65 黃旦：〈問題的「中國」與中國的「問題」〉，《理論與經驗——中國傳播研究的問題與路徑》，黃旦、沈國麟編，上海：復旦大學出版社，二〇一三年版，頁50，引自翟學偉，〈「關係」研究的脫殖民化與理論重構〉，《中國人的關係原理》，北京大學出版社，二〇一一年版，頁175。

研究；未必每一種都必須鎖定理論的討論，我們也不能期待每一項研究都產生新的理論或方法。然而將研究限縮在實務層面其實存在兩個問題，首先，這麼做是否就可以規避理論層面的問題？在某些領域這個答案好像可行；一個公司有產品行銷問題，只要用市場調查或焦點訪談即可找出解決方案。但更深一層去看，就會發現這種想法存在很多矛盾之處；因為現代定義下「研究」的所有環節——包括方法，都可以追溯到某一個理論基礎。因此即便是純粹應用的研究，也不可能完全不碰觸知識與理論，以上述「火把」的比喻來看，「完全捨棄理論」不只是「放棄點燃自己的火把」，而是連別人的火把也一併放棄；如此只能在黑暗中摸索了。其次，「學術研究」與企業所作的市場調查或政府智庫所作的政策分析究竟有無不同？前者是一種圍繞著理論知識進行的活動；正如我們在前面一再強調的，研究的目的在瞭解，但更在於產生系統性的理論知識或提出論述理念[66]。因此數據或資料主要的價值並不僅在於分析一時一地某社會的問題或描述一群人的生活型態，而在於它們提供討論、並發展新學術主張的依據；單憑數據資料與實證研究的累積，並不一定就能夠歸納出理論[67]。

在實務上導致「拿錯藥方治錯病」的原因不是研究人員太專注於理論，而是粗率套用外來理論的結果。在學術上，這種研究同樣可能是牛頭不對馬嘴；不但無法貼近本土社會，也無法貼近西方社會。這裡需要釐清的，是對本土而言，「外來」理論未必沒有價值；數百年來非西方國家的「現代化」，所依恃的也不過是「外來理論」。即便恰夸巴提也承認，對於「非西方」，西方知識是不適切、但也是「不可或缺」的[68]。問題是「複製型研究」毫不考慮這些理論、概念與本地社會文化脈絡之間的距離與扞格[69]，最終是「我們的研究」與「我們的社會文化」之間疏離、甚至脫鉤。

事實上理論知識「不適用」有兩個層面的議題，首先，是理論知識「不適用」並不是一個無解的問題。在論辯過程中，理論論述本身原本就是不斷遭受質疑、挑戰、甚至被

66 《韋氏大字典》將學術研究定義為一種「發現與解釋事實、根據新事證修訂既有理論、或應用新理論或法則的活動」。

67 Larry Laudan, *Progress and its problems towards a theory of scientific growth* (London : Routledge & K. Paul, 1977).

68 Dipesh Chakrabarty, *Provincializing Europe: Postcolonial thought and historical difference*, (Princeton University Press Princeton and Oxford, 2000); David Morley, "The geography of theory and the place of knowledge: Pivots, peripheries and waiting rooms," in Georgette Wang,ed., *De-westernizing communication research : altering questions and changing frameworks*(London ; New York : Routledge, 2011.)

69 這個部分我們將在第四章有關方法的部分再深入探討。

淘汰的70。其次，我們在前面提到，以西方的論述來看，目前有兩種相反的立場71：或是肯定、或是否定任何論述的「普世性」。如果我們接受知識社會學（sociology of knowledge）與後實證主義（postpositivism）的看法，則思想與知識起自我們所生活的社會文化場域，必然反映著這社會文化的需求與價值觀。假使我們暫時拋開例如「歐洲中心主義」或「文化本質主義」這些因素不談，則外來理論論述因為觀察角度與價值觀而忽略另一「本土」的特殊性而產生誤謬，其「水土不服」並不難理解、甚至是可以預料的。因此一項研究原封不動地沿用外來框架，則它反映的自然也不會是本土的需求與價值觀。然而這裡我們必須避免陷入「『特殊』與『普世』非此即彼」的思考框架；也就是說，文化不可能全然「同」、也不可能全然「不同」——不是全然普世的未必就全然獨特、或沒有雷同或相通之處。恰夸巴提既然認為外來的理論知識對於本土是「不可或缺」的，就表示本土與非本土必然有相似的需求，否則現代科技又怎能成為現代人類生活中如此重要的一環？在這種認識之下，我們可以捨「普世」；但是捨棄「普世」不表示我們必須跟隨西方，立刻跳到「普世」相對的另一極端「特殊」。相反的，以文化的特質來看，找到文化間可以「相通」、或「可共量」（commensurable）之處、並由此來檢討理論論述，是更為可行的方案。

我們在第五章會詳細討論「普世」與「可共量」的概念；在此處需要說明的，是即便理論不可能「普世」，我們仍然可以在「可共量」的基礎上討論、檢驗與質疑它的有效性。此時文化或時空差異在預設、推理或證據所造成的問題便是重要的考慮因素。事實上，由發展本土學術的觀點來看，這差異往往是主流論述的盲點、也是亞非學者據以檢驗文獻、回饋社會、並提出新學術主張的關鍵。很明顯的一個例子，是今天在貧窮線上掙扎的地區，究竟應該適用「後現代」、「現代」還是「前現代」的觀察角度與研究分析框架?「後現代」論述來自歐美學者對於「現代性」的反思。然而後現代論述出現的時候，世界上仍有許多低收入國家是低度現代化的；它們所面對的問題與挑戰不僅與「後現代」論述的發源地區不同，而且所遭遇的問題與挑戰，也與當年這些地區處於「前現代」與「現代」時所面對的問題與挑戰大不相同。這就提供了非西方學界一個打破以線性思維對待「現代」議題的最佳理由與機會。

目前我們面臨的最大挑戰，是如何避免「複製型研究」的陷阱，一方面扎根本土、一方面與國際對話；更實際地說，是如何避免研究疏離本土的社會與文化。這些問題所牽連的範圍很廣，包括方法論的、認識論的、世界觀的；更多的是學術研究上的異質文化議題。過去文獻對於這類問題並非沒有討論，然而即便同為華人學界，不同的社會經驗與學科素

70 詳見第四章「治學與求知」有關論辯（argumentation）部分。

71 在本書第四章對「普世性」概念有更深入討論。

養所引發的看法也十分分歧。在這第一章我們嘗試由過去的討論中整理出一些關鍵議題，並根據這些議題來探究學術在「本土」的出路。事實上，本土學術的開展會陷入困境，不但有其歷史與文化上的因素，也有思考方式等等的問題。在更深入去討論與發展本土學術相關的議題之前，我們需要先對整個非西方的學術生產脈絡——也就是目前華人——甚至亞非學界——所面對的心態上、以及體制上的狀況先有一個較為全面的瞭解；這也是第二章所要討論的。

第二章

自己的敵人：「西方主義」

近年來，非西方學界在檢討「本土化」以及「理論難產」的問題時，大多將表現欠佳的原因歸之於兩類因素：內在的，包括全盤接受西方論述、粗率套用外來理論框架的作法，以及外在的，例如「科學主義」（scientism）、「歐洲中心主義」、「東方主義」。然而對於他們——或者應該說「我們」自己——也是身處問題核心的非西方學界中人——所承襲的歷史包袱、身處的環境與挑戰卻極少著墨。

對於西方與非西方世界[1]在「知識生產」方面的不平衡，阿部迪（Ali A. Abdi）曾經指出兩個主要的肇因：歐洲教育體制的引進與全球化，其次則是本土學界對於「在地生活」和「學習」之間是否密切關聯，並不重視[2]。相反的，他們往往認為西方價值、思想、與事物比本地的更為有用、更重要，因此把它們當成學習與研究的重心。這個傾向和阿拉塔司（Syed Farid Alatas）、及余英時所形容的，「不分青紅皂白地接受源於西方的觀點、概念、與理論」是同一類的問題[3]。

針對這個現象，我們現在要談的還不是「是否要接納、排拒或創新西方理論」——這個問題可以稍後再來討論，而是「要」或「不要」背後的邏輯究竟為何？盲目的排拒、與草率的創新就和盲目接受一樣，也會是個問題，那麼我們可以由非西方學術社群的心態、以及這個社群所處的社會文化脈絡裡學到什麼呢？薩伊德（Edward W. Said）曾經指出，殖民時代以殖民官、學者與文學家所形成的「東方論述」存有嚴重的曲解[4]。他所提出的「東方主義」將焦點放置在殖民主建構東方論述的方法上，因而開啟了新的理論視野[5]；但是「東方主義」重點是在「西方」：西方是行動者（actor），而「東方」只是文辭暴力（discursive brutality）下的犧牲者。但是殖民統治結束之後六十年的今天，這個「受害人」早已不同當年；但是學術的頹勢依舊，顯然單單指責加害者已經不能找到問題的答案。正如同陳光興所指出的，繼續對西方進行偏執的批判，結果是被批判的對象所制約、無法脫身[6]。

對於非西方人而言，「東方主義（Orientalism）」論述中最值得注意的，不僅只是這種態度已經形成「西方」對「東方」整套知識體系與殖民統治的基調，同時它也影響東方人如何看待自己。或許受限於他本人的生長背景[7]，薩伊德的論述並沒有對後者有太多著墨。但無可否認的，如果我們要深刻瞭解「東方主義」如何對東方人造成影響，就不能不去瞭解東方人如何看待西方、以及看待自己。事實上，主流西方的霸權、以及西方的「他者」（Other）的反應是相互作用的一體的兩面。所謂「一個巴掌拍不響」；如果我們只看一面，必然無法深入瞭解整體情況。正如阿部迪所指出的，輕視本土反映的正是這種「東

1 例如「非西方世界」、「非主流西方」、「邊陲」、「東方」（Oriental, East）、亞洲相對於「西方」（Occidental, West）、「主流西方」、「中心」、「歐洲」都同樣意義含混、同時忽略了內在的差異與多元性，然而在論述中我們無法完全避免使用這些名詞，Hall（1992, p.277）認為「西方」的概念容許我們將社會分類總結不同的特色，同時為評鑑與比較社會提供一套標準。在本章，「主流西方」一詞，是指在十八、九世紀曾經是殖民帝國的歐洲國家，以及因為歐洲在全世界勢力擴張而產生的新國家，例如：美國、澳洲；而非西方主要指的是二次大戰之前被殖民或被外國勢力所占領的地區。本章採取這樣的定義是因為議題的焦點在對比殖民時期中兩造經驗的差異。在某些文句中，「西方」被用來指涉歐洲與北美；在談到東方主義的時候，則指的主要是歐洲。

2 Ali A. Abdi, “Eurocentric discourses and African Philosophies and epistemologies of education: Counter-hegemonic analyses and responses,” *International Education*,36(1) ,2006.

3 Syed Farid Alatas, *Alternative Discourses in Asian Social Science: Responses to Eurocentrism*(New Delhi:Sage.,2006); 余英時：《中國思想傳統的現代詮釋》，台北：聯經出版事業公司，1987。

4 Edward W. Said,*Orientalism*(New York:Vintage.,1979).

5 Ning Wang, “Orientalism versus Occidentalism?,” *New Literary History*,28,1997,p.57-67.

6 陳光興：《去帝國：亞洲作為方法》，台北市：行人出版：遠流總經銷，二〇〇六，頁3。

7 薩伊德雖然生在巴勒斯坦，早年接受的卻是歐洲殖民教育，十六歲之後長期客居歐美。

方人習慣由西方人的角度來看自己」的特異現象[8]。這裡所牽涉的還不只是視角的問題，由歷史上來看，「後殖民」學者所提出來的「賤民心態」（subalten mentality）[9]和非西方世界遭遇西方的情境有很大關係；這些歷史情境形塑了非西方世界對於西方的瞭解、認知，也決定了因此而產生的知識體系樣貌。

到目前為止，無論是東方主義或後殖民的文獻，仍然很少由華人社會、亞洲、非洲、或拉丁美洲的角度來檢視這些議題的研究。與其將注意焦點放在主流西方霸權，本章嘗試將注意力轉到「非西方」，尤其是華人在過去三百年的歷史經驗——也就是「西方勢力東漸」的這段關鍵時期。這麼做的目的是要超越「東方主義」所關注的範疇，瞭解「西方主義」論述的本質與特色、它被建構的歷史背景與脈絡，並描述「非西方」凝視「西方」、以及「非西方」凝視它自己（Self）的方式之間，如何形成一個共生關係。作者認為，「西方主義」的討論，能夠提供一個分析架構，以便：

（一）釐清現存知識體系上層架構一些纏雜不清的問題、以及非西方世界社會科學研究理論化的困難，例如：欠缺原創思維及深刻省思、以及研究與其社會與文化脈絡的割裂；

（二）鑑往知來：一位優秀的駕駛不但要向前看、也必須要不時地看看後視鏡；回到歷史可幫助我們瞭解為何世界是今天的樣貌、以及我們要怎樣才能達到目的地。本章在簡短回顧西方主義文獻之後，將會使用中國的案例來描述非西方世界是如何遭遇一個現代的歐洲、以及這些經驗如何形塑了西方主義論述。作者希望，這麼做能夠幫助我們更深入瞭解為什麼西方對於社會科學研究能有全面性影響，以及包括華人的非西方學界究竟可以怎麼做，才能對學術研究有更大的貢獻。

在進入主題之前，我們需要先說明本章一些名詞使用的問題。第一章曾經提到，人類文化與社會在本質上就是開放與動態的，因此將其中一些視為一個「集合體」，例如：將印度、泰國、菲律賓、中國、及日本等國都視為「亞洲國家」或「東方」，就很難避免過度簡化的問題。當然，將亞洲、非洲、甚至拉丁美洲都放在一起稱之為「非西方」、以與「西方」對立，也是頗為粗糙的二元分類。使用這些名詞不能忽略其內在的複雜性與多樣性，何況由另一個角度看，是「東」、或是「西」其實不過是一種相對（relative）的說法：「地球上的每一點都同時是西方、也是東方。」[10] 薩伊德也承認對於不同的人，「東

8 Ali A. Abdi, "Eurocentric discourses and African Philosophies and epistemologies of education: Counter-hegemonic analyses and responses," International Education, 36(1), 2006.

9 Dipesh Chakrabarty, *Provincializing Europe: Postcolonial thought and historical difference*(Princeton, N.J. : Princeton University Press, 2000).

10 Christopher Lloyd GoGwilt, *The invention of the West: Joseph Conrad and the double-mapping of Europe and empire* (Stanford, California: Stanford University Press, 1995), p.15.

方」會有不同的意涵，在他而言，「東方」指的主要是與歐洲相鄰的伊斯蘭中東；但是對東亞而言，「中東」已經很接近「西方」了。

因此在本章這些名詞並不是要用來形容一個二元對立的關係，而是區分在重要的歷史轉折點與衝突點上，占據了不同位置的兩造；因為在衝突中的位置與角色不同，對於同一場戰役、同一份協議、與同一時期的統治，雙方所留下的記憶與詮釋絕對不可能相同——例如「殖民主」與「被殖民者」。當我們將歷史情境與地理名詞結合起來時，不同群體之間的差異便會顯現出來。

伯奈（Alastair Bonnett）曾經指出，儘管人文與社會科學研究中，歐洲和北美占據著核心地位，然而「西方的『他者』如何想像西方」，卻很少成為注意的焦點[11]。相對於「後殖民」論述對「東方主義」的重視，有關「西方主義」的文獻不但頗為零散的，而且這個名詞也曾經以非常不同的面貌出現[12]：例如：非西方世界對於西方世界的刻板印象，或者是西方文明所形塑的意識型態[13]。截至目前為止，文獻中有關前者「刻板印象」的論述主要出現在《西方主義；在敵人眼中的西方》（*Occidentalism: the West in the Eyes of its Enemies*）一書當中。這本書是紐約世貿大樓遭受攻擊之後完成的著作，作者強調他們無意藉這個概念發動一場全球的反恐戰爭、或抹黑「西方」的敵人，然而將這樣一個概念放置在「反恐」的框架下去檢視西方文明所受到的負面評價與「去人性化」描述[14]，其觀察與分析難免流於片面。相對的，伯奈卻認為起自不同文明之間的接觸與交流的「西方主義」，可能激發不同的現代化模式，所以也可以有正面的效果[15]；而范恩（Couze Venn）更視之為「自我創造」（project of self-invention），以及討論現代性與後殖民主義的論域[16]。

---

11 Alastair Bonnett ,*The idea of the West: culture, politics and history* (Houndmills, Basingstoke, Hampshire, New York: Palgrave Macmillan,2004,)p.7.

12 Alastair Bonnett ,*The idea of the West: culture, politics and history* (Houndmills, Basingstoke, Hampshire, New York: Palgrave Macmillan,2004).

13 James G. Carrier,ed., *Occidentalism: Images of the West*（Oxford: Oxford University Press,1995);Ian Buruma and Avishai Margalit, *Occidentalism: The West in the Eyes of Its Enemies* (New York,2004.)

14 Ian Buruma and Avishai Margalit, *Occidentalism: The West in the Eyes of Its Enemies*(New York,2004,) p.10-11.

15 Alastair Bonnett ,*The idea of the West: culture, politics and history* (Houndmills, Basingstoke, Hampshire, New York: Palgrave Macmillan,2004).

16 Couze Venn, *Occidentalism: Modernity and subjectivity* (London: Sage,2000) ; Christopher Gogwilt, *The Invention of the West: Joseph Conrad and the Double-Mapping of Europe and Empire* (Stanford: Stanford UP.,1995).

由於「西方主義」曾經被用在極為不同的論述脈絡裡，它的定義也成為問題。事實上，作為「東方主義」論述的自然延伸，「東方主義」與「西方主義」之間無可避免地存在一種微妙、矛盾的論述關係，共同分享著意識型態上的策略。在文獻中，「西方主義」不但是隱含在「東方主義」之中，也經常是透過「東方主義」被定義的；我們甚至可以說它是「東方主義」對立的論述、對立的記憶、甚至是對立的「他者」（counter-Other）[17]。正如柯容尼（Fernando Coronil）所指出的，如今我們對「東方主義」的批判，往往不能不由「西方主義」開始[18]。

在本章，「東方主義」與「西方主義」之間的關係並非論述重點，但是討論「西方主義」很難完全不提「東方主義」。由學術論辯的角度看，無論要談「東方主義」或「西方主義」，都必須先回答兩個問題：「東方」與「西方」的內涵為何、這樣的對立適切嗎？再者，它確實存在嗎？根據薩伊德的說法，「東方主義」包括了兩個彼此密切關聯的論述層次：

1 學術的；任何作有關東方研究的學者都是東方主義者，而他們所作的，就是「東方主義」；

2 一般性的、基於東方與西方在認識論與本體論上的差別而形成的思考風格[19]；這包括文學作品、社會分析、政治檔案裡面所提到的東方、以及東方的人民、風俗、思想與命運等等。

上述解釋未必周全，但為便於對照分析，本文採用薩伊德論述中的「西方」——也即歐洲為主體的文明，並以「西方主義」代表同樣兩個層次的論述。換言之，「西方主義」指的是：「東方人對於西方所建構的論述，這項論述在特殊的歷史情境中成形，而這歷史情境從而決定了它的本質、特色、以及觀察角度」。這裡的重點並不是在論述的內容，而是它被形塑的歷史脈絡；也就是過往的發展如何塑造了非西方觀看西方、以及自己的方式。現存知識體系不可能脫離「東方主義」與「西方主義」而存在，正如同「東方主義」的「他者」不可能脫離「西方主義」的「他者」存在。也因此「東方主義」與「西方主義」不是一種二元對立的關係，而是相輔相成的，就好像「東方」或「非西方」並非「西方」的對立面。

至於相對應的「東方」，本文關心的重點為華人、但也及於其他亞洲文明，因為三百年西方殖民期間，亞洲各國在政治、經濟、以及文化上所承受的、與經歷的有頗多共同之處，而今天在學術自主發展上也面對同樣的挑戰。

---

17 Xiaomei Chen ,*Occidentalism: A Theory of Counter-Discourse in Post-Mao* China(New York:Oxford University Press.,2003).

18 Fernando Coronil, "Beyond Occidentalism:Toward Nonimperial Geohistorical Categories," *Culture Anthropology*,11(1):51-87,1996,p.57.

19 Edward Wadie Said, *Orientalism* (New York: Vintage Books,1979).

一、遭遇西方

東方人對於西方印象的建構，是在數百年的歷史過程中所逐漸形成的，這過程遠比《西方主義》一書中所寫的複雜[20]，其中或許不免存有對於「西方」的排斥與敵意、甚至曲解，但也並非全無根據。一〇九六年十字軍東征，血腥勝利的代價是加強了回教徒心目中對於歐洲人的負面印象：「歐洲人是侵略、無知、野蠻、……以作戰、爭吵方式推廣自己生活方式的人。」[21]但是如果我們稍微仔細一點，就會看到在許多面向上，「東方」對「西方」的論述，與「東方主義」中所描述的「西方」對於「東方」的論述，具有根本的差異。而這差異的源頭，是兩方在同一個歷史場景中完全相反的角色與位置。

在十七世紀與十八世紀之間，歐洲勢力在啟蒙與工業革命之後，達到一個前所未有的高峰。它在武器與航海方面的優勢、資本主義的興起、以及對於原物料與市場擴張的需求，很快就為歐洲累積了殖民的能量；歐洲不但有能力、也有理由來瞭解他領土之外的世界。為了滿足向外擴張政經勢力在知識上的需求，僅僅在一八〇〇至一九五〇的這一百五十年之間，歐洲出版有關中東的書籍，就高達六萬本[22]。然而東方的統治者與知識份子瞭解西方的需求卻截然不同——無論是在需求的原因、程度、或本質上都是如此。在十八世紀，包括中國的清朝、南亞的蒙兀兒王朝（Mughal Dynasty）以及中東的鄂圖曼帝國（Ottoman Empire）、東歐的一部分以及北非，都是政治與軍事上的強權。這些帝國雖然已經呈現衰敗的跡象，它們仍然掌控了廣大的土地，各自盤踞在自己的地盤上，汲汲營營於本身的事務。或許教育體制的發展限制了這些帝國建構歐洲研究的能力，然而最重要的是在那段時期，它們並沒有顯現出有發掘與學習歐洲的意圖、甚至也沒有察覺到巨大變化已然在身邊出現。這些龐大的亞洲帝國對於統轄範圍之外的世界沒有興趣、也不感覺有需要去瞭解。在歐洲，波蘭人哥白尼（N. Copernicus, 1473—1543）以太陽為中心的《天體運行論》（*Revolutionibus Orbium Coelestium*）在十六世紀已經成為熱烈討論的議題，然而一直到十七世紀末期，它才第一次在土耳其出現[23]。在伊斯蘭世界，更是遲至一八〇二年才在埃及首度出現有關西洋的書籍[24]。

---

20 Ian Buruma and Avishai Margalit, *Occidentalism: The West in the Eyes of Its Enemies*(New York,2004).

21 Akbar S. Ahmed, *Islam under siege : living dangerously in a post-honor world*(Cambridge, U.K. : Polity ; Malden, Mass. : Distributed in the USA by Blackwell Pub., c2003)p.78.

22 Edward W. Said, *Orientalism*(New York:Vintage.,1979),p.214.

23 Albert Hourani, *A history of the Arab peoples* (Cambridge, Mass. : Belknap Press of Harvard University Press., 2002) p.259.

24 路易斯：《穆斯林發現歐洲》（李中文譯），新北市新店區：立緒文化，二〇〇七，頁277。

至於中國，雖然早在唐代之前已經與邊疆以西的諸國有貿易以及宗教的來往，但是最早的科學知識還是由耶穌會傳教士在明末萬曆年間傳入的，這時候雖然出現了一些歐洲的中譯著作，但是主題限於天文、數學和地圖學，流傳的範圍也限於少數士大夫階層、並不普及。至於最早由中國人自己所執筆的、有關歐洲政治制度、建築、風俗的《身見錄》一書，則直到清初，樊守義被康熙皇帝派到羅馬教廷、又回到中國之後才寫成。時間上（1721）已經比歐洲第一本有關中國的著作——威尼斯商人馬可孛羅（Marco Polo, 1254–1324）在一二九八完成的《馬可孛羅遊記》（*The Travels of Marco Polo*）晚了四百餘年 **25**。《身見錄》之外，向中國介紹歐洲的第二本書，是乾隆年間謝清高遊歐後所寫的《海錄》**26**。這本書記錄歐洲的貿易、工藝、人民生活及世界地理，比《身見錄》更廣為人所知，但是時間上當然也更晚了。

另外一個中國對於外面世界缺乏興趣的典型例子，是鄭和下西洋。明成祖永樂三年（一四〇五年），鄭和由蘇州瀏家港出發，開啟了有史以來世界上最大規模的航海事業。七次出航，他的船隊最大的時候有六十餘艘船，這些船也是當時世界上最大的海船，面積超過一個足球場、錨重有幾千斤；一艘船可容納上千人，隨行人員動輒兩萬七、八千名，出航時間多達一年以上。截至西元一四三三年鄭和病逝海上，他的船隊總共拜訪了三十多個在西太平洋和印度洋的國家和地區，最遠到過非洲東部，紅海、麥加，甚至傳說也可能到過澳大利亞、美洲和紐西蘭。時間上來說，鄭和比哥倫布發現新大陸還早了數十年。他的航行雖然為明朝帶來不少收益以及通商機會、也剿平了一些海賊、平息了一些戰亂，基本上卻不過是一次又一次「宣揚天威」的「友好之旅」。永樂帝崩、鄭和亡故之後，一切煙消雲散。除了帶回來的珍奇異獸，他的航行對於中國日後的發展、甚或中國人對於世界的認識，都沒有什麼顯著影響。難怪梁啟超要問，何以鄭和不但未能如後來的哥倫布等人開拓新紀元、甚至「鄭和之後也不再有第二個鄭和」[27]。

25 有一種說法，是《身見錄》寫成之後從未刻印，也沒有在中國流傳。反而是抗戰前夕，由一位目錄學家在梵蒂崗的圖書館中找到、在他的文章中介紹給讀者，至此中國人才知道有這本書的存在（http://baike.baidu.com/view/2685162.htm）；那時已經是一九三七年了。

26 （清）謝清高口述；（清）楊炳南筆錄；安京校釋：《海錄校釋》，北京市：商務，二〇〇二。

27 梁啟超在〈祖國大航海家鄭和傳〉一文中有這樣的感慨：「及觀鄭君，則全世界歷史上所號稱航海偉人，能與並肩者，何其寡也。鄭君之初航海，當哥倫布發現亞美利加以前六十餘年，當維哥達嘉馬（瓦斯科・達・伽馬）發現印度新航路以前七十餘年。顧何以哥氏、維氏之績，能使全世界劃然開一新紀元；而鄭君之烈，隨鄭君之沒以俱逝？我國民雖稍食其賜，亦幾希焉。則哥倫布以後，有無量數之哥倫布，維哥達嘉馬以後，有無量數維哥達嘉馬，而我則鄭和以後，竟無第二之鄭和。」《新民叢報》是梁啟超在日本橫濱創辦的。

不論是因為內在的問題或是對外經濟與軍事擴張能力的衰敗，東方統治者不但普遍忽視西方，他們對於西方人的步步進逼也懵懂無知。在中國，就是「外國使節覲見皇帝應否行跪拜之禮」這樣的一個問題，都可以當成國家大事，由乾隆皇帝（一七九三年）一直吵到同治皇帝（一八七三年）。鴉片戰爭之後，清廷對於英、法割地賠款的要求照單全收，但對於向皇帝親遞國書的要求卻仍然嚴加拒絕，只因「此事關係國體，萬難允許」[28]。這情勢一直持續到「西方」的軍隊兵臨城下，東方帝國的將士們才猛然發現他們面對的，是從來沒有見過的武器與軍事策略。然而此時「幡然醒悟」為時已晚，就算同治皇帝萬般不願的接見了外國使節，未來三百年西方與東方邂逅的劇本已然寫好，雙方的接觸型態也已經定調。真正平等交流的機會，早就在掠奪性的貿易活動、不平等合約、與軍事威脅之下失去了。

表一：西方主義的歷史脈絡

文　明	與西方首度遭遇	後　果
中國清朝（1644—1911）。統治地區包括中國及蒙古。	在一八四〇年的鴉片戰爭後，遭遇一連串軍事挫敗，被迫與日本、美國、以及數個亞洲強權簽訂不平等條約。	• 光緒皇帝於一八九八年所發動的百日維新失敗。 • 一九一九年五四運動。

蒙兀爾帝國（The Mughal Empire）（1526－1858）。統治地區包括印度半島直到北部的克什米爾（Kashmir）以及西邊的 Balochistan（現屬巴基斯坦）。	十七世紀，歐洲國家設立東印度公司，接著統治了部分印度，執行行政與軍事任務。一八五八年印度正式淪入英國殖民統治。	十九世紀社會與宗教革新和民族主義運動。

一九〇一年十一月籌辦，一九〇二年二月八日正式出版，半月刊。刊名「取《大學》新民之義，以為欲維新吾國，當先維新吾民。」其宗旨是對國民進行德育、智育和國家思想教育，以便維新國民思想，進行維新國家。〈祖國大航海家鄭和傳〉，以「中國之新民」筆名發表在《新民叢報》第三年（1904）第二十一號。參見 http://big5.china.com.cn/chinese/zhuanti/zhxxy/876109.htm

28 雷頤：《還原真實歷史：李鴻章與晚清四十年》，山西人民出版社，二〇〇八。

鄂圖曼帝國（The Ottoman Empire）（1299—1923）。統治地區包括中東、北非、和東南歐。
一〇九五—一二七二的十字軍東征，是東方與西方情勢扭轉的關鍵。一七六八年俄國的船艦將士兵運送到希臘，一七九八年法國占領埃及。
• 蘇丹瑟林三世（Selim III）嘗試發動鄂圖曼帝國的第一次改革[29]，但在一八〇七年被逐，參與革新運動者被殺。 • 梅末阿里（Mehmet Ali）在埃及以及蘇丹馬末二世（Sultan Mahmud II）在鄂圖曼本土，以及那西・阿爾丁・沙（Nasir al-Din Shah）在波斯的改革成效不一。 • 土耳其國父凱末爾為了使土耳其成為一個西化的現代國家，在一九二〇年代初期，雷厲風行進一步削弱傳統宗教組織的影響力。

一九一四年第一次世界大戰開始之前，世界上已經有高達十分之九的土地落入歐洲殖民者的手中[30]。在數百年的殖民統治期間，非西方世界在初嘗西方現代性的滋味時，同時經歷了空前未有的戰爭、傳染病、屠殺與資源的掠奪、以及文化傳統滅絕的危機。玻利維亞被公認為當代最具影響力的學者佛司陀（Reinaga Fausto），曾經這樣描述美洲印第安族群的遭遇[31]：

29 在鄂圖曼帝國對於革新的需求在十七世紀已開始出現，最初它的本質是屬於教會，目的在重建教會的組織與作為，已恢復過去的榮景（Goldschmidt, 2000; Naff, 1977; Hourani, 1986）。然而巴爾幹半島、高加索與地中海所發生的一連串軍事衝突，迫使 Sultan Selim III（1789-1807）走出第一步--將他的軍隊西化，但是當軍隊西化的行動一旦展開，他就發現體制的革新已經沒有辦法限制在軍事部分，而必須擴展到其他領域，例如：教育、稅制、財政、以及法律（見表）。由於這些 Sultan Selim III 的這些措施、以及 Mehmet Ali 在埃及（臣屬鄂圖曼帝國）、Sultan Mahmud II 在鄂圖曼帝國本土以及 Nasir al Din Shah 在波斯的革新運動，都威脅到宗教領袖在社會上的威權、以及他們所代表的宗教組織。現代化與傳統宗教勢力之間的矛盾與衝突便無法避免。為了在快速變遷的時代中堅守回教信仰，一群「伊斯蘭現代主義者」，包括在政治上非常活躍的 Jamal alDin al-Afghani 以及宗教學者 Muhammad Abduh，建議將伊斯蘭的主要教義、以及他在生活上的應用與法則區分開來，根據他們的主張，「上帝是經由先知 revealed」的信念得以在理論上成立。而在 Aur'an—也即法則與社會道德所包涵一般原則的應用則可能隨情境改變（Hourani, 2002, p.308）。這個區別使得回教世界在觀察、詮釋、與瞭解伊斯蘭的不同方式開始浮現時，得以改變社會組織。

30 Robert J.C. Young , *Postcolonialism: a historical introduction* (Oeford: Blackwell.,2001)p.3.

31 Reinaga Fausto,*La revolucion indio* (Partido Indio de Bolivia ;Ediciones PIB ,1969).

我們的掙扎由來久遠；從西班牙人入侵「美洲印第安人民聯盟」的那一刻就開始了。我們所面對的，是歐洲有史以來所有成就的優勢，包括羅馬法、拿破崙法典、法國民主政治、馬克思列寧主義——所有使得我們不得不繼續依賴、被思想殖民、在黑暗中無法找到光明的事物……，我們需要用自己的頭腦去思考；不是耶穌、也不是馬克思。

佛司陀所列舉的「西方成就」尚未包含科學與技術在內，但他筆下的美洲印第安人經驗，顯然並非孤立個案。在西方的強大影響力之下，「東方帝國」不時會出現政治革新以及現代化的嘗試；但整體而言，國家認同錯亂、文化資產喪失、自主權的重建、內部矛盾、以及國族主義與現代性的衝突，是「西方主義」論述形成時期最明顯的特色。

二、「西方主義」與「東方主義」論述

在上述歷史背景之下，「東方」對歐洲所形成的知識體系，與歐洲對於這些地區和人民所形成的知識體系在本質上根本不同；這些差異包括：

（一）形成論述的目的與動機

正如薩伊德和傅柯等人所指出的，「東方主義」的論述背後，隱藏著資本主義與殖民統治的企圖，也就是知識與權力、以及帝國主義的擴張間密不可分的關聯[32]。在討論到西方思維的擴張時，霍爾（Stuart Hall）很明白的寫道：「我們有很多理由相信這（西方與新世界的）遭遇不可能是清白無辜（innocent）的，因此歐洲對於世界其他地方的論述，也同樣不可能是清白無辜的。」[33]它的背後必然存在著政治的企圖與野心。

相對的，「西方主義」論述卻不然。由於當時東方大部分的政治領袖只有在被迫向西方霸權投降的時候，才警覺到向歐洲學習的需要，因此他們經常是在自保、改革、與生存的急迫需求之下，來瞭解與想像西方的。換言之，歐洲人在前往「東方」時，已經有足夠的知識來幫助他們實現目的；他們有的是時間與資源來決定「如何」瞭解東方、以及瞭

---

32 Stuart Hall and Bram Gieben, ed., *Formations of modernity* (Cambridge: Politiy Press in Association with the Open University., 1992) p. 293.

33 Stuart Hall , "The West and the rest: Discourse and power," in Stuart Hall and Bram Gieben, ed., *Formations of modernity* (Cambridge: Politiy Press in Association with the Open University., 1992).

解東方的「什麼」，但是「東方」瞭解歐洲卻沒有這樣的餘裕。瞭解對方的目的與背景因此對於「西方主義」論述以及其內涵，都有長遠以及深刻的影響。

（二）論述的廣度、深度、品質、與架構

如果「東方主義」偏頗、膚淺、以及片面的論述反映了西方作者的動機以及書寫的特殊情境34，則「西方主義」論述的這方面問題只有更為嚴重。唯一的差別，是造成這種偏頗、膚淺與片面論述的原因。如同前面我們提到的，歐洲開始崛起時，東方帝國渾然不覺；等到對方強大的貿易與軍事步步進逼，東方帝國已經沒有能力、時間、或資源來從事對於歐洲文明完整、以及深入的瞭解。即使帝國中較為開明的政治菁英有意向歐洲學習，他們的重點通常不得不放置在能夠快速解決最嚴重、以及最緊迫問題的技術層面。只有在第一回合的模仿和學習沒有產生預期的結果時，範圍才會逐漸擴展到應用科學、教育體制、法律與社會科學的層面。在清末的中國，這種選擇性學習的傾向非常明顯。

鴉片戰爭與英法聯軍之後，清廷在一八六〇年代開始主動推行了三十五年的「洋務運動」。打著「師夷以制夷」的口號，大規模模仿歐洲的公司體制，開啟了中國的工業發展，同時引進大量十八世紀以後歐洲所發展出來的科學技術成果、翻譯西文著作、培養了第一批留學童生，走出了修習「西學」的第一步。這「第一步」的重點很清楚：重理工、輕人

文法政。康有為便曾經批評，官方的「江南製造局」所譯西書多是「兵醫不切之學」[35]。到了「洋務運動」後期，尤其是「北洋艦隊」在「甲午戰爭」中覆沒之後，知識份子開始驚覺到僅僅機電工藝之學無法救國。由於官方所翻譯的書籍種類有限、不敷所需，於是轉向日本找尋法政制度的資料。這也是何以歷史學家回顧「西風東漸」的軌跡，能夠相當清楚的區分出三個階段：「洋務運動」時期的船堅砲利、振興實業，「戊戌變法」、「辛亥革命」時期的建構法制、改變政體，以及「五四時期」的「新文化運動」[36]。

在當時的政治情勢之下，這種「選擇性的學習」可以說是不得已的妥協。然而舉國以這種方式去認識歐洲文明，所得到的知識是割裂的、片段的、與零散的；學生或許懂得了一些器械運作的原理，但是對於孕育這些原理的科學知識、帶動科學革命的歷史文化思想脈絡、以及其與現代政治、經濟、社會體制之間的關聯性則都茫然不知其所以。值得注意的，是這種「選擇性」的學習並非僅僅存在於「西風東漸」的早期。余英時觀察十九世紀末與二十世紀初中國知識份子，發現他們所熱心回應的，仍然不過是「在自己傳統裡產

---

34 Edward W. Said, *Orientalism* (New York: Vintage., 1979).

35 康有為：《康南海自編年譜》，北京：中華書局，一九九二，頁36–37。

36 李澤厚，《中國現代思想史論》，三民書局，二〇〇九，頁336。

生迴響的那些西方價值與理念。」[37]即使「全盤西化」是許多五四知識份子的主張，這些人對於西方的瞭解也未必深刻[38]。由這個角度來看，由清末以至於毛澤東所推行的「向西方學習」，可以說一直都是一種以其實用價值為準的、游擊式的「選擇性吸收」；始終沒有完整的、系統性的將歐洲的優點吸納過來。這是「西方主義論述」的第一個盲點。

「西方主義」論述的另外一個盲點，是對於翻譯著作的依賴。由於本國作者介紹歐洲的著作不多，為解燃眉之急，早期中國人瞭解歐洲，都必須透過翻譯的途徑。「洋務運動」展開之後，「京師同文館」與「江南製造局翻譯館」成為兩個負責編譯西書的主要官方機構。「京師同文館」所翻譯／編輯的西書多為課程使用，題材範圍較廣，包括法律、天文、算學、格致、化學等等，而「江南製造局翻譯館」則是十九世紀中國最大的西書翻譯出版機構。據梁啟超《西學書目表》[39]統計，在一八九六年前出版的三百五十二種西書中，「江南製造局翻譯館」譯刊的占三分之一強。為了配合「製造局」所需，翻譯書籍大多以軍工製造、以及與軍工製造有關的算學、電學、化學、水學為主。

「同文館」和「江南製造總局翻譯館」所出版的譯著，使許多知識份子逐漸接受了西方觀念、形成新的知識觀、並帶動了新的學校類型[40]。但是一八九八年「戊戌變法」前後，另一場大規模引介西方思想的文化運動中，所翻譯的書籍資料和之前的一批有了頗大差別。我們在前面提到，這批書籍大多來自日本，而主題則環繞著法律與政體議題。翻譯工作沒有官府的資源與介入，但是當時受歡迎的程度竟到了「日本每一新書出，譯者動輒數家」

的地步[41]。一九二〇年，「五四運動」爆發之後，梁啟超由歐洲回國，在北京組織「共學社」，開始積極引入西方現代思潮。除聘請羅素、杜威、杜里舒與泰戈爾來講學，同時大量翻譯外文名著，此時譯介的書籍種類，才終於拓展到文化、哲學、史學與哲學領域。

十九世紀末期民間的翻譯活動「如火如荼」，但問題弊病也隨之而來。梁啟超坦然承認，這批譯作「皆所謂『梁啟超式』的輸入，無組織、無選擇、本末不具、派別不明，以多為貴」。不僅如此，「稗販、破碎、籠統、膚淺、錯誤諸

---

37 余英時：《歷史人物與文化危機》，台北：東大圖書公司，一九九五。

38 余英時：《歷史人物與文化危機》，台北：東大圖書公司，一九九五，頁15。

39 梁啟超：《西學書目表》，《慎始基齋叢書》本，台北：中央研究院歷史語言研究所傅斯年圖書館藏。

40 吳洪成、李兵：〈洋務運動時期西學科學與科技知識的引入及相關教科書的編譯〉，《亞太科學教育論壇》，第四期第二冊，二〇〇三年十二月。

41 梁啟超：《清代學術概論》，台北：中華書局，頁72—73；王汎森：《中國近代思想與學術的系譜》，河北教育出版社，二〇〇一年版，頁164。

弊，皆不能免」[42]。梁啟超的這段文字顯示出「西方主義」論述的第二個盲點：非西方國家過度仰賴翻譯，而翻譯品質卻未必有保障；由於原著作並非為華人讀者而寫，時間與空間上的錯置往往造成理解上的困難、以及譯文的扭曲與過度推斷（reductiveness）[43]。嚴復在翻譯英國生物學家赫胥黎（Thomas H. Huxley, 1825－1895）的《天演論》（*Evolution and Ethics and Other Essays*）時，便沒有忠於原文；他不但有選擇地意譯、甚或借題發揮[44]。嚴復是清朝派到英國留學的第一批留學生，翻譯英文著作尚且有這樣的情況，則當中經過兩回合譯介的著作與思想——也就是透過日本瞭解歐洲，則無可避免地又承受了日本作者所可能犯下的錯誤與所受到的限制。

選擇性學習與過度依賴翻譯西書，使得「西方主義」論述在架構上比較像是一個扁平的金字塔，底層的實用知識大得不成比例，一般而言抽象層次越高，理解的困難越大，在論述上所占的比例、以及被重視的程度也越低，因此概念、理論、典範與哲學思維，雖然是科學與技術的基石，無形中卻因為「使用價值」不明顯，而被東方知識份子輕忽；譯者的主觀判斷、語文障礙造成翻譯品質不齊、再加上文化和意識形態的差異，最後的成果如何可想而知。汲汲營營引入各種「進步」思潮之餘，東方學者卻失去了系統性分析與省思西方思想的動能、也不再在意是否應該建立自己觀察的角度與視野。

（三）「自我」、「他者」與「西方主義」論述

「東方主義」與「西方主義」論述間最後一個、可能也是最重要的差異，是在兩者「自我」與「他者」的對應關係。對歐洲人而言，瞭解他們的「他者」（東方），進一步證實了「自我」的優越性，然而東方人卻是在領教了「他者」（西方）的優越性之後，才感覺到學習的必要。因此我們說在特定的歷史過程當中，西方「他者」的貶抑與「自我」的優越性是共生、並且相互強化的；但這情勢在東方卻是完全反轉的：東方的「他者」的優越性與其「自我」的貶抑也是共生的、相互強化的。近代歷史，尤其是中國歷史非常明確地在四個階段展現了這個過程。

---

42 梁啟超：《清代學術概論》，台北：中華書局，頁72－73；王汎森：《中國近代思想與學術的系譜》，河北教育出版社，二〇〇一年版，頁164。

43 Xianlin Song, "Post-Mao new poetry and "occidentalism"," *East Asia*, 18 (1),2000, pp. 82-109; Alastair Bonnett, *The idea of the West: culture, politics and history* (Houndmills, Basingstoke, Hampshire, New York: Palgrave Macmillan,2004).

44 中央研究院研究員黃克武講演：〈翻譯與中國的現代性〉，參見 http://www.ym.edu.tw/ymnews/237/a1_3.html

三、「中學為體，西學為用」

在西方與東方接觸的最初階段，知識份子與政治菁英對於和自身文化傳統衝突的思維或作法，通常是排拒的。但即使已經知道無法排拒，為使改革能順利進行，他們仍然需要證明文化傳統的韌性；並且找出兩者妥協的方法。十九世紀中，日本著名學者佐久間象山（Sakuma Sh zan）提出的「東洋道德（Japanese ethics）、西洋科技（Western technology）」、以及福澤諭吉提出的「和魂洋才」（wakon-yosia）都是明治維新時期的箴言[45]，以為日本現代化的途徑。在伊斯蘭世界，將「宗教教條」（doctrine）與教條在實際生活中的運用區分開來的作法，也曾經發揮階段性功能，在現代化過程中扮演了重要的角色[46]。

在中國，為了讓儒家思想與西方科技相容，清末洋務運動的代表人物張之洞（1837－1909）在一八九八年提出了「中學為體，西學為用」的原則（《勸學篇》）[47]，這個原則隨即成為「鴉片戰爭」之後、中國工業化的最高指導方針。在這個原則之下，「理」被絕對化，綱常名教被視為不變的價值。既有體制不僅是祖制、更是聖人之道的展現，因此是天經地義、恆久不變的。相對於體、理、道的恆久不變，「用」、「氣」、「器」則有變動的可能[48]。晚清很有影響力的一派思潮，「西學源於中國說」便主張西學的源頭其實是中國；既然一切源於中國，則只要能「掌握古學的真諦」，便可「克服西人的挑戰」[49]。俞樾、以及後來的廖平、康有為與梁啟超都致力「會通」孔子與現代西方。這個邏輯推演到極致，康有為甚至將歐美宮室也能說成「孔子之制」[50]。既是如此，中國傳統不會受威脅；守舊份子被安撫，洋務人士也得以引進西方的武器以及器械、企業體制、甚至現代學堂，但同時「西學」卻被硬塞到了儒家思想的名下；除了一些實用、可救急的知識，其他的文、史、哲部分自然也就沒有太多人在意了。

---

45 Kenkichiro Koizumi, "In Search of Wakon," *Technology and Culture*,2002,43(1),p.29-49，王曉秋：《東亞歷史比較研究》，北京：北京大學出版社，二〇〇二年版，頁117。

46 Albert Hourani, *A history of the Arab peoples* (Cambridge, Mass. : Belknap Press of Harvard University Press., 2002) p.307.

47 張之洞：《勸學篇》，北京：中華書局，一九九一。

48 薛化元：《晚清「中體西用」思想論（1861－1900）：官定意識型態的西化理論》，新北市板橋區：稻鄉，二〇〇一，頁38。

49 王汎森：《中國近代思想與學術的系譜》，河北教育出版社，二〇〇一年版，頁92。

50 康有為，《中庸註》，台北，台灣商務印書館，一九六八，頁33；王汎森：《中國近代思想與學術的系譜》，河北教育出版社，二〇〇一年版，頁99。

四、「西用」擴張

在這個階段，清廷要兼顧「傳統文化」與「引入西學」的策略開始出現瓶頸；在軍事挫敗、國土淪喪與貿易利益盡失的壓力下，進一步西化的需求漸漸浮現。當時積極推動洋務的李鴻章（1823—1901）深深體會到僅靠「仿造器械」不足以達到「以夷制夷」的目的、必得溯本追源：

> 仿造西方器械，常是「循規蹈矩、不能繼續增長」；只要「西人別出新奇，中國又成故步」，因此必須學習「西洋製造之精」所源本的測算格致之學。[51]

此時無論是李鴻章或張之洞所主張的「西用」範疇都有逐漸擴大、而「中體」隨之縮小的情況[52]。然而「西用」一旦開始擴張，便很難再劃出底線；傳統思維的核心定位也隨之被挑戰、日益貶低。西元一八九四年「甲午戰爭」之後，「洋務運動」宣告失敗，在西方「自由」、「平等」、「博愛」觀念的衝擊下，規範「君臣」、「父子」、「夫婦」間絕對主從關係的「三綱」原則，就成為嚴復、譚嗣同（1865—1898）、康有為（1858—1927）等維新人士的主要攻擊目標[53]。

種種的革新運動，自然讓一些思想較為保守的人士感到不安。西元一八九八年戊戌變法前夕，湖南人曾廉曾經對於變法之議提出反對意見，甚至上書請殺康有為，原因是此例一開，將伊於胡底：「蠻夷之議，始自言技，繼之以言政，益之以言教，而君臣父子夫婦之綱廢，於是天下之人是其親長亦不啻水中之萍，泛泛然相值而已」（曾廉，《蠡庵集》，卷十三，〈上杜先生書〉，李澤厚，三民書局，二〇〇九，頁336）。以當時的情況來說，這種言論難免危言聳聽，但是證之於後世五四運動的一些激進主張，曾老先生也並非全然的杞人憂天。

五、對於「中體」信心的崩潰：自我與他者衝突的高潮

由十九世紀初期開始，清朝啟動了各種形式的改革運動，然而，在這些現代化的努力背後，中國人的「自我」也在文化認同的需求、與逃避文化認同以追求現代化之間被割

---

51 薛化元：《晚清「中體西用」思想論（1861—1900）：官定意識型態的西化理論》，新北區板橋區：稻鄉，二〇〇一，頁65。

52 薛化元：《晚清「中體西用」思想論（1861—1900）：官定意識型態的西化理論》，新北區板橋區：稻鄉，二〇〇一，頁65—67。

53 周昌龍：《新思潮與傳統》，台北：時報出版社，一九五五，頁172—173。

裂。與西方接觸過程當中，不斷挫敗所帶來的挫折與羞辱，使得中國人無法不面對西方的影響力與優越性，而這優越性同時又反差了中國本身社會與政治制度和文化傳統的缺失與限制。知識份子驀然發現，自古被視為「天經地義」、「不可動搖」的真理與萬古恆存的綱常，原來都是必須質疑與挑戰的對象[54]。在國家名存實亡、列強瓜分、與儒家思想崩解的三重危機之下[55]，知識份子所感受到的，是焦慮、茫然、與徬徨。

由強化傳統的時代角度看，五四知識份子的嚴厲批判或是必要的；他們的懷疑精神有利於糾正過去的盲從[56]。但是禮教、傳統價值觀與中國文化間並沒有清楚的界線；在缺乏解除危機的立即可見方案情況下，許多人從反禮教開始轉向全面排拒、並輕視自己、以及自己的文化傳統[57]。在這情況下，「中體」面臨全盤崩解。反禮教成為新文化運動的主要成份，傳統思想和制度也受到全面批判[58]。在反傳統浪潮衝擊之下的中國青年，甚至可以將自己的姓氏都改為「你我他」[59]，這是美國教育哲學家杜威（John Dewey, 1859~1952）所從沒有見過的現象：

> ……關於社會和經濟方面的思想觀念……很少見到一個國家像中國一樣，有些辯論本來可以用來維護既成秩序和現狀的，卻一點也不被重視。[60]

這種否定傳統、以至於自我否定的浪潮在知識份子與菁英之間，形成一種複雜與痛苦的感受。一時間這種心態充斥各種言論的字裡行間[61]。

「有一天我問一個人他為什麼只訓練外國的狗，他回答說中國的狗也很聰明；牠們的嗅覺竟比外國的狗還靈，不過太不專心了。……所以教不成材。何以中國狗這

54 余英時：《中國文化的重建》，北京市：中信出版社，二〇一一，頁184。

55 張灝，〈五四新論〉，余英時等著：《五四新論：既非文藝復興，亦非啟蒙運動》，台北市：聯經，一九九九。

56 周策縱：〈五四運動告訴我們什麼？〉，《大學雜誌》第四十八期，台北市：大學雜誌社，一九七一年；舒衡哲：《中國啟蒙運動：知識份子與五四遺產》（劉京建譯），台北市：桂冠，二〇〇〇年版，頁363－365。

57 這個困境曾經被魯迅所創造的一個「假洋鬼子」的角色取代，來取笑那些希望變成洋人、在穿著上、舉止上、和談吐上也都學西方人的中國人。在印度、孟加拉的知識份子，即使在家裡也操外語、以外國人的生活方式過日子（Ballhatchet, 1985, p.175）。

58 周策縱著：《五四運動史》（楊默夫編譯），台北：龍田出版社，一九八四，頁288。

59 周策縱著：《五四運動史》（楊默夫編譯），台北：龍田出版社，一九八四，頁291。

60 周策縱著：《五四運動史》（楊默夫編譯），台北：龍田出版社，一九八四，頁290。

61 舒衡哲：《中國啟蒙運動：知識份子與五四遺產》（劉京建譯），台北市：桂冠，二〇〇〇年版，頁134－135。

樣的像中國人呢……？不是不聰明，只是缺乏責任心。」（傅斯年）[62]

「在這種環境下，中國人只會爭吵和口角，而不能批評。」（羅家倫）[63]

「與其崇拜孔丘關羽不如崇拜達爾文和易卜生」（魯迅，一三一）

「……羅素來華幾個月，因病回去了。我們抱著萬分痛心，感謝他們都尚不厭棄像我們這樣的野蠻民族，希望我們自己下次不要這樣接待他們了。」（「新潮社」成員孫扶園）

孫扶園的後面這一段文字，已經很難用「謙遜」的美德來解釋，正如同傅斯年以中國人類比中國狗，已經很接近對自己和自己人的蔑視、甚至否定了[64]。但是在這一波驚天動地的變局當中，卻有一個特別值得我們注意的情況，也就是「五四」的知識份子雖然勇於打倒舊文化所建立的偶像，不知不覺中卻建立了新偶像：古聖先賢「讓位」、然而這些「位子」並沒有被搬走，而是立刻換上了「杜（威）子」、「羅（素）子」、甚至「馬（克思）子」等「西聖西賢」。「新」、「舊」之間，是整個認同對象的轉移，但思維方式本身卻沒有太大轉變。

由歷史上看，由十七到二十世紀間，「東方」菁英所發動的反傳統運動聲勢浩大，然而他們——無論是使節、官員、留學生、回流移民、或知識份子——對於「西方」與自己的文化傳統其實大多都存有複雜的情結；一方面他們無法割捨「東方」，另方面，落後西方的挫折感造成對傳統輕忽、排斥的情緒與對認同的需求糾結交錯的情形。印裔英籍作家耐波爾（Vidiadhar Surajprasad Naipaul）由尋根之旅所獲得的，只是和祖國那種「再也無法接受的人生態度、思維、和看待世界方式」的疏離感[65]。耐波爾選擇「逃離」，但有更多東方菁英選擇改革。但即使是最激進的改革份子，他們的反覆也同樣反映了這種複雜的心境。

由胡適（1891－1962）與梅光迪（1890－1945）之間的對話，余英時觀察到五四時期的知識份子，即使不是在幾天和幾星期以內，也能在幾個月裡不斷移轉他們的立場[66]。一九〇〇年展開的新文化運動的主要人物裡，胡適被認為是領導運動最具代表性的知識份子之

62　轉引自舒衡哲：《中國啟蒙運動：知識份子與五四遺產》（劉京建譯），台北市：桂冠，二〇〇〇年版，頁135－136。

63　轉引自舒衡哲：《中國啟蒙運動：知識份子與五四遺產》（劉京建譯），台北市：桂冠，二〇〇〇年版，頁137。

64　舒衡哲：《中國啟蒙運動：知識份子與五四遺產》（劉京建譯），台北市：桂冠，二〇〇〇年版，頁134。

65　奈波爾：《幽黯國度：記憶與現實交錯的印度之旅》（李永平譯），台北市：馬可孛羅文化出版：城邦文化發行，二〇〇〇，頁29。

66　余英時等著：《五四新論：既非文藝復興，亦非啟蒙運動》，台北市：聯經，一九九九，頁26。

一。在《吳虞文錄》一書的序言中他寫道[67]：

「正因為二千年吃人的禮教法制都掛著孔丘的招牌，故這塊孔丘的招牌——無論是老店或是冒牌——不能不拿下來搥碎燒去。」

這樣的言論看似激烈，然而胡適仍然一再強調孔子歷史地位的重要性。他在給陳之藩（1925—2012）的一封信中特別提到：「關於『孔家店』，我向來不主張輕視或武斷的抹殺」；他堅持中國人文主義與理性主義的傳統，「沒有被破壞也不可能被破壞」[68]。胡適並沒有解釋一旦禮教及「孔丘老店的招牌」都被除去之後，中國的人文主義與理性主義傳統還會剩下什麼？余英時認為胡適這有關「『人文主義』與『理性主義』沒有被破壞」的話不能視為一個「歷史事實」，然而胡適也沒有其他選擇、只能夠堅持這個信念；因為如果傳統崩解，那麼中國的新文化運動以及胡適本人的認同，都會被徹底摧毀、一無所有[69]。或許正因為如此，胡適始終沒有放棄賦予儒學新生命的努力；終其一生他沒有中斷書寫「儒學」、「新儒學」/「理學」、以及其與「自由主義」之間的融合。類似的情況可以在錢玄同（1887—1939）、吳虞（1872—1949）、魯迅（1881—1936）、周作人（1885—1967）這一批激進的留日學生身上看到。他們主張廢漢字、少讀、甚至不讀中文書[70]，並且認為「新」與「舊」之間完全沒有「折衷」可言[71]。然而後來在反省自己的「反孔」立場時，他們又有不同的想法。錢玄同在一九九二年給周作人的一封信中就提到：「前幾年那種排斥孔教、排斥舊文學的態度很應該改變」[72]。他甚至認為「若有人肯研究孔教與舊文學，鰓理而整之，這是求之不可得的事」[73]。

余英時的觀察道盡了中國知識份子在動亂年代中的困境，在某一程度上這個困境在今天也仍然存在，也就是自身文化資產定位的不確定。認為「新文化運動」基本上延續了「戊

67 周昌龍：《新思潮與傳統》，台北：時報出版社，一九五五，頁163。

68 周昌龍：《新思潮與傳統》，台北：時報出版社，一九五五，頁163。

69 余英時等著：《五四新論：既非文藝復興，亦非啟蒙運動》，台北市：聯經，一九九九，頁11。

70 李澤厚，《中國現代思想史論》（二版），三民書局，二〇〇九年。

71 舒衡哲：《中國啟蒙運動：知識份子與五四遺產》（劉京建譯），台北市：桂冠，二〇〇〇年版，頁21。

72 錢玄同，〈致周作人〉，《魯迅研究資料》一九二三年第九輯，天津：人民出版社；余英時等著：《五四新論：既非文藝復興，亦非啟蒙運動》，台北市：聯經，一九九九，頁180。

73 錢玄同，〈致周作人〉，《魯迅研究資料》一九二三年第九輯，天津：人民出版社；余英時等著：《五四新論：既非文藝復興，亦非啟蒙運動》，台北市：聯經，一九九九，頁180。

戍變法」時期「綱常革命」的思維，並沒有對法制理性、個人私權或有限政府提出更深入的討論[74]。然而對於中國知識份子的心態而言，「綱常革命」與「反孔」有一個極為重要的差別。清末民初的知識份子雖然受到東洋與西洋思想影響而開始檢討到傳統文化的問題，然而他們由中國傳統出發的立場與文化認同對象仍然是非常清楚的。但是五四時代情況已經不同：以中國經典附會西方已經明顯是行不通的；剩下的唯一選擇，是讓西方觀念取代中國經典的中心地位，他們的認同也因此開始轉向西方，造成余英時所謂的「雙重邊緣化」：中國文化本身退居邊緣、而知識份子也撤出中國文化的中心。反映在學術著作的書寫方式，是從那時候開始，不論批判傳統或倡議變遷，中國的知識份子幾乎「必然地求助於西方理念、價值或習俗，以作為正當性的最終基礎」[75]。同樣的，日本教科書進入中國之後，「章節體」的史書開始流行，人們也開始採用歷史分期；這都是以前所沒有的[76]。

從歷史角度來看，中國知識份子遭遇西方現代性的情境是獨一無二的；而其他亞洲地區在同一時期的經歷也各有其獨特性。例如：阿拉伯與伊朗在歷史上與歐洲有密切的交集，而且經常被認為對於歐洲科學的發展，例如：數學、醫學、天文、與工程有重要貢獻[77]。在印度，十九世紀後半期英國的教育體制以及其本身的國族運動，對於印度知識份子與菁英的影響頗為深遠[78]；另外一方面，日本與歐洲的直接接觸非常少，卻早在十六世紀就對歐洲產生了濃厚的興趣[79]，十九世紀後期日本厲行明治維新，在西化的靈活度與包容性上遠遠超越清廷[80]，結果使得日本成為非西方世界當中，極少數能在完全自主的情況下現代化的國家之一。

然而，即使存在這些差異，無論是直接或者間接由歐洲勢力擴張所帶來的社會與文化變遷，卻也有著非常類似的型態（見表一）。這些包括了變遷的肇因與經歷的階段、人們

74 周昌龍：《新思潮與傳統》，台北：時報出版社，一九五五，頁163。

75 余英時等著：《五四新論：既非文藝復興，亦非啟蒙運動》，台北市：聯經，一九九九，頁17.；Yu Ying-shih, "the Radicalization of China," *Daedalus*, 122.No2(Spring),1993,p.125-150.

76 王汎森：《中國近代思想與學術的系譜》，河北教育出版社，二〇〇一年版，頁162。

77 歷史學家對於這些貢獻在現代科學的意義有不同的詮釋，然而大部分的人都不否認有這些貢獻。

78 Kenneth Ballhatchet, " Indian perceptions of the West," *Comparative Civilization Review*,13 and 14,1985,p.175.

79 William E. Naff , " Reflections on the Question of "East" and. "West" from the Point of. View of Japan," in B.Lewis,E.Leites and M.Case,eds., *As Others see us: Mutual perceptions, East and West*, p.215-232.(Comparative Civilization Review,13 and 14,1985).

80 王曉秋：《東亞歷史比較研究》，北京：北京大學出版社，二〇一二年版，頁117。

——尤其是知識份子與菁英在心理上的轉折、以及「自我」在「西方」與「東方」之間的拉扯。同時還可以觀察到的包括初期保留傳統價值或是宗教組織的努力、反對與贊成現代化兩派人馬的辯論、化解文化傳統與歐洲現代性間衝突所提出的方案、以及最後傳統的崩解以及政治菁英革命運動的成功[81]；不同地區、文明、族群所經歷的，卻幾乎是完全一樣的歷史軌跡。

當凱末爾（Mustafa Kemal Atatürk，1881－1938）結束了鄂圖曼帝國六百年的統治，在一九二三年成為土耳其共和國的首任總統時，他宣稱土耳其需要「文化轉向」，也就是要斬斷「伊斯蘭的根源」[82]，以進一步削弱宗教組織的影響力。在印度，所有被認為是過去象徵的事物，包括階級、宗教、以及女性的社會地位，在十九世紀中期的社會與宗教革新運動之後，都成為攻擊的目標[83]。主導明治維新的福澤諭吉曾經說，「我必須為了日本，將日本重塑成為『西方的』」，他對於日本的傳統並不擔心，對他而言，落伍的文化是沒有前途的[84]。

今天，建構西方主義論述的歷史舞臺已經在時間中隱沒，在第一回合的大規模革新之後，激進西化的動能開始消退，文化的韌性於焉浮現。與過去徹底切割的主張逐漸被多元現代性的論述所取代，而傳統也不再被認為是變革的障礙[85]。文化價值對於促進市場競爭力的影響也在許多研究中被發掘，例如：儒家思想對企業管理的重要性，然而我們能夠確定的說，「西方主義」已經完全消失了嗎？知識份子在這漫長時間裡飽受摧殘的「自我」，是否已經由廢墟上再起？

81 Albert Hourani, *A history of the Arab peoples* (Cambridge, Mass. : Belknap Press of Harvard University Press., 2002) ; Bernard Lewis “Muslim perceptions of the West,” *Comparative Civilization Review*,13 and 14,1985.; Kenneth Ballhatchet, “Indian perceptions of the West,” Comparative Civilization Review,13 and 14,1985; 瑪朱姆達等：《印度通史》（李志夫譯），台北：國立編譯館，一九八一：William E. Naff , “Reflections on the Question of "East" and. "West" from the Point of. View of Japan,” in B.Lewis,E.Leites and M.Case,eds., *As Others see us: Mutual perceptions, East and West* (Comparative Civilization Review,13 and 14,1985) ; Alastair Bonnett ,*The idea of the West: culture, politics and history* (Houndmills, Basingstoke, Hampshire, New York: Palgrave Macmillan,2004).

82 Akbar S. Ahmed, *Islam Today* (London:I.B.Tauris,2001) .

83 瑪朱姆達等：《印度通史》（李志夫譯），台北：國立編譯館，一九八一。

84 Alastair Bonnett ,*The idea of the West: culture, politics and history* (Houndmills, Basingstoke, Hampshire, New York: Palgrave Macmillan,2004,p.66-67.

85 Sami Zu baida, “Economic and politicl activism in Islam,” *Economy and Society*, 1 (3),1972, p.308-338.

六、二十一世紀的「西方主義」

第二次世界大戰之後殖民帝國快速崩解，然而政治殖民的結束並不必然代表經濟、文化或學術殖民的結束。當已故伊朗領袖柯梅尼（Ayatollah Khomeini）以「不要東方、也不要西方」來闡述伊斯蘭復興運動時，其中蘊含的是亟待擺脫對傳統與西方依賴、追求獨立自主的文化覺醒[86]；亞洲領導人所提出的「亞洲價值」口號，彰顯著類似的思維。由某一個層面來看，這些思維不斷被提出，正顯示「西方主義」所帶來的失落感不但仍然存在，並且十分具體地在一些地方呈現出來，學術研究即是一例。然而由文化的觀點分析，要走出目前的困境，這一代「東方」知識份子所遭遇的困難，可能較上一代尤大。

回到本土社會科學文獻來看，今天的華人學界承襲了上述「五四時代」的自我定位與書寫典範：以西方價值、理論作為正當性的基礎；「不事理論論述」反映的，也正是「向西方學習」的一貫方針。但是在情感上，「五四」知識份子對於傳統的愛恨情仇在今天的知識份子身上，大多已經淡化、甚至於被漠然以對。之所以如此，有其無可抗拒的環境與文化因素，其中包括西方知識體系的獨特地位、教育與學術政策的方向、以及對於自身思想傳統認識的貧乏。

（一）「歐洲中心主義」與西方知識體系的獨特地位

我們在前面提到，今天無論是在社會科學範疇之內，或之外，歐洲知識傳統（intellectual tradition）都已經是全世界獨一無二的[87]。它不僅在深度、廣度、以及有效性上占據優越地位，而且啟蒙時期經由培根（Francis Bacon, 1561~1626）、牛頓（Isaac Newton, 1642~1727）和迦利略（Galileo Galilei, 1564－1642）等科學家所發展出來的「科學方法」，因為可以產生機械操

---

86 Akbar S. Ahmed, *Islam under siege : living dangerously in a post-honor world* (Cambridge, U.K. : Polity ; Malden, Mass. : Distributed in the USA by Blackwell Pub., c2003,)p.vii.

87 Rajani Kannepalli Kanth, *Against Eurocentrism: A transcendent critique of modernist science, society, and morals* (New York:Palgrave MacMillan,2005); Immanuel Wallerstein, *European Universalism: the rhetoric of power* (New York; The New Press,2006);Dipesh Chakrabarty, *Provincializing Europe: postcolonial thought and historical difference* (Princeton, N.J. : Princeton University Press,2000); Kristoffer Kristensen, Brent D. Slife & Stephen C. Yanchar, "On What Basis are Evaluations Possible in a Fragmented Psychology? An Alternative to Objectivism and Relativism," *Journal of Mind and Behavior* ,21 (3),2000,p.273-288 ; Stuart Hall and Bram Gieben,ed., *Formations of modernity* (Oxford : Polity in association with Open University, 1992), p.276-320.

控的、實證的、以及號稱普世的成果，「物質主義」、「決定論」的價值觀也深植行為科學[88]。由十七世紀起，科學不但塑造了現代文明，這些基本價值與觀察分析角度也隱身在現代化論述與歐洲的知識體系之中，隨著歐洲殖民勢力向全球擴展。一時之間，「懷疑精神」、「理性主義」、「實證主義」與「反權威主義」成為「現代化」的主流價值。既然科學理論與方法標榜「普世性」，影響所及，許多人認為科學知識在本質上就是普世的。孕育科學理論與方法的價值，也不再被視為是特定時空脈絡下的產物，而被認為是「有關人類本質及其研究的事實情況」、並且被一體接受。例如：學界對心理學的一種界定方式，就是將之視為一種「人類在特殊情境下所產製的知識體系」，這套體系不但跨越了歷史文明、有效地抑制了歷史所醞釀的自然心智，並且代之以現代科技為基礎來瞭解人的心智情緒與行為。因此與心理學接軌的學術知識並不是文化傳統，而是經過「社會改革、知識突破、以及現實裡實體建構的世界」；也因此具有文化意義的心理學就不適合「理性心理學」要求[89]。在這樣的認知之下，所有碰觸到文化殊性與局部理論的論述，都被質疑是否妨礙了理論發展；而所有違反科學價值的文化傳統，也成為科學與現代化的阻礙、是必須掃除或重新定位的。

法律社會學者桑托斯（Boaventura de Sousa Santos）觀察到，「科學理性」是一個「全球」、也是一個「極權」的模式；一方面認定根據它所設定的原則與規則所形成的「模式」與「理論」，都是「放諸四海皆準」的，另方面則否定所有無法達到它所設定的「知識論」

原則與「方法論」規則的知識與論述。米羅（Walter D. Mignolo）也指出，伴隨科學的是一種後設論述（meta theory），這種論述定義某一種操作為「科學」、並賦予價值，同時淘汰不符合這種後設論述標準的知識[90]。換言之，歐洲的知識系統設定了所有比較與評鑑知識的標準；在這套評鑑標準之下，所有其他的知識體系、生產知識的方法、甚至思考習慣都被認為是次等、不科學、也因此沒有價值、或甚至是不相關的[91]。用日常的語言來說，這意思等於是：「我有的你都沒有，而你有的不是沒用、就是有問題。」呂格爾便曾經說，現代人

---

88 Kristoffer Kristensen, Brent D. Slife & Stephen C. Yanchar, " On What Basis are Evaluations Possible in a Fragmented Psychology? An Alternative to Objectivism and Relativism," *Journal of Mind and Behavior*, 21 (3),2000,p.273-288.

89 余德慧：〈本土心理學的基礎問題探問〉，《從現代到本土：慶賀楊國樞教授七秩華誕論文集》，葉啟政主編，台北：遠流，二〇〇二年，頁155－183。

90 Boaventura de Sousa Santos,ed., *Cognitive justice in a global world : prudent knowledges for a decent life* (Lanham, Md. : Lexington Books, c2007),p.375.

91 Ali A. Abdi, " Eurocentric discourses and African Philosophies and epistemologies of education: Counter-hegemonic analyses and responses," *International Education*,36(1) ,2006, p.15-31.

不是沒有神話，現代人所創造的神話與理性批判盤根錯節；兩者互相扣連、也互相支持[92]。有論者認為，中國思想史不會呈現出普遍性。針對這一點，中村元問道：「『不會呈現出普遍性』是什麼意思呢？……難道能夠說西洋文化所產生的任何東西都能顯示出普遍性，反之其他諸民族文化所產生的一切東西都沒有普遍性嗎？」事實上，中國思想激勵了歐洲的啟蒙思潮、鼓舞了伏爾泰和沃爾弗，甚至於在東洋內部也進行過偉大的文化交流[93]。然而這些「證據」並沒有受到應有的重視。阿部迪在討論非洲哲學與知識論的教育時提到，所謂「正式教育」（formal education）一旦確立，全世界的本土知識與學習方法都失去了立足之地、與存在價值[94]。因此，酒井直樹在討論殖民現代性的時候直言，「普遍主義」與「特殊主義」之間其實存在著一個「共謀」關係[95]：歐洲發明的論述既然被視為是「普世」的，其他地方的論述就都被視為是「特殊」的、不具有理論化的潛力。在沒有其他知識系統挑戰或可資比對的情況下，所有這一套系統背後特有的價值觀、世界觀、甚至偏見與謬誤，也都被「包裹式」接受；這也是「後殖民」學者所批判的「歐洲中心主義」。

一九七〇年代由一位深受馬克思思想影響的埃及學者薩米・阿敏（Samir Amin）所提出來的「歐洲中心主義」，主要在揭示一種以歐洲角度對待、以及詮釋其他社會文化與歷史的論述方式[96]。在十八世紀末，工業革命成功之後，歐洲已經牢牢的掌握了全球政經優勢，優越感也越發明顯：其他未能領先現代化的文化、甚至種族，想當然耳地被視為是較差的；他們的文明也是停滯不前的[97]。在這種氛圍下所產生的論述，一方面認定歐洲人與歐洲社會優於非歐洲人與非歐洲社會，亞洲、非洲歷史只有在「歐洲文明擴張」的前提與框架下才有審視的價值；另方面也為這種種族優越提供了各式佐證——包括「不可不殖民」的理由、以及殖民者維持其統治地位所需要知道的知識[98]。

92 Paul Ricoeur, "Dialogue with Paul Ricoeur," in Richard Kearney ,ed., *Dialogue with contemporary continental thinkers* (Manchester: Manchester University Press,1988,)p.15-45.

93 中村元：《東方民族的思維方式》（林太，馬小鶴譯），台北市：淑馨，一九九〇年版，頁28－29。

94 Ali A. Abdi, "Eurocentric discourses and African Philosophies and epistemologies of education: Counter-hegemonic analyses and responses," *International Education*,36(1) ,2006,p.1.

95 酒井直樹：〈現代性與其批判：普遍主義與特殊主義的問題〉（白培德譯），《台灣社會研究季刊》，三十期，頁205－236。

96 Samir Amin, *Eurocentrism : modernity, religion, and democracy : a critique of Eurocentrism and culturalism* (New York : Monthly Review Press, 2009).

97 Immanuel Wallerstein, *European universalism: The rhetoric of power* (New York: The New Press,2006).

98 Goody, Jack, *The theft of history* (Cambridge: Cambridge University Press,2006).

馬祖瑞（Ali A. Mazuri）曾經為「歐洲中心主義」的歷史觀算了一次總帳，列出七大罪狀，包括英雄主義：誇大歐洲在各方面的成就，認為新大陸、非洲最高的山脈等等都是歐洲人發現的；掩飾罪狀，教科書中輕輕帶過歐洲殖民造成南美洲印第安百分之八十人口的滅絕與文化的消失[99]；對於主張憲法保障人身自由的美國總統傑佛遜自己擁有二百名奴隸這回事，略而不提；至於其他文明的成就，同樣視而不見。數學的發展便是一例。根據歐洲文獻的說法，最早數學是由希臘發軔，黑暗時代之後在文藝復興時期被重新發現、再傳到世界各地的。但是綜合亞洲歷史，卻發現數學最早的源頭是印度、中國和巴比倫，之後再由巴格達傳到西班牙、埃及和阿拉伯帝國。例如「畢氏（Pythagorean）定理」[100]的演算，早在《周髀算經》就已經寫得清清楚楚，也即：「勾廣三、股修四、徑偶（弦）五。」《周髀算經》的作者與確切年代雖然已經不可考，但推算至少也比西元前五世紀的畢氏定理早幾百年[101]。其實，數千年前寫成的這本《周髀算經》，所談的還不是三角幾何，是天文！

由知識社會學或科學哲學的觀點來看，既然每個社會／社群看世界都必然是由自己的立場出發，則在這方面歐洲便不是獨一無二的。華夏文明自古以「中土」自居，其「以自我為中心」的世界觀顯而易見。孔子說「……，微管仲，吾其披髮左衽矣」（《論語・憲問・第十四》），似乎也沒有讚賞其他族裔的意思。但「歐洲中心主義」之所以成為嚴重問題，是因為這種知識體系不但是以「普世」面貌呈現的[102]，並被認為是造成歐洲現代化、以及絕對政經優勢的原因。因此歐洲以外地區的人在接觸到這種知識之後，他們便不再去質疑、或挑戰這種論述。在這種情況下，帶有歐洲觀點的歷史、地理與人文知識在毫無篩選檢視的情況下進入亞非地區，便成為這些地區現代化過程中的縮影。

事實上，十九世紀以來，無論是被殖民或沒有被殖民的非西方地區，都在沒有選擇的情況下臣服、接受、並從而開始依賴西方。「歐洲觀點」就是亞非人民的「真實」；他們接受「以歐洲為出發點的系統知識與理論」，習而不察。這情況即使在最單純的歷史與地理常識，都有無數的例子可循，包括「亞洲（Asia）」這個名詞都是一個「歐洲中心」思維的產物[103]。自從十九世紀以來，世人就習慣「世界有五大洲」的想法。然而是誰決定這五

---

99 Ali A. Mazuri and R.K. Kanth, edited, *The Challenge of Eurocentrism: Global perspectives, policy and prospects* (New York, NY : Palgrave Macmillan, 2009,)p.xi-xv.

100 也即直角三角形兩邊的平方相加等於斜邊平方。

101 George Ghevergghese Joseph , “ Mathmatics and Eurocentrism,” in Ali A. Mazuri and Rajani Kannepalli Kanth , ed.,*The challenge of Eurocentrism : global perspectives, policy, and prospects* (New York, NY : Palgrave Macmillan, 2009,)p.31

102 Immanuel Wallerstein, *European universalism: The rhetoric of power* (New York: The New Press,2006).

103 Chen, Guo-Ming, “The ferment and future of communication studies in Asia: Chinese and Japanese perspectives,” *China Media Research*, 2 (1), 2006

大洲的名稱？其劃分的標準又在哪裡？如果「洲」的定義是一大塊獨立的陸地，則今天亞洲西南邊的界線在土耳其境內，雖然隔著一個狹窄的博斯普魯斯海峽（Bosphorus）與「歐洲」相望，但是北邊的俄羅斯卻橫跨歐亞，緊緊的將「兩」洲連在一起；既然相連，為什麼又會被視為各自獨立的陸塊？如果亞歐的區分源自文化與種族的不同，則今天亞洲各國之間無論在人種、文化與宗教上的差異都不小於亞洲與歐洲之間的差異，同樣說不通。但是如果我們由亞里斯多德（Aristotle, 384—322B.C.）以降，歐洲人對於「東」、「西」差異的看法、以及歐洲商人與航海探險家的角度來看，就容易理解了。以數百年前交通工具的發展程度，歐洲人活動最頻繁的範圍主要在地中海區域，向東他們極少超越烏拉山；在這樣的認知之下，由今天的印度以至於日本的這一塊陸地不過是「東方」╱「亞洲」——也是今天的中東——的延伸。因此當年歐洲人圖方便所創造的「亞洲」，無意間為今天主張以「亞洲」為本土論述基礎的學者造成難題：在概念上「亞洲」不但難以定義[104]、並且充斥著「多重焦慮」[105]。同樣的，歷史上對於事件的記載方式也可能充滿歐洲觀點。伊斯蘭學界經常舉的一個例子，是西元一〇九六至一二九一年十多次被稱為「十字軍東征」的戰爭。目前西方與中文文獻及教科書裡，大多將之定位為「宗教戰爭」，卻忽視了十字軍在進入耶路撒冷之後屠城，並沒有放過城裡巴勒斯坦裔的基督教徒——如果是宗教戰爭，何以不放過基督徒？因此伊斯蘭世界認為，這些戰役是「法蘭克人╱歐洲人對中東的侵略」，並不能定義為「宗教戰爭」。

史地資料如此，具有「科學性質」的社會科學理論又如何？一個以數十個美國大學學生的推論習慣為實驗對象的研究，可以寫成一本題為「人類推論」的學術著作106。如果沒有被挑戰，這本書的論述也會被所有地區的讀者以「人類推理」的知識所接受。同樣的，分析溝通行為的「人際溝通理論」，同樣以「人」——而非某一特定地區或文化中的「人」——為分析單位，但是這些理論卻以個體性（individuality）、自我中心、理性、權利意識、自由與物質主義等等西方社會的特質為立論的基礎，這與儒家社會所強調的和諧、相互依賴、講分寸（social sensitivity）以及自律的特質明顯不同107。但是這情況持續數十年，

---

104 Yoshitaka Miike, " Beyond Eurocentrism in the intercultural field: searching for an Asiacentric paradigm" ,William J. Starosta and Guo-Ming Chen,eds., *Ferment in the intercultural field : axiology/ value/ praxis* (Thousand Oaks, Calif. : Sage, 2003,)p.249.

105 陳光興：《去帝國：亞洲作為方法》，台北市：行人出版：遠流總經銷，二〇〇七年版，頁345。

106 Richard E.Nisbett, *The geography of thought : how Asians and Westerners think differently... and why* (New York : Free Press, c2003), p. xiv.

107 Yoshitaka Miike, " An Asiacentric reflection on Eurocentric bias in communication theory,"

直到晚近才有亞裔學者指出，西方取向的溝通理論未必能夠幫助我們了解儒家社會中的人際溝通行為。事實上，既然理性、個體性等價值觀、甚至知識的定義及科學語言都是歐洲這個思想傳統與時空情境的產品[108]，則理論上就可以說科學知識所代表的也不過是「本土典範」中的一種。正如恰夸巴提所指出的，宣稱可以涵蓋「全人類」的理論，實際上是在對大部分人類都沒有瞭解的情況下產生的[109]。知識的普世性因此就是追求認識論上的根本變革時，第一項必須要推翻的預設[110]。

要檢討今天國際學界知識產出嚴重失衡的原因，歐洲知識系統獨大無疑是最主要因素之一、但非唯一肇因。以下我們將分析非西方國家在教育體制與學界心態上的因素，這兩個因素相互糾結，形成了目前西方主義文獻的脈絡與架構。

（二）上層結構的因素——高等教育體制與學術政策

在宗教與政治權威的包容下，早在十二、十三世紀，大學已經在歐洲興起。到了一五〇〇年，歐洲的大學已經超過一百所；這些大學不但成為科學研究的根據地，也成為全世界資訊匯集的場所[111]。如果要說「大學」是「一個社會／文明中最高的教學機構」，則中國的太學比歐洲第一所大學——義大利的波羅那大學（University of Bologna, 1088）——要早一千年，但是太學所教的是「聖賢之學」，傳授的內容與大學的功能都和歐洲大學截然不同。到了十六、十七世紀，歐洲的教育體制隨著殖民勢力與現代化浪潮在世界各個角落落葉生根，徹底取代了這些地區原有的教育機制。阿赫美德（Akbar S. Ahmed）觀察到，歐洲

Communication Monography,74(2),272-8; , Guo-Ming Chen, "Asian communication studies: What and where to now," *Review of Communication*,6(4):295-311; Min-Sun Kim, *Non-western perpectives on human communication:Implications for theory and practice* (Thousand Oaks, Calif. : Sage Publications, 2002).

108 Kristoffer Kristensen, Brent D. Slife & Stephen C. Yanchar, " On What Basis are Evaluations Possible in a Fragmented Psychology? An Alternative to Objectivism and Relativism," *Journal of Mind and Behavior* 21 (3),2000,p.274.

109 Dipesh Chakrabarty, *Provincializing Europe: Postcolonial thought and historical difference*(Princeton, N.J. : Princeton University Press,2000),p.29.

110 石之瑜：〈社會科學本土研究的知識札記〉，《國家發展研究》，第二卷第一期，二〇〇二年十二月，頁179－202、頁185。

111 （McNeill and McNeill，2007, p202-203）麥克尼爾（J. R. McNeill）與威廉・麥克尼爾（William H. McNeill）：《文明之網：無國界的人類進化史》（張俊盛、林翠芬譯），台北市：書林出版：紅螞蟻經銷代理，二〇〇七。

的殖民不只在政治上、也在文化與學術上[112]。

歐洲教育制度的全球化使得「西方」的影響力得以在學術的兩個層次上扎根：內涵、與體制。前者確定了社會科學研究「西方」的體質，從而排除了非西方思維介入的正當性；後者則維持（perpetuate）了這樣的排他性。在晚清，無論官方或民間，「辦學」都是引入「西學」的重要途徑。有學者認為，假如不是非西方國家所採取的訓練、評鑑、與資助研究方式，目前的知識權力架構也不可能屹立不搖[113]。由於大學教育的重點放置在專業知識與訓練，在本土歷史、文學、與哲學的課程，通常在中學階段就已結束。因此對非西方世界大多數的大學生而言，高等教育代表的是不同階段的學習；這個階段的重點是「普世知識」，但這些知識與他們生活的世界並沒有直接相關。四年不足以使學生對像歐洲這樣一個文明或現代性如此複雜的概念有透徹的瞭解、或保證他們有深厚的西方文史與邏輯論證基礎。然而他們對於本身的文化資產的認識，卻只有高中程度。

在今天各種社會體制中，教育與研究體制可以說是西化程度最高的[114]。雖然全球暖化以及幾次的全球金融與經濟危機，顯現了科學與現代體制的不足，西方在知識的生產、傳輸、與散播上仍有不可動搖的地位。但知識的來源只允許有一種嗎？沒有「現代」知識便是「無知」嗎？如果一位老農可以告訴農業專家他所不知道的事情，則我們就得同意，「現代」定義下的「無知」並不見得是「知」的對立面，而可能是「一些人形容另一些人」的情況，其中充滿了價值判斷[115]。然而由於這種單元知識觀與教育體制的盛行，往往使得亞非學者認定本身原有的傳統與文化資產與現代知識生產無關；但即使他們不這麼看，卻也未必有能力運用這些資產。

恰夸巴提觀察到印度學者不讀印度「邏輯學」、「文法學」（grammarians）、「語意學」與「美學」方面的著作，因為存在於梵文與波斯文的知識傳統現在已成為歷史研究的素材[116]，

---

112 J.R. McNeill and William H. McNeill, *The human web: A bird's eye view of world history* (New York : W.W. Norton & Co,2003).

113 U.Kim, " Psychology, science and culture: Cross-culture analysis of national psychologies in developing countries," *International Journal of Psychology*,30(6),1995,p.663-679; Guo-Ming Chen and Yoshitaka Miike, "The ferment and future of communication studies in Asia: Chinese and Japanese perspectives," *China Media Research*, 2(1),2006,p.3

114 陳平原：《中國現代學術之建立：以章太炎、胡適之為中心》，台北市：麥田出版：城邦文化發行，頁25。

115 Mark Hobart ed., *An anthropological critique of development: the growth of ignorance*? (London; New York: Routledge,1993,) p.1.

116 Dipesh Chakrabarty, *Provincializing Europe: Postcolonial thought and historical difference* (Princeton, N.J. : Princeton University Press,2000),p.5-6.

正如同坎德（Rajani Kannepalli Kanth）所形容的，在啟蒙所帶來的、對於非歐洲思維系統性的貶抑之後，在非歐洲知識傳統中所存在的思想已然成為「鬼魅」117。不但如此，這些文獻被一般人視為是遙不可及的，深藏在典故、經典文獻、甚至口語相傳之中118，要將這些資源發展成為學術思維，學者不但需要解讀古典文字的能力、還需要時間來研讀龐大的傳統文獻、從事理性重構（reconstruction）的訓練、並且在知識上予以有效驗證，對於受現代教育的研究人員而言，這無疑是另一個巨大的挑戰119。同樣的，自從十九世紀以來中國知識份子的世界就陷入了混亂與矛盾之中，直到今天都還沒有重新檢視中華文化的基本價值120。在李長之的眼裡，五四的知識份子不僅不欣賞傳統，也不了解西方的古典文化121。然而和今天相比，他們的傳統文化素養已經遠遠超過現今華人社會高中教育所能提供的程度。

教育體制一元化所造成的上述問題，在「全球競爭」的學術發展政策思維引導下，更形嚴重。近年來國際學術出版與發表看似多元，然而「主流」的地位卻往往因為邊陲地區的學術政策而更形鞏固。在評鑑制度的陰影下，今天許多華人學者必須在所謂的「國際一級期刊」發表論文，才能證明自己的研究能力；甚至於他們工作的學校經費也才有保障122。不幸的是，由於主流西方可以宣稱是它孕育、發展了科學，因此它的推理方式、世界觀、甚至語言都成為現代人從事學術研究的前提123。在英國出版的《高等教育時報》（*Times Higher Education*）一篇短評裡，文化學者托比・米勒（Toby Miller, 2013）124強調英文不該是學術的唯一語文，因為這是「傲慢的，不切實際與反智（anti-intellectual）的」；他宣稱「未來不

117 Rajani Kannepalli Kanth, *Against Eurocentrism: A Transcendent Critique of Modernist Science, Society, and Morals* (New York:Palgrave MacMillan,2005),p.4.

118 這不表示這些概念與想法在日常生活中不存在，然而要在研究中使用它們就必須回歸傳統文本。

119 Rajani Kannepalli Kanth, Against Eurocentrism: *A Transcendent Critique of Modernist Science, Society, and Morals* (New York:Palgrave MacMillan,2005),p.4.

120 余英時：《中國思想傳統的現代詮釋》，台北：聯經出版事業公司，一九八七，頁49。

121 余英時等著：《五四新論：既非文藝復興，亦非啟蒙運動》，台北市：聯經，一九九九，頁15。

122 Kuan-Hsing Chen, Sechin Chien , "Knowledge production in the era of neo-liberal globalization," *Taiwan: A Radical Quarterly in Social Studies* ,56, 2004, p.179-206.

123 Immanuel Wallerstein, *European Universalism: The Rhetoric of Power* (New York; The New Press,2006); Rajani Kannepalli Kanth, Against Eurocentrism: *A Transcendent Critique of Modernist Science, Society, and Morals* (New York:Palgrave MacMillan,2005).

124 Toby Miller, March 7, 2013: Polyglots required if we want a place in the global academy, Times Higher Education, http://www.timeshighereducation.co.uk/comment/opinion/polyglots-required-if-we-want-a-place-in-the-global-academy/2002326.article.

是英文」（The future is not English）。米勒的用心良苦，然而他所呼籲的：學術研究朝向多語文方向發展，同樣離「實際」頗遙遠。「多元化」的表面下，隱藏著牢固的學術威權體制。正如他所觀察到的，直到今天，國際學會、圖書館與政府所認可的期刊名單——例如 SSCI 期刊、以及學界對英語以外的研究素材的輕忽，正反映著「知識必須以英文溝通」的心態。

為了造就學術上的卓越成就，非西方世界學者必須要在早已設定的條件與規則下競爭。非但如此，國際期刊或外語專書的主要讀者群既然不在非西方學界，則除非是能夠提供主流學界可資運用的素材、或有特殊觀點，否則與主要讀者群沒有直接關聯的研究主題，通常不易得到主編的青睞，使得以本土議題為主的研究相對處於競爭劣勢。而目前亞非地區許多國家將科學與人文及社會科學研究者一視同仁、要求「國際競爭力」的作法，其實是使得問題更加嚴重；研究無法「根植本土」，從而消蝕了學術自主的基礎、疏離了自己身處的社會文化，使得本土學界不得不配合西方的——而非自己社會的——學術旨趣作研究。余英時以「中國傳統及其原始點及內部中所呈現的脈絡為研究的立足點、而非西方理論」為傲；然而絕大部分華人學界都沒有足夠的學術資產或現實動機來堅持這樣的原則。傅柯認為，「論述永遠與權力及知識的生產有關」[125]；然而與其說這種將「國際競爭力」為首要目標的政策是要取得更多權力，毋寧說是反映著一種「他者」導向的所謂「賤民」（subaltern）心態。

由今天非西方學術社群面臨的問題來看，「西方主義」的刻痕顯而易見。源自歐洲的教育體制以及「他者」導向的學術政策，使得「東方」未必深刻瞭解「西方」、但對於「東方」自己卻是隔閡與輕忽的。因此即使亞非學者願意嘗試到傳統典籍中去尋找答案，他們在這條路上也走得十分辛苦。正如陳國明與三池賢孝所提到的，亞洲學者可能「還沒有準備好」，因為他們大部分對於自己的文化資產並沒有深刻瞭解[126]。問題是教育及學術大環境不改變，這種情勢很難扭轉。

七、全盤接收主流西方所發展的方法與理論

我們在第一章談到，近年來西方學界對於科學知識以及相關的客觀性、普世性等概念頗多質疑，然而一個很弔詭的現象是，西方學界對於歐美以外地區仍然有不少學術論述反映了「歐洲／西方中心」心態，另方面，面對西方學界的這種「歐洲中心」心態，長久

125 Michel Foucault, Colin Gordon ed.and trans., *Power/knowledge : selected interviews and other writings, 1972-1977* (Brighton, Sussex : Harvester Press, 1980).

126 Guo-Ming Chen and Yoshitaka Miike, "The ferment and future of communication studies in Asia:Chinese and Japanese perspectives," *China Media Research*, 2(1),2006,p.3.

以來處於弱勢的亞非學界卻也仍舊躭於「由西方看世界」；於是一個「願打」、一個「願挨」，往往形成一種矛盾而病態的「兩廂情願」狀況。恰夸巴提觀察到，各國歷史對於非西方世界現代化過程的描述與詮釋，大多受到一種以歐洲為中心的歷史觀影響。南亞的社會科學家可以非常熱衷地討論馬克思（Karl H. Marx, 1818—1883）或韋伯（Max Weber, 1864—1920）思想，使用各種進口概念與理論來構想與分析研究，卻完全不感覺需要將這些思想家的主張，放置在歐洲知識份子的歷史脈絡裡來理解[127]、也不去注意概念與理論背後所隱藏的世界觀、文化脈絡、或上層結構與其他社會間的差異。

阿拉塔司在檢討邊陲學術問題時，提出了「學術依賴」的幾個面向[128]；其中最根本的，是有關思想觀念的依賴。從這裡看，「後殖民主義」與「馬克思主義」，以及學術研究「本土化」和「文化研究」之間的關聯就頗有深意。赫連（A. P. Helene）在評論《西方主義》[129]一書時，觀察到伊斯蘭以及其他邊陲地區攻擊西方的炮火竟然也是西方供應的[130]。羅勃・楊（Robert J. C. Young）認為這樣的一個弔詭其來有自：馬克思所批評的是西方的社會與經濟作為（practices）、以及其所代表的價值觀，由於這些批評的對象都是西方社會，因此彷彿馬克思也是反西方的[131]。馬勒（Abdel Malek）認為，「反殖民」論述本身雖然是亞非學界的產物，但是馬克思在「後殖民」論述的地位卻是無可置疑的，正如羅勃・楊說的，對於第一代「後殖民」學者而言，「馬克思主義」不但是他們論述的起點、並且也是他們所有論述的基礎[132]。這裡我們需要問的，不是這樣的連結是否有問題、或「後殖民」

論述是否應該依賴馬克思來批判西方，但是一個假設性、卻也是關鍵性的問題是：假使沒有馬克思理論，有關非西方世界的批判省思、以及相關議題的辯論，還能有什麼樣的理論基礎？正如麥奎爾（Denis McQuail）所指出的，即使是批判理論，也仍然是西方的[133]；它隱涵著同樣一套歐洲的普世價值，包括平等、多元、自由、以及物質文明的進步史觀。

127 Dipesh Chakrabarty, *Provincializing Europe : Postcolonial Thought and Historical Difference* (Princeton NJ: Princeton University Press.,2000),p.6.

128 Syed Farid Alatas, *Alternative Discourses in Asian Social Science: Responses to Eurocentrism* (New Delhi:Sage.,2006),p.4.

129 Ian Buruma and Avishai Margalit, *Occidentalism: The West in the Eyes of Its Enemies* (New York,2004.)

130 A. P. Helene, "Occidentalism," *SAIS Review*, 24 (2), 2004,p.181-184.

131 Robert J. C. Young , *Postcolonialism: a historical introduction* (Oxford: Blackwell Publishers,2001).

132 Robert J. C. Young , *Postcolonialism: a historical introduction* (Oxford: Blackwell Publishers,2001), p.168.

133 Denis McQuail, "some reflections on the western bias of media theory," *Asian Journal of Communication*,10(2),2000,p.1-13.

「後殖民主義」是在西方世界之外所發展出來的，也被視為是針對西方的有力批判，因此上述分析在「學術依賴」的議題上特別發人深省。難道非西方世界的學者已經到了一個沒有西方就「無法批判西方」、「去西方」、以及「肯定自己的地步」嗎？我們甚至可以問，是否「批判非西方的依賴性」本身也是「依賴」的一種表現？「依賴」、「模仿」在西方有明顯的負面意涵，但是在中文，甚或日文、印度文、印第安文裡也有同樣的負面意涵嗎？事實上，長久以來中國人都將依賴與模仿視為學習的第一步。然而模仿很少阻礙創意以及獨特風格的發展；無論是書法、繪畫、文風、甚至拳腳功夫，一旦學生掌握到要領，他們就被期待能由實作中根據自己的想法與品味發展自己的風格。不幸的是，今天亞非學界在歐洲知識系統獨大、本土單元教育體制與「他者」導向的學術政策幾項因素的影響之下，不僅「依賴」、「模仿」，而且長期停滯在這種「前置作業」的階段；能大步踏出下一步的，可以說是少之又少。這裡的問題還不僅僅是模仿與追隨，而在於他們在種種條件框限下無法脫身。結果是國際學術群體當中，有許多人其實並沒有參與學術對話；他們的文化資產沒有被利用、他們的所長也沒有得到發展、成長的機會。

臣服於歐洲中心典範之下的學術研究，除了無能創新，還常常犯下與西方學界同樣的錯誤。余英時觀察到五四運動期間中國知識份子認為缺乏進化史觀（evolutionary thinking）是儒家與道家思想當中一個重要的缺失[134]。然而今天在西方學界，「進化史觀」已經不受重視[135]，而「二元」思考模式在歐洲的哲學史上更是一個長久以來被批評的目標。華裔學者面對西方科學與民主的文化傳統，卻選擇將自己框限在一個「非此即彼」的模式中，將自己定位在西方的對立面，因此同樣的蹈入了二元的線性思維，從而喪失了深入瞭解現代性所牽涉的一些深藏價值與哲學預設的機會[136]。就如同在「西方主義」式的論述中所反映出來的、議題的討論很容易流於極端，不是全盤否定就是全盤接受外來思維[137]。同樣地，文化傳統不是成為攻擊的目標就是被利用作為反擊西方的利器。

除了跟著犯錯，「全盤接受」的結果也可能是自失立場。其中一個例子是非西方學界對於後現代論述的態度。後現代理論既然拒絕接受包括客觀性以及普世性（universality）與科學主義等屬於現代性（modernity）的概念，如果亞非學者真正同意後現代論者的這種態度，就不會接受所有理論論述的普世性，而這「理論」也應該包括「後現代理論」——

134 余英時：《中國思想傳統的現代詮釋》，台北：聯經出版事業公司，一九八七，頁6。

135 余英時：《中國思想傳統的現代詮釋》，台北：聯經出版事業公司，一九八七，頁21。

136 瑪朱姆達等：《印度通史》（李志夫譯），台北：國立編譯館，一九八一；金觀濤、劉青峰：《開放中的變遷：再論中國社會超穩定結構》，台北市：風雲時代出版，一九九四年版，頁254。

137 余英時：《中國思想傳統的現代詮釋》，台北：聯經出版事業公司，一九八七，頁6。

也就是說，亞非學者應該同樣質疑後現代論述本身的適用性、而不是只質疑其他理論的普世性。但是非西方學界非但很少質疑「後現代理論」的此一反普世立場，並且充分利用它「追求特定時空脈絡下真理」的「小敘述」主張，發展本土研究，從而肯定了後現代理論本身的普世性。但理論的普世性正是後現代論述所否定的。換言之，非西方學者並沒有質疑後現代論述的立場；事實上，絕對的普世性與完全排斥普世性可能同樣是有問題的[138]。如果說「科學主義」是一種知識上的極權，則非西方學界這種「人家願打、我願挨」的心態，其實已經超越「科學主義」的範圍，自動將整個西方論述——包括西方認為是普世或非普世的學術主張——都納入了「知識極權」的統治範圍，並自願接受統治。

八、跟著西方貶抑自己

非西方學界在全盤接受外來方法與典範的同時，也接受了外來方法與典範對於自己傳統思維的評價與態度。翻譯學者張佩瑤在討論中國傳統譯論的研究中發現，學者在論文中經常使用的詞彙不是「不同」或「差異」，而是：「缺乏」、「弱點／項」和「落後」；這種詞彙反映了、也強化了華人學界的文化自卑[139]。因此非西方學界「全盤接受」的另一面，是有系統地漠視傳統思維與文化；這些都不被認為是與學術研究有任何關聯的、在理論建構上也不具任何潛力。阿拉塔司因此認為目前亞洲學術社群缺乏原創性論述，模仿的盛行不過是原因之一[140]；另一個原因是輕視亞洲本身的著作，認為「亞洲著作沒有參考價值」、排除非西方世界的思想與點子，尤其是那些源於自身的歷史、文化、以及他們所生活的社會文化情境的思想與想法（ideas）。這個傾向有兩重涵義：一、就如同我們早先指出的，在專業上非西方世界學者與他們所生活的社會、甚至與他們的「自我」都是斷裂的；二、他們的著作因此無法受惠於非西方深厚的思想傳統[141]，但不同來源的思想傳統可能正是學門整體發展與成長所需要。舉例來說，詮釋學與符號學（semiotic）的文獻中，對於語言、符號、與意義有很廣泛的討論，然而卻很少學者注意到佛學與道家思想，同樣對於這

138 勞思光：《西方思想的困局》，北京：北京大學出版社，二〇一四年版。

139 張佩瑤，《傳統與現代之間：中國譯學研究新途徑》，湖南人民出版社，二〇一二年版，頁36。

140 Syed Fraid Alatas, *Alternative Discourses in Asian Social Science: Responses to Eurocentrism* (New Delhi:Sage.,2006),p.64-65.

141 Ali A. Abdi, " Eurocentric discourses and African Philosophies and epistemologies of education: Counter-hegemonic analyses and responses," *International Education* , 36(1) ,2006, p.15-31.

些議題有不同角度的觀察與省思。一篇亞洲學者完成的論文不可不引述主流文獻，但是如果沒有本土文獻則通常不會受到太大責難。因此即使本土文獻中具有啟發性的觀點或已經展現新的論述方向，往往也無法引起太多討論、以至於無疾而終。換言之，學術上的「西方主義」最大的問題，不只在於過度認可西方、也在於「東方」完全接受了「西方」對於知識的評判標準、不再認為自身的文化與社會科學研究及知識的生產有任何相關。

無可置疑的，優勢典範會一直存在到更有效的典範出現為止，然而如果「西方主義」確實影響著非西方學界在社會科學研究上的表現，則將他們的思維由框限中解放出來就有其急迫性。也唯有這樣，亞非以及華人學者的「自我」才不會繼續被自己，以及自己的「他者」所雙重否定。坎德認為，繼續努力仍然是最重要的，因為不這麼做，我們就無法重新詮釋各種想法[142]。正如同本章在一開始的時候所提到的，無論是在歐洲中心論述上發展批判思維、或是借助外來的想法來建構非西方認同，都未必是問題。對薩伊德而言[143]，報復西方不是「東方主義」所需要的答案。前述分析也顯示，西方如何看待東方與東方如何看待西方是一組共生——而非對立——的概念。所以今天真正的問題，是我們對「他者」的肯定與對「自我」的否定是共生的。時至今日，即使大環境因素改善，要走出「否定自我」的限制、並有效連結「西方」與「本土」，華人以及亞非學者所面對的顯然是一條漫長崎嶇的道路。然而如果不做嘗試，非西方學界不會有任何的基礎來發展源自本土的學術論述、或是由不同角度來進行學術論辯、與思想的融合；在學術上也將持續依賴西方。即使在不排斥「依賴學習」的中國文化，這情況也是不容鼓勵的。

對於歐洲中心主義的批判是重要的一步、回歸本土社會文化脈絡去挑戰理論的普世性與創新的方向也是必須要的；然而這些不過是一個漫長過程的開始、而非結束。心態的改變需要伴隨著體制改革所提供的激勵，因此我們需要的是一個「重新認識本土文化」的運動，以便我們和文化傳統及生活世界經由課程的改革、教科書與參考書的本土化、以及新的評鑑標準重新連結起來，一旦非西方思維在建構社會科學理論的相關性與正當性被確立，才可能建立適當的研究架構以反映人們與社會的文化氣質（ethos）[144]，正如坎德所指出的，如果非西方世界的學者要在國際學術界占有一席之地、而非僅僅模仿他人，則沒有更容易的方法[145]。要達到目的，華人及非西方學界必須有所準備；這準備功夫所迫切需要的，是

---

142 Rajani Kannepalli Kanth, *Against Eurocentrism: A Transcendent Critique of Modernist Science, Society, and Morals* (New York:Palgrave MacMillan,2005),p.5.

143 Edward W. Said,*Orientalism* (New York:Vintage.,1979); Immanuel Wallerstein, *European Universalism: The Rhetoric of Power* (New York; The New Press,2006).

144 A. Goonasekera and E.Kuo, "Foreword," Asian Journal of Communication,10(2),2000.

145 Rajani Kannepalli Kanth, Against Eurocentrism: *A Transcendent Critique of Modernist Science, Society, and Morals* (New York:Palgrave MacMillan,2005).

由體制上及政策上引導年輕一代更深入瞭解「自我」的文史根源、以及這個根源的現代意義及學術價值。但現時的問題還不是我們需要繼續等待多久才能達到目標，而是準備的功夫究竟開始了沒有？

第三章

「治學」與「思辯」(dialectic)[1]:道不同,可相為謀?

「西方主義」解釋了華人社群的學術表現,然而在前述的特殊心態與體制之外,還有一個更容易為人所忽略的因素,就是自古以來中國人對「學問知識」的想像與「治學」傳統,與西方其實有根本的差異;「學術依賴」之所以如此輕易形成趨勢,客觀因素之外潛藏的文化成分同樣不容忽視。但是如果我們再深入歷史去分析,又會發現在教育體制與朝廷晉用人才掛鉤之前的春秋戰國,思想上呈現的是訓詁考證之外的一種模式,這種模式不但十分不同於五四以來飽受批評的「中國傳統」,與西方的思辯模式也大不相同。

事實上,要深入瞭解華人學者在社會科學研究上所出現的問題,也必須從建立儒家「治學」與希臘「思辯」兩種傳統「不可共量」(incommensurable)[2]的差異開始。這「不可共量」表現在研究的各個面向上(表三-一),但主要可分為文獻性質、與研究取徑兩方面來談。

一、文獻性質：「學問」與「知識」

我們在前面幾章提到過，數千年來歐洲和中國都有一群人致力研究教學的工作，然而在不同的時空環境與生存條件之下，他們所思考、關懷的主旨不同、目的不同、所累積的成果在性質上也有根本的差異。西元前八〇〇年，希臘告別了邁錫尼（Mycenaean）文明衰敗之後的黑暗時期。日益興盛的海上貿易以及農業技術的精進，培養了一群介於奴隸和上層階級之間的「中產階級」。這些人基本上是商人；海上的商業活動讓他們勇於向外發展與創新，也讓他們聚居在一起，以城邦的共同利益為社會基礎[3]。他們在經濟上擁有自己的土地、生活自給自足，並形成獨立社區。這種生活方式使得徹底擺脫了傳統包袱的希臘人開始孕育自由、平等的價值觀以及個人主義的傾向[4]。在優裕的生活中，希臘形成了一個重「智」的傳統，關注的對象是自然宇宙。他們追求真理，思索「世界是如何構成的」，目的在掌握經驗事物的規律、從而征服世界[5]。因此所累積而成的「知識」，無論是柏拉圖定義的「言之有理的真實信念」（justified true belief）、或是羅素（Bertrand Russell）所說的「與事實相符的信念」，都是有關我們所生存的世界的解釋，並不是中國古聖先賢為人處世的道理。

相對於希臘以海洋貿易為基礎所發展出來「重智」的文明，中國自古以農立國，由此發展出來的文明有兩個特色：一、農人必須仰賴過去經驗從事耕作，因此尊重傳統、順應自然，不鼓勵冒險創新；二、家族為經濟生產單位，也是社會基礎6。西元前八〇〇年前，當希臘文明開始大放異彩時，中國已經到了周朝末年，距離周公盛世約二百餘年。周人一反殷商崇拜神權的傳統，將重心放置在生活秩序的建立。然而孔子出生（551 B.C.）的時候，

---

1 字面上 'dialectic' 一般譯為「辯證」，但此處我選擇「思辯」的譯法，是因為「辯證」經常被認為就是黑格爾所提出的演繹推論方法。但事實上思辯法早在希臘時代便已經是一種哲人在邏輯論證（logical argumentation）時所通用的思考與推論方法。參考肖小穗，《公共傳播學》，陳國明等著，《傳播理論》，台北：五南，二〇一一，頁197－272；Robert Burt, 'Dialectic', *English Studies in Canada*, Vol.30-4, p. 16-20.

2 「不可共量性」指的是兩種語文因歷史文化脈絡上的根本差異使得兩者之間不可直接翻譯或做意義的轉換，但仍可解釋的情況，討論詳見第五章。

3 馮友蘭：《中國哲學簡史》，北京：北京大學出版社。頁26－27。

4 Richard Carter, "The Origins of Greek Philosophy", 2000, http://www.infidels.org/library/modern/richard_carrier/history/1.html

5 勞思光，《中國哲學史》，香港：中文崇基書院，一九六八年版，頁200。

6 馮友蘭：《中國哲學簡史》（涂又光），北京大學出版社，二〇一三版，頁38；余英時，《中國知識階層史論》〈古代篇〉，聯經出版事業公司，一九八〇年，頁54。

周天子已然大權旁落；形成一個群雄並起戰亂頻仍，道德、倫理敗壞的局面。在戰亂中興起的諸子百家對於經世治國各有各的主張，卻大致不離「人間關懷」的基調；而人間秩序又套疊在宇宙秩序中，成為複雜的系統[7]。其中儒家尤其看重人倫與道德秩序的重建，目的在「化成世界」[8]。漢武帝獨尊儒術之後，儒家思想成為中國教育與治學的核心，影響所及，「聖賢之學」逐漸成為中國人「學問」的主要內涵。對於西方學者而言，這種「學問」並不具備「知識」的性質。韋伯（Max Weber）便認為，亞洲人將「知識」或「文獻知識」視為通向現世或來世最高福祉的唯一絕對道路，但是具備「那種『知識』並不意味著懂得現世的種種事物，自然，社會生活或支配自然與人的法則」[9]。例如：中國將人與天視為一體，因此有關自然界的災害與異象往往並不由自然界、反而由人的身上去找尋答案[10]——例如天子「為德不卒」、或「聖人將出」等等。換言之，即使我們認為「學問」也是一種「知識」，在內涵上與性質上它與西方的「知識」都有明顯差距。

二、研究取徑：「治學」與「求知」

「學問」與「知識」的內涵與性質不同，學習的態度、方法與目標也不相同。在希臘，追求真理是求知的目標。哲人深信，儘管這個目標並非一蹴可幾，經由不斷的追問、鑽研、省思、與邏輯論辯，仍然可以建立一套「比較可靠」——或「比較接近真理」的知識系統。前面我們提到西元前八〇〇年左右在希臘出現的「中產階級」徹底擺脫了傳統的包袱、開始講求平等、自由與個人主義。貴族階級為了與這些新興的「中產階級」抗衡，積極瓜分政權，最後使得邁錫尼傳統的集權式統治逐漸轉變為政權分立、輪流共治的型態。這時一種透過思辯法進行論證（argumentation）的傳統也開始成形[11]。希臘人以這種方式說

---

7 許倬雲，《萬古江河：中國歷史的轉折與開展》，台北：英文漢聲出版股份有限公司，二〇〇六年，頁111。

8 勞思光，《中國哲學史》，香港：中文崇基書院，一九六八年版，頁200。

9 中村元：《東方民族的思維方法》（林太、馬小鶴譯），台北市：淑馨，一九九八年版，頁15。; Max Weber, Aufsőtze zur Religionssoziologie Vol. 2 (Publisher: Tżbingen : J.C.B. Mohr,1921)p.364-365.

10 托比・胡弗：《近代科學為什麼誕生在西方》（周程、于霞譯），北京：北京大學出版社，二〇一〇，頁239。

11 Richard Carter, "The Origins of Greek Philosophy", 2000, http://www.infidels.org/library/modern/richard_carrier/history/1.html

服他人、弭平歧見，也以它來形成政治決策與法律裁決。歐洲在「黑暗時代」（Dark Age）結束之後，進入一個與當年希臘類似的社會文化情境。傳統形上學雖然被推翻，科學研究卻承襲了思辯的傳統、以及對於一種恆久不變的「客觀真理」、以及能夠使人擺脫主觀限制以達到這目的的方式、程序與步驟。由此，知識論不但催生方法論，也隱含了研究者作為「觀察者」的角度。事實上，思辯的影響一直持續到現代；無論是科學或文史研究，今天我們所熟悉的西方學術研究法處處都可以看到它的身影，甚至民主過程的公共政策辯論與法庭上的言詞辯論也都可以說是「萬變不離其宗」[12]。

思辯的希臘字源 'dialektike'，是指一種論述或交談的藝術[13]；持正反意見的雙方在反覆辯論的過程中，運用演繹或邏輯否證的方法來揭露對方論點的矛盾之處、破解對方的說法。簡單說，這種希臘時代所孕育的論證方式，是一個經由挑戰、修訂、或否定預設、論點或「主張」（claim）[14]，從而發展新主張的思考對話過程[15]。通常一項論點由三個部分組成：1.一組假設或命題，2.推理或演繹方法，以及3.結論所提出的主張或論點。其他參與論證的人，一般而言需要做幾個準備工作，包括弄清楚對方提出的論點、其依循的命題及預設、檢驗證據的效力、並認清參與對話各方的目的。參與者必須藉由指認對方論點在推理上的錯誤或忽視之處、針對其列舉的原因或預設舉出缺失、反證或證據的不實來主張對方的結論無法成立。這種進行方式很清楚的顯現了歐洲傳統思考模式的要件，就是論點、邏輯推理方法、以及證據；三者缺一不可。這種由命題出發的線性思考模式，所導向的是一種邏輯結構嚴密的論述體系。

對柏拉圖而言，思辯不只是一種論證方式；它更是一種透過關於事物本質的問答來尋找真理、鋪陳事事物物的「道」（the way things are）的方法。在柏拉圖、亞理斯多德之後，包括康德、黑格爾、馬克思、恩格斯與新正統神學（neo-orthodoxy）等不同時代的思想家與學派，對思辯法都有不同的詮釋與用法。哈伯瑪斯（Jurgen Habermas）對於韋伯（Max Weber）與馬庫色（Herbert Marcuse）現代性研究的批判、和他所提出的解決方案「溝通理論」[16]；高達美（Hans-George Gadamer）對於席萊爾瑪赫與狄爾泰方法論與認識論的批判、

12 Michel Paty, "Universlity of science: Historical validation of a philosophical idea" in Dhruv Raina and Irfan Habib (eds.) *Situating the history of science: Dialogues with Joseph Needham* (New Delhi: Oxford University Press,1999,)p. 303-324.

13 Robert Burt, 'Dialectic', *English Studies in Canada*, Vol.30-4, p. 16-20.

14 這裡英文原文 claims 有「聲明」、「索賠」等意思，但在理性溝通的脈絡下比較接近「主張」。

15 Richard D. Rieke, Malcolm O. Sillars and Tarla Rai Peterson, eds., *Argumentation and Critical Decision Making* (Boston: Pearson,2008,)p.11.

16 哈伯瑪斯：《作為「意識形態」的技術與科學》（李黎、郭官義譯），上海：學林出版社，一九九九年，頁38－83。

和他的「視域」（horizon）理論，以及海德格透過詮釋手法對尼采與康德的批判[17]，甚至榮格（Carl Gustav Jung）與佛洛伊德（Sigmund Freud）在「無意識」概念上的公開決裂等等，都是運用思辯法開展學術論述的例子[18]。

由於思辯通常是由質疑與挑戰對方主張開始，因此「批判性思維」（critical thinking）也被許多華人學子認為是學術研究的關鍵，甚至誤以為只要批評、反對就能帶來學術成就。但這種想法未必掌握到了思辯的要點；批判的另一面其實是部分接受——如果每一個從事學術研究的人都只是批判、排拒前人的論述，那麼每一個人也只能由零開始構築自己的學術主張。這不單沒有意義，也不能確切反映西方學術發展的軌跡。其實坊間對於任何學者最粗淺的介紹都會告訴我們，他們每一個人都受到前人的影響，但同時他們每一個人也都在這些人的論述中看到自己無法同意之處與另外的可能性，並由此發展出自己的看法。換言之，每一個人都「走了自己的路」。「走自己的路」可能包括批判，例如：前述的多位學者，但也可能只是在某一點上作了明確不同的選擇。以布迪厄（Pierre Bourdieu）為例，許多人認為他受當代法國最權威的人類學家李維史陀（Claude Lévi-Strauss）影響甚深，然而他卻選擇了法國（Bearn）、以及法國屬地阿爾及利亞進行田野調查，這與李維史陀將人類學家的工作定位為「高高在上地、由遠處研究與判斷人類」的看法完全背道而馳。布迪厄沒有質疑李維史陀這個在「客觀性」上的立場，然而卻由此發展出一個不同於以歐洲現代性歷程為參照的典範。就如同楊弘任觀察到的，他不僅反省了西方社會科學的主流典範，並且將異文化刺激下所發展出來的概念與典範帶回法國作測試[19]。

我們由布迪厄以及無數其他西方學者所選擇接受的、他們所選擇不接受的、以及個人的創見看到邏輯推論與理性思維；一個人同意或不同意一種說法，都必須以這兩者為前提。但是邏輯推論與理性思維也不是憑空存在的；至少同等重要的，是研究者的主體性格。不論研究者的出身、興趣、遭遇或教育背景，他們與所研究對象之間的主客關係是非常清楚

---

17 Martin Heidegger, "Author's Foreword to All Volumes", *Nietzsche Vol. One and Two, translated by David Farrell Krell,* (San Francisco : Harper San Francisco, 1991); Martin Heidegger, What is a Thing, translated by W. B. Barton, Jr., and Vera Deutsch, with an analysis by Eugene T. Gendlin, (Chicago, Ill. : H. Regnery, 1976,)p56.

18 榮格：《東洋冥想的心理學：從易經到禪》（楊儒賓譯），台北：商鼎文化出版社，一九九三年，頁11－14。

19 楊弘任：〈地方知識與在地範疇：本土化的一種策略〉，鄒川雄、蘇峰山編：《社會科學本土化之反思與前瞻》，嘉義：南華大學教社所，二〇〇九年版，頁367－380，引句見頁369－370：Deborah Reed-Danahay, *Locating Bourdieu* (Indiana: Indiana University Press, 2005,) p.69-70.

的；這樣的主體性格讓研究者有了觀察的角度、獨立思考以及理性推理的空間。這和春秋戰國以後中國士人「治學」有本質上的差異，正如他們所「治」的「學」同樣和西方學術有本質上的差異。

西方的知識份子貴在建構理論知識、見前人之所未見。秦漢以降，中國的文人雅士得以服人的，卻是淵博的「學」與「養」；也就是《中庸》所揭示的博學、審問、慎思、明辨與篤行。換言之，讀書人就是要讀書；書不但要讀得廣博、還要讀得通透，使典籍中的道德充分內化、從而造就令人折服的修養、外顯於個人的言行操守與文采。至於要達到「內聖外王」的境地，中國人也不像西方，講究透過一定的作法與步驟；《禮記・學記》對於治學的幾個階段曾有以下的記載：「一年視離經辨志，三年視敬業樂群，五年視博習親師，七年視論學取友，謂之小成；九年知類通達，強立而不反，謂之大成。」（《禮記・學記》）。這段話提示了儒家傳統下不同階段考察學生的重點，然而在這類一般性原則的陳述之外，與方法能夠勉強相提並論的，彷彿也就唯有訓詁考據了。不過這樣的結論一方面失之草率，另方面也無法幫助我們瞭解中國思想史上的重要發展是怎麼發展出來的。

事實上以思想史來看，我們不能忘記的一個歷史事實是：現代歐洲的學術發展其實是近三、四百年的事情；也就是說，希臘羅馬的盛世之後，歐洲曾經經歷長達千年的「黑暗時期」（Dark Age），這段期間歐洲文明呈現近乎停滯的狀況。確實，中國歷史上從未出現過類似神權宰制思想的現象，但卻出現過政治嚴重影響思想與教育的情況。習慣上談中國「傳統」，都將過去兩千餘年當成一個單一的、一脈相承的系統。畢竟，影響力穿透現代東亞社會的儒家思想確是春秋戰國的產物；較這傳統更古老的，唯有夏、商、周朝廷大事的記載（如《尚書》）、卦書（《易經》）、與官府採集的詩歌神話（如《詩經》）等等，這些典籍揭露了中國古代的宇宙觀與政治思想，但無法代表一種思想體系。然而要論思考方式而非內涵，則我們不能忽視中國歷史上近乎停滯的兩千年之前，情況其實是很不相同的。換言之，中國人是在儒家被奉為「正統」、「科考」成為士人晉身統治階層之道之後，才失去了思想上的活力[20]；如今我們所談的「華人思考模式」，大多指的卻是失去思考活力之後的情況。今天學界討論歐洲思想，重點大多放置在希臘時期、或文藝復興以後，而非一千餘年神權至上的「黑暗時期」。如果我們不以「黑暗時期」的歐洲代表西方思想，那麼如果將中國思想的討論重點也由過去兩千年轉移到史上最蓬勃發展的時期——秦漢以前的春秋戰國，又可以看到什麼？

循著這樣的思考脈絡，以下的分析將分為兩個部分：漢武帝獨尊儒學（134 B.C.）之後、

20　許倬雲：〈中古早期的中國知識份子〉，余英時等著：《中國歷史轉型時期的知識份子》，台北：聯經，一九九二年，頁27－37、頁31。

以及春秋戰國時代的中國治學特色[21]。在次序上，我們先談過去兩千年的治學之道，這也是五四以來一般人印象中的中國學術；其影響一直穿透了今天華人學術研究的態度。其次，我們嘗試回到春秋戰國，由諸子百家的言論去探察在政治力統領教育與思想之前，中國是否曾經存在不同的治學典範。

（一）獨尊儒學之後

拋開「方法論」的框架來談「治學方法」，科舉對於漢以降中國學術思想的影響是我們所不能忽視的。所謂「學而優則仕」；早在戰國時代，中國的君主和貴族已經開始透過各種途徑選拔人才。漢代進一步設立察舉與徵辟制度，到了隋煬帝分科取士，科舉制度逐漸完備。在政治上，科舉制度對於行政官僚體系的品質有一定程度的保障作用；由於它提供了「布衣卿相」的可能性，也為中國帶來其他古文明所沒有的社會流動性。但科舉制度既不是為教育所設、也不是為發展「學問」本身而設，結果是這「所有平民百姓躍登龍門的唯一途徑」，制約了中國數千年來的教育與治學方向。對於中國的教育制度，陳青之的觀察頗為中肯：「中國有了學校就有科舉，有了學校制度就有科舉制度，兩千年的教育制度史就是一部科舉制度史。」[22]其實，如果我們把話反轉過來說，——「有了科舉制度就有了學校制度」、「有了科舉就有了治學方法」，可能也不為過。漢武帝以後，科舉制度制約了教育，也相當程度制約了研究與思想。

隋、唐、宋三個朝代的科考都有兩個主要部分，一是測試考生對於經書熟悉與瞭解的程度，例如：隋、唐的「明經」、以及宋朝的「經義」。沒有將經書背得滾瓜爛熟，考生很難應付這類似填充題的考題。因此無論私塾或公學，自古以來「治學」幾乎沒有不以背誦起家者。但是到了第二階段，也就是更高一等的「進士科」考試，卻不再挑戰考生的記憶與理解、而要求考生以詩、賦或文就特定題目發揮，也就是考驗考生在不同領域與主題「體會」、「實踐」古訓的心得與大原則的運用。到宋朝，王安石取消了「明經」、而以「經」、「論」、「策」並立，也就是「解釋經書」、「對時局的評論」和「提出解決時弊的方案」同等重要。明清兩朝大至維持了這樣的方向。十九世紀「西風東漸」、社會已然面臨變革的壓力，鄉試及會試的科考範圍卻仍然以四書五經為主，不但如此，考生被要求以極為講究形式的八股文作答；只有到了殿試最後一關，才改考「時務策問」。清朝

21 固然，以漢初為分界點，將中國思想史一分為二有其武斷之處；即便被「化石化」了的儒學與科考制約了思想，我們也很難說在此之前的種種在此之後便完全消失；然而反過來看，假定一切事物恆久未曾改變，也同樣是武斷的。

22 陳青之：《中國教育史》，台北市：台灣商務印書館，一九六三。

末年，朝廷在一片廢除科舉的聲浪中，終於加入了「各國政治」與「藝學策」等科考科目，但是直到一九〇四年清廷舉辦的最後一次科考題目，仍然保有四書五經的考題[23]。換言之，千餘年來四書五經始終是科考的範圍。在考試制度指引之下，學校教學的重點大至不脫「試經」、「書義」與「習字」——也就是要求學生廣泛研讀、背誦典籍、通曉大義與勤練文筆及書法的基本功夫[24]。

費正清（John King Fairbank）認為，科考試題測驗考生的知識和道德政策的判斷力，並非空洞無物科考、也未必導致思想的僵化。例如一八七〇年在武昌會試的題目包括解釋經書、二十四史結構綱要、各種軍屯的形式，以及選拔官吏方法的變革。他認為相較之下，即便英國劍橋大學的榮譽學位試題、或牛津大學的名譽示範題，都似乎微不足道了[25]。費正清算是為科考說了幾句好話，但是科考所帶來的「僵化」陰影始終存在。近年來海峽兩岸的重要考試，都盡力朝考題活化與生活化的方向去作、給予考生自由發揮的空間，例如二〇一三年中國大陸普通高等學校招生全國統一考試福建考區的政治考題，就以四川地震為例測試考生對於世界觀、方法論與科學研究的關係性質，但也考學生對於馬克思主義實踐觀點的認識。同年台灣大學入學指定科目考試公民與社會考題，則要求考生在民法中指認屬於固有道德觀念的規定，以及法律不干預私人交易的原則等等。乍看下，這些題目與當年科舉考試題目相比，已經有了改變，然而基本上所測驗的，仍然是考生知道什麼（what）、瞭解多少。二〇一二年法國升大學理組的考試題目，曾經在網路上引起很多台灣網友的討論[26]，因

23 例如「中立而不倚強哉矯義」;「致天下之民，聚天下自貨，交易而退，各得其所義」。另外有關乎教育的考題，例如「學堂之設，其旨有三，所以陶鑄國民，造就人才，振興實業。國民不能自立，必立學以教之，使皆有善良之德，忠愛之心，自養之技能，必需之知識，蓋東西各國所同，日本則尤注重尚武之精神，此陶鑄國民之教育也。講求政治、法律、理財、外交諸專門，以備任使，此造就人才之教育也。分設農、工、商、礦諸學，以期富國利民，此振興實業之教育也。三者孰為最急策」，西方外交史考題，例如「泰西外交政策往往借保全土地之名而收利益之實。盍縷舉近百年來歷史以證明其事策」，人才政策題目，例如「日本變法之初，聘用西人而國以日強，埃及用外國人至千餘員，遂至失財政裁判之權而國以不振。試詳言其得失利弊策」，甚至公法考題，例如「美國禁止華工，久成苛例，今屆十年期滿，亟宜援引公法，駁正原約，以期保護僑民策」。

24 王道成：《科舉史話》，台北市：國文天地雜誌社發行，一九九〇年初版。

25 費正清：《中國：傳統與變遷》（張沛譯），北京：世界知識出版：新華經銷，二〇〇二年版。

26 其他理組的哲學考題還包括：我們是否尋求真相（La Vérité）?以及評論盧梭作品《愛彌兒》片段。參見新頭殼 newtalk-2012.06.19. 下午14:20. http://history.n.yam.com/newtalk/life/20120619/20120619555911.html(20130704)2013/7/28，http://mhperng.blogspot.tw/2012/06/blog-post_2619.html

為類似「如果國家（l'Etat）不存在，我們是否會更自由？」或「語言會背叛思想嗎？」這種問題的方式，指向的是完全不同的基礎思考訓練模式。

教育與考試密切扣連，仔細分析中國大陸、台灣與法國考題，其間思想訓練上的根本差異是很大的。我們從西方的思想傳承中看到一種對於思辨與批判的要求，從事學術工作的人必須一再反思、檢視理論成立的基本設定，例如：「理論」、「科學」或「人文科學」是什麼的基本問題。春秋戰國以後，中國教育傳統偏重學生「知道多少」、「瞭解多少」，與「學問」的本質和科考體制都有密切關聯。「聖賢之學」並非無可挑剔，但因為體制上這一套學問是漢以降朝廷所獨尊、也是科考的主要範圍；平民百姓的晉身之路與「教育」合而為一的結果，使得其間的討論省思空間幾近消失。士人治學必須先預設儒家經典中所說是合理的，然後在學習過程中予以內化、運用，質疑、挑戰、檢證、修訂或推翻不但沒有必要、也不可能。即便期間出現一些爭論，主要也只是環繞在真偽、重點、與詮釋的差異上；「治學」絕少跳出「聖賢之學」的框架、以及「經世致用」與「實事求是」的學術思路[27]。

「經世致用」靠個人體悟、修為與見識，至於「實事求是」所牽涉典籍的考據、證偽與訓詁工作，則需要掌握語文學（《小學》）、音韻學、與文字學方能旁徵左引。由於語文不斷演變，典籍中的詞義與語法不但改變、更有真假問題，因此胡適認為，要講義理得先「訂正本子、考訂古意」，而要「訂正本子、考訂古意」又唯有校勘學與訓詁學的方法[28]。這表示分析古籍的語法、修辭現象、訓示是有其必要的。只是到了清朝，對於訓詁考據的講究，更到了史無前例的地步，郭嵩燾就曾經形容道，訓詁的功夫講究「研審文字，辨析毫芒」，考證要求「循求典冊，窮極流別」，而讎校則必「搜羅古籍，參差離合」[29]。在西方，詮釋學與訓詁考據在緣起、目的以及作法上都有類似之處，但詮釋學不過是眾多方法選擇中的一項，然而在過去兩千餘年的中國，訓詁考據卻是獨一無二的。

「聖賢之學」無可質疑，傳授「聖賢之學」的教師、甚至學校也享有崇高地位。一三九四年，明朝洪武年間，國子監一位監生趙麟因為公開批評學校，竟以誹謗師長的罪名被斬首示眾[30]。這可能是一個極端的例子，然而教師不但負責「言教」、也負責「身教」，「天、地、君、親、師」、以及「一日為師、終身為父」等等觀念，明白揭示了教師在傳統社會難以撼動的地位。

27 陳平原：《中國現代學術之建立：以章太炎、胡適之為中心》，台北市，麥田出版：城邦文化發行，二〇〇〇年，頁35。

28 陳平原：《中國現代學術之建立：以章太炎、胡適之為中心》，台北市，麥田出版：城邦文化發行，二〇〇〇年，頁242－243。

29 郭嵩燾：〈王氏校定衢本《郡齋讀書志》序〉，《郭嵩燾詩文集》，嶽麓書社一九八四年版，頁28。

30 王道成：《科舉史話》，台北市：國文天地雜誌社發行，一九九〇年初版，頁26。

清末國力衰微，對於華人思維方式的批判也煙硝四起。「五四運動」時期，知識份子不但對於「禮教」有深刻反感，他們對於中國的學術也懷有一種頗為「東方主義」的自我認知；這種自我認知在羅家倫的一篇文章中表露無遺：「中國的學術和社會，……二千年來，一脈相傳，一點變更沒有，一點進步沒有。」失望之餘，羅家倫嘗試找出「病因」，他的結論是：中國沒有「批判精神」：在儒家「思想專制」的毒害下，中國人失去理性懷疑、理性批判與溝通的能力，「只會爭吵和口角」[31]。

中村元對於中國人思維方式的批評就更為廣泛[32]，他認為，中國自古以來思想和生活受到古典典籍的強烈制約、思索無益；從詞源學上看，「學習」意味著「模仿」。而功利主義及現實主義的傾向[33]更使得形而上學與邏輯學的研究無從發展、抽象思維也因此很難得心應手。影響所及，中國人在發現和奠定客觀法則上鮮有建樹，對普遍性也缺乏興趣[34]。

這些對於華人思維方式與中國傳統文化的反省與評論是否中肯[35]、有無定論，都非本章關注的重點，然而由上述分析，「治學」方法與「科學研究」法的「不可共量」已經有了一個大致的輪廓。然則今天華人學界的問題純粹是因為中西在思想發展上的不可共量嗎？諸子百家不曾依賴西方模式，同樣創造了世界思想史上光輝的一頁，為什麼？

（二）春秋戰國時期

由歷史上看，春秋戰國確是中國哲學的「突破年代」[36]。與同時期的希臘比較，兩者在地理環境與政治社會型態等等的差異相當明顯；但卻也可以觀察到一些類似之處，包括體制崩壞之後、不再有強權的有效統治；思想上自由發揮的空間，以及社會上出現一群在學養

---

31 羅家倫，〈批評的研究〉，《新潮》二卷三號，一九二〇年四月，頁601－603；舒衡哲：《中國啟蒙運動：知識份子與五四遺產》（劉京建譯），台北市：桂冠，二〇〇〇年版，頁136。

32 中村元：《東方民族的思維方法》（林太、馬小鶴譯），台北：淑馨出版社，一九九八年版。

33 近世頗多類似觀察，例如李澤厚的《漫說「西體中用」》，參見 http://blog.sina.com.cn/s/blog_4bce17b70102e8cc.html

34 朱雲漢、王紹光、趙全勝等編：《華人社會政治學本土化研究的理論與實踐》，台北市：桂冠，二〇〇二，頁91。

35 魯迅：《狂人日記》，台北市：亞洲出版，二〇〇六年；柏楊：《醜陋的中國人》，台北市：林白，一九八五年；楚漁：《中國人的思維批判：導致中國落後的根本原因是傳統的思維模式》，北京：人民，二〇一一。

36 余英時：《中國知識階層史論》〈古代篇〉，聯經出版事業公司，一九八〇年。

上有條件資格、也有需要以發表言論或教學維生的人。這些人大多是原先附屬於封建主、各有職司的官吏。他們流落民間之後，依賴技藝與專長謀生；馮友蘭將其中教授經典與指導禮樂的歸為「儒」、專長軍事策略的為「俠」、說話藝術的為「辯者」、巫醫、占星、卜卦、術數的為「方士」、熟悉刑律的為「法術之士」、而退隱山林的則為「隱者」[37]。諸子百家的言論雖然未必與個人的背景出身有必然關聯，但是這些昔日王官確實使上層文化得以下達、在思想上帶動了蓬勃的生機。

以治學方法而言，春秋戰國時期所出現的一些特色，在秦漢之後有延續、但也有從此絕跡的。幾近絕跡的特色，包括辯論的風氣、以及詮釋／創新的自由度。前面我們提到，西方研究方法所承襲的，是源自古希臘的思辯傳統。相較之下，「中國人只會相罵、不會理性辯論」似乎是許多五四知識份子自省的結論。確實，在儒學被祭為顯學之後，中國在思想上便不再有多少討論的空間。然而由諸子百家言論的發展來看，辯論其實占據了頗為重要的地位。以儒家為例，孔子首創儒學，在世時遭遇的挑戰不多；然而到了孟子時代，情況已經全然不同。他要面對的不僅僅是看重群體公義的墨家主張、強調個人主體的楊朱之學，甚至儀秦、慎宋等言論也都各有其追隨者，因此孟子「言仲尼之教，必廣為論辯、以折百家」。而他的「性善論」也是因為與告子辯論而得以開展、並因此補成了整個儒家的學術體系[38]。除此之外，墨家在邏輯與知識議題的成績，也因為「名家道家多施詭辯，墨者不得不與之爭」；並不因為「墨家後學獨優於思辯」。勞思光認為，墨辯理論與同時期的西方思想比較，並不落後；而名家在邏輯與思辯形上學方面的成就，同樣值得重視。因此中國後世思辯不發達，「非關民族之才能也」[39]。

論辯風氣之外，另一個中國思想在漢以後少見的特色，是當時文人雖然常以「托古」的方式發展論述[40]，但是他們受「所托之『古』」的約束與影響、以及對「古」所作「因革損益」的幅度是很大的。而這藉由「因革損益」而轉化出新論述的功夫又與中國知識份子講究「實踐」、以及「體悟」密切相連。

中國人讀書講究熟讀典籍、也講究身體力行。子曰：「學而時習之，不亦樂乎」；所謂「學習」，「學」與「習」是密不可分的。無論是「修身」或「養性」，都要求個人將詩、書、禮、樂內化之後展現於外。「學習」不僅在瞭解記誦，更在於掌握典籍中文字的意涵；而「身體力行」也不僅在於「練習」、或「實行」。所隱含的是士人作為「實踐者」的角度，更重要的，是一個倫理實踐者透過日常實踐表現他體悟天地之道的功夫。李

37 馮友蘭：《中國哲學簡史》（涂又光），北京大學出版社，二〇一三年版，頁38。

38 勞思光：《中國哲學史》，香港：中文崇基書院，一九六八年版，頁96。

39 勞思光：《中國哲學史》，香港：中文崇基書院，一九六八年版，頁253。

40 余英時：《中國知識階層史論》〈古代篇〉，聯經出版事業公司，一九八〇年，頁54。

澤厚就觀察到中國人一種關注現實社會生活，強調「實用」、「實際」、「實行」、主張「以理節情」的行為模式[41]。在這個基礎上，中國文化善於吸取一切對於自己有利的、捨棄無用和過時的，迅速接受、吸收外來文化以豐富、充實和改造自己。因此胡適提出「全盤西化」、要「死心塌地地去學人家、不要怕模仿」的主張[42]，正是傳統文化中這種「實用理性」的體現。因此在治學上，不但強調「學習」與「實踐」，「體悟」與「創新」同樣是互為因果表裡，渾然一體的重要元素。

我們需要注意的，是中國人講「實踐」與它在西方的意涵存有微妙、但重要的差異。有論者認為，中國傳統存有一種「實用主義」（pragmatism）的取向，這種取向阻礙了邏輯與抽象思維的發展；中國人沒有發展邏輯學，正因為「邏輯學與實用無關」[43]。確實，「實踐」所牽涉到的主要是實際生活與現實世界中的種種；這始終是中國思想的重點。相對的，歐洲傳統追求的卻是形而上的「真理」與普遍性的規律；直到二十世紀末期，後現代思潮興起，這個傳統才受到質疑。然而如果說中國人重「實踐」、甚至「實用」，這「實踐」或「實用」與二十世紀初期美國所發展出來的「實用主義」又有多少雷同之處，卻是需要進一步澄清的。中國人談「實踐」，並不出於一種對於理論效用的反動、也並不強調經驗、或者外在現實對於知識與真理的重要性。由中國觀點來看，「聖賢之學」與「實踐」不但不是對立的兩方，而且必須透過實踐「聖賢之學」方能「領會」事事物物的「道」、並且有所增長；而這「心得」又成為進一步自我發揮的依據。

漢以後中國思想受到制約，由體悟而創新的部分也被壓抑。然而回到諸子百家的言論，典籍中對於「體悟」與「創新」雖然沒有大幅篇章的說明，在儒家與道家的學說裡卻處處有跡可循。《莊子・天道篇》記載，大工匠輪扁回應齊桓公說，「斲輪」這種技術的實踐，完全沒有「方法」或「程序」；要拿捏最終那個「不徐不疾」的關鍵，必須「得之於手而應於心，口不能言，有數存焉於其間。」所以這是他無法傳的「道」，需要個人在實踐中去「體悟」**44**。先秦儒家經典，不乏類似的想法。孔子講述「中道」時說，「不得

41 李澤厚：《中國現代思想史論（二版）》，台北：三民書局，二〇〇九年版，頁343－344。

42 李澤厚：《中國現代思想史論（二版）》，台北：三民書局，二〇〇九年版，頁340。

43 中村元：《東方民族的思維方法》（林太、馬小鶴譯），台北：淑馨出版社，一九九八年版，頁206－207。

44 原文為「桓公讀書於堂上，輪扁斲輪於堂下，釋椎鑿而上，問桓公曰：『敢問：公之所讀者何言邪？』公曰：『聖人之言也。』曰：『聖人在乎？』公曰：『已死矣。』曰：『然則君之所讀者，古人之糟魄已夫！』桓公曰：『寡人讀書，輪人安得議乎！有說則可，無說則死！』輪扁曰：『臣也以臣之事觀之。斲輪，徐則甘而不固，疾則苦而不入。不徐不疾，得之於手而應於心，口不能言，有數存焉於其間。臣不能以喻臣之子，臣之子亦不能受之

中行而與之，必也狂狷乎。狂者進取，狷者有所不為也」（《論語・子路篇》），這裡他對狂者和狷者做了描述，但對於「中行者」卻沒有描述，只暗示「中行者」處在「進取」和「有所不為」間。和「斲輪」一樣，「中道」是另一個「得之於手而應於心，口不能言，有數存焉於其間」的例子。「中道」或「斲輪」之術的「實踐之道」所以「妙不可言」，其中一個原因是在「付諸實現」的過程當中，必然牽涉個人心神在當時當地的獨特體會；即使是同樣的原則與規範，每個個人、在每個時空情境的「領會」與「體悟」未必相同，所引發的想法與作法、所作的詮釋自是不同。

反觀孔子，雖然推崇周公「制禮作樂」，但身經大時代的轉變，他對文化傳統的延續與革新，卻有頗為深刻的觀察。禮法源自「周禮」，但是根據《論語・為政篇》的記載，孔子並不認為可以「照搬」：

> 殷因於夏禮，所損益可知也；周因於殷禮，所損益可知也。其或繼周者，雖百世可知也。（《論語・為政》）

這也就是說，夏商周三代禮制皆有轉變；周轉化自殷商，殷商轉化自夏朝。轉變過程中難免產生損益，這樣往下推論，雖百世亦可以知。對於這段文字，馮友蘭認為，若我們以「損益」為「革」，「有所本的修法」對象為「因」，那麼以此解釋孔子的政治（或歷史）態度，就是「因」、「革」相互為用的溫和改進路線[45]。孔子承認歷史是變化的，然變化中有「道」，這個「道」是他在歷史「因」「革」損益中摸索出來的，其中有所變有所不變。倘若歷史變化中無「道」，他便無法從「已知」（「殷因於夏禮，所損益可知也；周因於殷禮，所損益可知也」）肯定「未知」（「其或繼周者，雖百世可知也」）。

這「因、革、損、益」的道理也具體呈現在儒家和墨家的學說上。根據《韓非子・顯學篇》的說法：「世之顯學，儒墨也……孔子、墨子俱道堯、舜，而取捨不同，皆自謂真堯、舜。」孔子重禮法，主張「君君、臣臣、父父、子子」，人與人相處各有其分。對孔子而言，禮法是通往「禮樂之邦」的理想境界所不可或缺。然而在此之上，孔子又提出了「仁」的概念。《論語・八佾》寫道：「人而不仁，如禮何？」孔子提出「仁」，表示他並不主張一味復古，而是作了有所損益、有所因有所革的「創造性詮釋」。孔子在傳統的框架中進行「詮釋」，但經過「詮釋」之後，「禮」有了本質性的基礎；對於孔子來說「仁」才是他的「一貫之道」。

於臣，是以行年七十而老斲輪。古之人與其不可傳也死矣，然則君之所讀者，古人之糟魄已夫！』」（《莊子・天道》）。

45　馮友蘭：《中國哲學史新編》（第一冊），藍燈文化出版社，一九九一年，頁138。

子曰：「賜也，汝以予為多學而識之者與？」
對曰：「然。非與？」
曰：「非也，予一以貫之。」（《論語・衛靈公》）
子曰：「參乎！吾道一以貫之。」
曾子曰：「唯。」
子出。門人問曰：「何謂也？」
曾子曰：「夫子之道，忠恕而已矣。」（《論語・里仁》）

將「忠恕之道」依據的原則化為正反兩面論述，是「己欲立而立仁，己欲達而達仁」（《論語・雍也》），和「己所不欲，勿施於人」（《論語・顏淵》）。從自身內在天然欲望反省（「仁」），進而推演出人倫秩序（「禮」）的「合理性」（「道」），如此「仁」是「禮」之「道」，「仁」的概念也豐富了「禮」的內涵。故此孔子學說不單肯定周人的人文精神、更是為這人文精神奠定了理論基礎[46]。

相對於孔子對周禮所作的因革，墨子對於詩、書、禮、樂也作了重要因革，但在方向上與儒家卻是全然不同的。原則上墨子並不反對禮法的精神，例如《墨子・尚同》篇記載，如「無君臣上下長幼之節，父子兄弟之禮」，則「天下亂焉」。《墨子・兼愛》中又說：「君臣相愛則惠忠，父子相愛則慈孝，兄弟相愛則和調」，也顯示墨子並不否認君臣、父子、兄弟間的關係不可一概而論；關係中人必須彼此相愛，方能惠忠、慈孝、和調。然而墨子所接受的禮法卻絕不同於儒家：「兼愛天下」之餘，他倡行的是一種儉樸、簡約、甚至刻苦的生活。他主張「節葬」與「非禮非樂」，無論是婚葬等人生大事或日常生活，都無須講究繁文縟節。因此在「節」與「禮」的實踐方面，墨家不僅與儒家分道揚鑣，墨子甚至認為厚葬久喪、弦歌鼓舞等等都「足以喪天下」（《墨子・公孟篇》）[47]。這使得亞聖孟子不得不跳出來批判墨子「無父、無君」，甚至是「禽獸」。

與孔子生於同一時代、同樣來自魯國、出身貧賤的墨子，針對同一套「王官之學」[48]，在實踐中竟然作出如此不同的因革，馮友蘭認為是與他的背景有關[49]。由於古代禮樂活動限於貴族，因此從平民的觀點來看，都是奢侈而「毫無實用價值」的。而孔子先人多為禮官，其本人自幼習禮，由實踐而思探究禮制根源，起始點自然與墨子不同。事實上，墨子學說由「興利」出發[50]，涵蓋範圍非常廣泛，政治、經濟、哲學、倫理、軍事、工技幾乎無所

46 勞思光：《中國哲學史》，香港：中文崇基書院，一九六八年版，頁34。
47 胡適：《中國古代哲學史》，台北：遠流出版社，一九八六年版，頁132。
48 余英時：《中國知識階層史論》〈古代篇〉，聯經出版事業公司，一九八〇年。
49 馮友蘭：《中國哲學簡史》（涂又光），北京大學出版社，二〇一三年版，頁51。
50 勞思光：《中國哲學史》，香港：中文崇基書院，一九六八年版，頁213。

不包，甚至發展出近似知識論的「三表法」。如果說儒、墨「同源」，則不但這兩者在範疇上與內涵上與其「源頭」有很大差異，彼此之間的差異更是可觀。

另外一個值得討論的例子是法家學說。根據司馬遷在《史記》裡對韓非子的記載，韓非子「喜刑名法術之學，而其歸本於黃老」（《史記．老子韓非列傳》）。「刑名之術」竟然由主張清靜無為的道家思想發展而來，似是不可思議；但在魏晉玄學以前，春秋戰國與西漢初年一些重要著作（例如「稷下黃老學派」重要著作《管子．心術上、心術下、白心、內業》、以及淮南王劉安的《淮南子》），老子的哲學詮釋取向是較具政治性的「黃老治術」，也就是一種將養生與治國並論的道家傳統，因此法家與道家的學說宗旨雖然不同，但是兩者之間確實存在一些關聯。政治上老子反對刻意人為的干預，韓非亦反對人為的過多干預，只是老子強調規律、反對人為干預是為免除政治控制的必要，但韓非強調規律、反對人為干預是要保障有效的政治控制；既然萬物莫不有規矩，規矩明白了，操控的尺度就有了——「理定、而物易割」、「理定、而後可得道也」。同樣的，老子強調無為，所以主張「治大國若烹小鮮」（《老子》第六十章）；韓非也強調無為，但是韓非的無為卻是要人任「法」而行：「烹小鮮而數撓之，則賊其澤；治大國而數變法，則民苦之，是以有道之君貴虛靜不重變法」（《韓非子．解老》）。這裡韓非以「變法」喻烹魚的「翻攪」，認為為政者不可朝令夕改；要能「不以智累心、不以私累己。寄治亂於法術，托是非於賞罰，屬輕重於權衡」（《韓非子．大體》）。簡單說，為政者不應以個人判斷取代制度，一切交給「法」就可以了。因此道家的無為成為法家的御下之術，而道家的智慧在法家實為陰謀，兩者基本精神並不相容。

《韓非子》「發揮」《老子》哲學，可以說是一種「選擇性的」、甚或「創造性」的詮釋；諸多老子思想在韓非的詮釋中避重就輕地被略過，而亦有許多老子思想中的菁華，被選擇性地詮釋、並加以擴大、改造，形成另一套前後一貫的政治主張。勞思光認為，法家「盜取」了道家的「靜觀之智慧」，以為統治之術[51]。但不論其論述是否「盜取」道家學說、是否不尊重老子的「作者原意」，這些都不是韓非子考量的重點；對他而言，重述古聖先賢的話，重點不在於「講的是否為原意」，而是當外在現實環境改變時，「講來作什麼」。

老子生卒年不可考，通常學者認定他是春秋早期的思想家，而韓非卻是戰國末期的人物；《韓非子》一書是在秦滅韓後，韓非在牢獄中撰寫的，他過世後沒有多少年，秦王朝就統一天下了。在這樣的時代再談小國寡民的政治理想，已經是不切實際的空話。因此在《韓非子》裡，作者點明了他的原則是「聖人不期修古，不法常可，論世之事，因為之備」（《韓非子・五蠹》）。同篇在著名的「守株待兔」寓言之後，韓非點明寓意：「今欲以先王之政，治當世之民，皆守株之類也。」換言之，世道在變，不能一味守舊，否則就像

51　勞思光：《中國哲學史》，香港：中文崇基書院，一九六八年版，頁213。

故事裡的守株之徒。韓非子對老子的詮釋，「創造性」與「破壞性」實為一體之兩面。

上述例子顯現了春秋戰國時期這種種藉「托古」自由發展論述的方式。孔子相當完整的保留了「王官之學」的外貌，但他並沒有固守殘缺，而是在此之上提出仁、義、禮之說，建立了完整的儒學理論、也改變了王官之學的體質與內涵。孟子承襲儒家傳統，但以「性善」論點破了儒家的道德主體理論52，這都是對於所托之「古」的發揚光大。相對的，墨家與法家學說所牽涉的，卻是整個方向上的改變。墨子基於「實用」、「簡約」原則，大幅「修剪」禮法，而韓非子所採用的則更接近一種「轉化」的手法；他幾乎只是將前人學說作為一種「藥引」或「觸媒」，藉著「托古」來發抒自己的看法。就如同「冬蟲夏草」的真菌孢子，轉化到後來，已經脫離了原先「被托」的學說原意，發展成一套立基點完全不同的學說。

這種「托古」與「因革」並進的思考方式，在儒學成為唯一顯學之後逐漸式微。漢以降，兩千餘年的中國歷史，在因革損益的彈性與創新性上，唯一能夠和春秋戰國時代相比擬的，只有印度佛學傳入中土之後的發展，以及不受科舉及政治力影響的藝術與文化創作。佛學傳入中土之後，天台宗的發展雖然沒有在邏輯上抵觸法華經的說法，智顗卻在詮釋空間的關鍵處，嵌入了「中道」與「開權顯實」等中國特色的詮釋，成為佛學轉化、也是本土化的推手。禪宗的發展歷程，更是滿佈「轉化」的痕跡。以「佛性」為例，在小乘佛教只是釋迦牟尼一人的專利；在大乘佛教，「佛」更是神通廣大、法力無邊。然而到了惠能南宗，在融合「儒、釋、道」三大系統的思想之後，「佛」卻轉化成為每人本來面目的自然顯現[53]。此外，禪宗的「轉化」也表現在它對於經書的重視程度。禪宗自印度起源就一直存在著「不立文字，教外別傳」的特殊傳統，但傳至中國後，不只是傳統經論上的文字概念不成為禪宗修行的限制，即便是修行過程中例如讀經、拜佛、坐禪等成規，也都被視為開悟過程中皆可打破的對象。在《六祖壇經》中有一則記載六祖弟子法達對惠能提出的僧侶讀經問題：

> 達曰：「若然者，但得解義，不勞誦經耶？」
>
> 師曰：「經有何過，豈障汝念？只為迷悟在人，損益由己。口誦心行，即是轉經；口誦心不行，即是被經轉。聽吾偈曰：『心迷法華轉，心悟轉法華，誦經久不明，與義作讎家。」（《六祖壇經》）

從六祖的回答態度中很明白：讀經也可，不讀經也可，關鍵在於修行者是否開悟。

思想領域之內，佛學可以說是中國這種體悟、轉化、創新典範最後一個成功的例子，但是如同第二章提到的，傳統的詩詞、繪畫、書法、甚至功夫的發展，無一不遵循這個

52 勞思光：《中國哲學史》，香港：中文崇基書院，一九六八年版，頁213。
53 洪修平：《中國禪學思想史》，台北：文津出版社，一九九四年版，頁197。

典範；一切皆由刻苦勤練「基本功夫」開始：詩詞文章必由背誦開始、書法由「描紅」起步、而少林寺的小沙彌無一逃得過「馬步」的嚴酷考驗。但是俗謂「師傅帶入門，修行在自身」，「學習」的最終目的絕不止於「模仿」。近代的國畫大師張大千不否認他曾經「仿古」；他不但仿遍唐、宋、元、明各大家[54]，「仿作」甚至瞞過行家、擾亂拍賣市場。但「熟能生巧」，掌握精髓之後，成功的關鍵仍在有所體會、並「轉」出自己的獨特風格——也就是創新。張大千如果沒有由模仿中練就出獨特的潑墨畫風，終其一生不過是一個買家痛恨的偽作者，又如何能成為享譽國際的國畫家？師父將徒弟「帶入門」，但學習最終的目的是「出師」、是「青出於藍」。因此在中國，獨立創作的因子可以說一直存在於文化當中；模仿與依賴不過是獨立創作的「前置作業」。

三、春秋戰國論述典範與西方的「不可共量」與「可共量」特質

以春秋戰國的論述典範來看，中西「不可共量」的明顯差異顯現在論述關懷的面向、論述性質，也顯現在論述方式上，但是這差異不在「有」、或「沒有」思、辯、創新、甚至邏輯和抽象思維；不同的，是多數人達到創新所經歷的過程。西方習慣以挑戰、質疑開創新命題；中國文人則藉由托古、體悟，從而轉化、創新，其中尤以體悟、轉化為關

鍵。以上述的幾個例子來看，我們可以將孔子、墨子與韓非子的轉化與創見歸之於他們與所「托」之「古」（例如周公之於孔子、墨子，老子之於韓非子）間存在的巨大差異。但是個人背景與時代差異的因素古今中外皆然；真正重要的，是孔子與韓非子都在論述中明白點出「與時」必須「俱進」。如果學習、體悟的終極目標只是個人學養，便沒有「因革」、也沒有「俱進」。因此由這個角度看，希臘哲人透過思辯「破舊立新」。中國文人對於前人的論述並沒有形式上的挑戰或否證；然而透過實踐與體悟，對「所托之古」作出因革損益，同樣得以發展新的論述，至少是殊途而同歸的。

春秋戰國論述典範另外一個與西方典範相似之處，是研究者的主體性明確。缺乏主體性，人無法挑戰、質疑，也同樣無從體悟、轉化。這一點也是春秋戰國之前與秦漢之後中國思想上一個很大的轉變。在科舉制度下，中國文人藉由苦讀聖賢之學培養自己的學養與文采，以達到「入朝為官」的終極目標。在這種社會文化脈絡之下，讀書人是「有待陶冶」的；在他們所研讀的典籍之前，他們是謙卑的、對於內容沒有、也不能有任何看法或意見；他們對典籍的接受是近乎百分之百的。唯有浸潤其中，他們才能將研讀的內容充分內化。讀書所追求的最高境界，因此是主客體的渾然合一，甚至我們可以說是將主體「消

54 可參見 http://www.360doc.com/content/12/0930/14/4223150_238895818.shtml 。

融」於客體之中。但是主客體一旦「渾然為一」，主體又如何體悟、轉化、並走出自己的路？典範的差異未必是學術發展關鍵，主體性的健在與否，卻具有絕對的關鍵地位。

正如前面所提到的，許多學者認定本土學術上的「模仿」與「盲目接受」，是思想習慣上的缺陷或民族性所致。但是與其詛咒民族性，不如說這現象是「學／政一體」的制度所造成的。漢武帝獨尊儒學、朝廷開科取士活絡了治理人才的晉用與社會的流動性，但也付出很大的代價。除了佛學所帶來的刺激之外，春秋戰國之後，諸子百家的盛世一去不復返。固然，這期間不能說毫無創新：司馬遷就曾經提出新的史學研究法[55]；當中也不是沒有流派之爭與激烈論戰；南宋朱熹與陳亮關於「天理」與「人欲」、「義」與「利」、「王」與「霸」之爭[56]，近世康有為與章太炎對於音韻訓詁看法的歧異都是例子[57]。上述種種顯示，中國思想並非一灘死水。然而整體來看，這種種和歐洲思想史上的衝撞轉折相比較，仍然只是「茶壺裡的風暴」。對照春秋戰國時代，思想上更是單調而貧乏。很遺憾的，這相對單調貧乏的思想型態從此成為中國的「標籤」；其間所採用的「治學」方法也成為牢不可破的傳統。

清末民初，「西學」正式成為高等教育的主要內容，一時間自古以來中國文人所奮力鑽研的典籍與文史作品都被歸為「國學」[58]。在高等教育分科施教的體制之下，「國學」與治「國學」的方法被限縮為中國文學、歷史與哲學的一部分，不再是所有知識份子的志業。「國學」雖然失去了「獨大」的地位，現代華人社會的小、中學校的教育方式——

尤其是多年來始終未曾消失的「考試文化」——卻仍然承襲了大部分「治國學」的傳統。學生進入大學以及研究所階段之後，他們的學習內容有了很大改變，但是中小學階段養成的思考習慣與心態卻不自覺地被轉移到社會科學教育上去。二〇一二學年度台灣的教師檢定考試，「教育原理與制度」一科的試題中有這麼一個關於詮釋學的題目：

> 關於詮釋學取向的教育社會學研究，下列何者為其基本觀點？(A)社會真實是固定不變的(B)人類互動過程產生社會建構的意義(C)實驗研究能準確掌握行為的真實意義(D)人類行為是依據客觀條件或普遍的意義。[59]

---

55 劉兆祐：《治學方法》，台北：三民書局，一九九九年版，頁7。

56 林海霞，〈醇儒與英雄之爭——論朱熹陳亮論戰〉，《康定民族師範高等專科學校學報》，二〇〇八年十七（四），頁44－46。

57 陳平原：《中國現代學術之建立：以章太炎、胡適之為中心》，台北市：麥田出版：城邦文化發行，二〇〇〇年，頁42。

58 王汎森：《中國近代學術與思想的系譜》，河北教育出版社，二〇〇一。

59 http://yamol.tw/item.php?id=330924, 2013.8.25.

雖然詮釋學源自歐洲，但是這種問題所遵循的，仍然是百多年前科考的「明經」典範，也就是考生對於文獻內容的熟悉與了解程度。這種考題在性質上不但與前面我們所提到的法國大學入學試的題目根本不同；與現今中國大陸與台灣的大學入學試題相比，更呈現了「一以貫之」的「科考式」教育與思考訓練方向。因此今天華人社會、以及許多其他非西方世界的教育體制在表面上都已經「現代化」，但是年輕人在成長過程中所培養的學習與思考習慣，卻是傳統的、本土的。而且在華人社會，這種「傳統」還是「科考傳統」、而非春秋戰國時代活力四射的「傳統」。換言之，除非從小接受西式教育，否則歷經各種大小考試的淬鍊進入最高學府的華人學子，通常都要到研究所、或甚至留學國外，才零零星星接觸到西方的學習方式與思考習慣。當外籍教授告訴一名留學生「這門課裡你真正收穫的，不是記住了多少知識、而是思考了多少問題」的時候，他可能感到深受啟發；但是「深受啟發」未必表示他就充分瞭解了這句話所代表的思維方式。

另方面，社會科學雖然講究方法，但是在大學及研究所階段，「研究方法」的教學通常只介紹研究工具的種類、以及使用這些工具的方法，並不交代方法背後的哲學基礎以及歷史文化脈絡。教科書不提，是因為教科書都來自西方，而在西方這些並沒有說明的必要；西方世界的年輕人在成長過程早已養成思辯的習慣。由小學階段的學習開始，教師和家長便引導他們往這個方向發展，到高中階段，他們的思辯能力已經接近成熟，因此西方的初、中等教育與高等教育能「無縫銜接」，但在華人與非西方國家就不是如此。

因此就華人學者而言，循思辯模式來進行社會科學研究有文化上明顯的障礙。這些障礙來自中國傳統上「學問」的本質、漢初以後文人「治學」的取徑、也來自於儒家所定位的師生關係。今天華人從事社會科學研究所出現的問題當中，固然有複雜的因素纏雜在內，但是許多學子對於自己師從對象的尊崇、相關學派論述的過分謙卑與幾近宗教式的執著、以及對於一項理論所引發論辯過程的輕忽卻是西方學界所少見的。華人知識份子在不自覺中，對於「知識」的想像與態度經常混雜著「學問」的成分，甚至我們可以說，經常是將西方的理論論述當成「聖賢之學」、而無視於兩者本質上的不同。同樣被轉移或混雜了社會科學研究法的，是秦漢以後的「治學」態度；我們斤斤計較自己對於文獻是否讀懂、讀通，但是不注重體悟、無從轉化，結果當然也就無法提出自己的學術主張。回到歷史，這些「特色」竟都可以在漢以後文人治學的態度、以及這個傳統所帶來的一種殘缺的、被閹割的思考方式找到蛛絲馬跡。

即使面對社會科學潛存的歐洲中心主義，華人學術社群多數並不認為本土化需要「去西方」，而應該在西方的基礎上發展新論述，這種立場與諸子百家的論述典範其實是相合的。只是參照古人「托古」，今人「托『西』」卻更似科舉時代。沒有了主體性，「托」的本身往往成為學術論著的目的；不但思辯的要旨難以掌握，即便是中國「原生」的學術發展模式，也因為缺少了「體悟」、「轉化」與「創新」的培養與根基而喪失了活力。今天離「獨尊儒學」的年代已遠，科舉也已廢除百年有餘，然而教育仍然沿襲科考模式，偏重記誦與理解。回顧過去，華人從事學術研究，確曾徹底脫離了那兩千餘年中國思想上的「黑暗時期」嗎？

表三—一：中西學術傳統差異

	中國文明	西方文明
歷史背景	大陸、農業立國	海洋、貿易經濟
世界觀	陰陽二元	實質一元論
關懷主旨	建立秩序	瞭解世界
目標	化成世界	征服世界
文獻性質	聖賢之學（儒家）	理論知識

方法取徑	治學：學習、體悟	求知：思辯
著重焦點	（秦漢以後）What：兩千年同一套經典，有如百公尺賽跑	How：不斷推衍的論述過程，有如越野接力賽
為學態度	藉題發揮（春秋戰國）／遵從權威（漢以降）	遵從（學術）規範
評價標準	學養文采	一家之言
主體性	主客體明確區分（春秋戰國）／主客體合一（漢以降）	主客明確區分

第四章
找路

我在中國思想史研究中所偶然引用的西方觀念都只有援助性的作用。我的立足點永遠是中國傳統及其原始典籍內部中所呈現的脈絡，而不是任何一種西方的「理論架構」。嚴格地說，沒有任何一種西方的理論或方法可以現成地套用在中國史的具體研究上面。[1]

不可否認的，每一個研究領域都有它自己的發展重點、路徑與型態，對於本土的相關議題，自然不可能有全然相同的答案。由余英時上述的一段文字可以看出來，「本土化」的問題對他而言幾乎是不存在的，因為他自始至終都立定在「原始典籍的內部脈絡」裡從事中國歷史的研究；即使引用西方觀念，也只是「輔助性質」。

1　余英時：《中國文化與現代變遷》，台北：三民，一九九五再版，頁221、頁223－224。

無論是學者個人或學術社群集體努力的成就，都值得借鑑。然而要參考余英時的例子，必須注意兩點：首先，余英時成功的一個重要原因，是他能夠有效地將研究成果以所有人——而非僅僅熟知中國傳統與原始典籍的華人——瞭解的方式呈現。也就是說，他在「中國」的「立足點」之上建立了與國際學界的溝通與對話；要能做到這一點，他仍然必須處理「異質文化」的問題。其次，不可否認的，整體而言在非西方學界，余英時的成功是個特例、而非常態。「回歸本土」仍然有一段漫長的路要走，當中所面臨的主要問題，除了心態上、學術環境上的障礙以及中西學術本質的不同，最關鍵的應該是「目標」和「取徑」兩個相互牽連的問題：這條漫漫長路該怎麼走？走到哪裡去？西方的思辯與科學研究本身提供了修訂與推翻理論與論述的機制，卻並沒有提供一套原則或方法可以讓我們細緻、妥善的去處理不同思想與文化傳統之間的學術對話。這個原本是所有學術社群在對話時所需要面對與處理的議題，卻因為西方在學術上的優勢地位，而成為非西方學界的任務。

本章先就「本土化」文獻中所提出的兩種主要取徑作一分析比較，接著再進一步探討其中牽涉到的一個根本問題：「特殊」與「普世」間的相互關係，以作為尋找解決方案的參考。

一、回歸本土的兩種取徑與目的

受到「後殖民」與「批判理論」的影響，非西方學界在討論「本土化」時往往以西方為論述對象——或者更精確一點說，是以揭發、糾正「歐洲中心主義」的偏差與誤謬、以便建立本身「學術自主性」為立論主軸。在激起非西方學界的「自覺」方面，「後殖民」理論的影響無須贅述，在這影響下非西方學者更深入瞭解本身的社會文化現象也值得鼓勵；然而就如同陳光興所指出的，「後殖民」的論述基調無形中制約了未來理論可能的發展空間，文獻中對於「如何」脫離學術殖民的討論著墨不深[2]。至於華人學界，近年來在討論「本土化」議題的時候多有期許；一方面要求研究能夠彰顯本土的語言、社會、與文化特質[3]，另方面強調發展理論論述的重要性。願景雖然豐富，「如何落實」的討論往

2 陳光興：《去帝國：亞洲作為方法》，台北市：行人出版：遠流總經銷，二〇〇六，頁3。

3 葉啟政：《社會學和本土化》，台北市：巨流，二〇〇一年版，頁101；黃光國：〈由建構實在論談心理學本土化〉，蘇峰山總編：《「社會科學理論與本土化」學術研討會論文集》，嘉義縣大林鎮：南華大學教社研所，一九九九，頁21；蔡勇美：〈蔡序〉，蔡勇美與蕭新煌主編：《社會學中國化》，台北市：巨流，一九八六年版，頁1－3；郭文雄：〈從社會學中國化觀點看中國少數民族政策與研究〉，蔡勇美與蕭新煌主編：《社會學中國化》，台北市：巨流，一九八六年版，頁151－164。

往同樣相對薄弱。綜觀「本土化」文獻中少數被提出來的方案，大致上不出「特定文化取徑」（culture-specific）（另稱 emic 取徑）、或「一般文化取徑」（也稱為 eitc 取徑或普世取徑）兩個方向。主張「特定文化取徑」的學者認為，學術研究必須首先要反映研究的社會文化脈絡以及人們的需求與關懷重點；理論應該是在這樣的基礎上發展出來的，同時也只能適用於這個文化。因此所有認為「本土化」應以建立「本土論述」為主的，特別是建立「本土的」概念、方法與理論體系的主張都可以歸為「特定文化取徑」一類[4]。而「一般文化取徑」則將重點放在文化之間的共通性（commonality）與一致性（unity），這包括發展參與國際學術發展、超脫現存的、以西方社會為主的狹窄範疇，建立更具前瞻性與普世性的論述或「另類感知模式」[5]。兩者之間的差異在重點：本土的獨特性或共同性，也在終極目標：「本土理論」、或「普世理論」。以下我們就這兩種主要取徑作更詳細的分析。

（一）特定文化取徑（culture-specific approach）

這個取徑與「歷史相對論」、「解構主義」、「後現代」與「後殖民論述」的學術走向是相互呼應的。有本土心理學家認為，文化殊性是意義編排的問題；如果使用西方文化意義所編制的理論及工具做跨文化驗證時，文化載體不能支撐理論，則即使獲得與西方相似的結果，也不能證明理論的普世性[6]。採取特定文化取徑的學者因此重視歧異性與多元

4 郎友興、王小章：〈社會心理學中國化的方向與途徑〉，載《浙江社會科學》一九九四年第三期；蔡勇美：〈緒論〉，蔡勇美與蕭新煌主編：《社會學中國化》，台北市：巨流，一九八六年版，頁11；劉融：〈精神健康社會學中國化之初探〉，蔡勇美與蕭新煌主編：《社會學中國化》，台北市：巨流，一九八六年版，頁73－88；許紀霖：〈本土化的理論誤區〉，《香港社會科學學報》，一九九四年秋季號。

5 葉啟政：〈全球化趨勢下學術研究「本土化」的戲目〉，鄒川雄、蘇峰山編：《社會科學本土化之反思與前瞻：慶祝葉啟政教授榮退論文集》，嘉義縣大林鎮：南華大學教社所出版，高雄市：復文圖書總經銷，二〇〇九，頁23；翟學偉：〈論心理學中國化的方向〉，《社會心理學》第三期，一九九三年；蔡勇美：〈蔡序〉，蔡勇美與蕭新煌主編：《社會學中國化》，台北市：巨流，一九八六年版，頁1－3；蔡勇美：〈緒論〉，蔡勇美與蕭新煌主編：《社會學中國化》，台北市：巨流，一九八六年版，頁10；林南：〈社會學中國化下一步〉，蔡勇美與蕭新煌主編：《社會學中國化》，台北市：巨流，一九八六年版，頁29－44；蔡文輝：〈派深思理論與中國社會：兼論「社會學中國化」問題〉，蔡勇美與蕭新煌主編：《社會學中國化》，台北市：巨流，一九八六年版，頁45－71；石之瑜：〈政治學是一種政治主張：有沒有中國人自己的主張〉，朱雲漢、王紹光、趙全勝編：《華人社會政治學本土化研究的理論與實踐》，台北市：桂冠，二〇〇二年，頁57－97。

6 余德慧，〈本土心理學的基礎問題探問〉，葉啟政編，《從現代到本土：慶賀楊國樞教授七秩華誕論文集》，台北：遠流，二〇〇二年，頁155－183、頁158。

性，並質疑深植於啟蒙時期（Enlightenment）一些基本的、科學研究的價值、原則與做法，例如：客觀性、理性、標準測量工具的使用、以及典範與理論的普世性等[7]。概念與命題的歷史文化與脈絡，被認為是我們瞭解、詮釋與作判斷的關鍵；甚至一貫居於歐洲思想核心地位的「絕對真理」與「普世性」也都被認為是「多元」的[8]。

由後殖民主義的角度來看，特定文化取徑更是對於歐洲中心主義問題一個有效的回應；它直接否定霍爾（Stuart Hall, 1956－）所形容的、「以西方標準分類比較與排列社會」的正當性[9]；換言之，要擺脫寄生於「殖民主義」的命運、抗衡「歐洲偏見」所帶來的影響，就必須「去帝國」以超越現有論述的侷限[10]。根據這樣的準則，「人」絕對不能等同「歐洲人」，因為他也是「亞洲人」、「非洲人」或是「華人」[11]。一方面我們需要認清「歐洲」不過是另一個「本土」想像的標的[12]，另方面必須將所有個人態度、行為與社會組織的結構與現象，移轉到本土／在地的架構之下來瞭解與分析。既然不同文化與知識傳統在知識論、本體論、與方法論上都有區別[13]，亞非學者即使不可能「去西方」，也必

7 Robert B. Lawson, Jean E. Graham, Kristin M. Baker, *A history of psychology: globalization, ideas, and applications*(Upper Saddle River Nj:Pearson/Pretice Hall,2007,)p.13.

8 Walter D. Mignolo, "Prophets facing sidewise: The Geopolitics of knowledge and the colonial difference," *Social Epistemology* 19.1 ,2005,p. 111-27.

9 Stuart Hall and Bram Gieben, ed., *Formations of modernity* (Cambridge: Polity Press in Association with the Open University., 1992,p.277.

10 陳光興：《去帝國：亞洲作為方法》，台北市：行人出版：遠流總經銷，二〇〇六。

11 Anouar Abdel-Malek, *Social Dialectics: Civilisations and social theory Vol.I* (New York: State University of New York Press, 1981)、Immanuel Wallerstein, *European universalism: The rhetoric of power* (New York: The New Press,2006,)p.35.

12 Dipesh Chakrabarty, *Provincializing Europe: Postcolonial thought and historical difference* (Princeton, N.J. : Princeton University Press,2000).

13 Molefi Kete Assante, "De-Westenizing communication: strategies for neutralizing culture myth," in Georgette Wang,ed., *De-Westenizing Research: Altering Questions and Changing Frameworks* (London and New York: Taylor & Francis, 2010,)p.21-27;Min-Sun Kim, *Non-western perspectives on human communication: Implications for theory and practice* (Thousand Oaks, Calif: Sage Publications, 2002) ; Yoshitaka Miike, "An Asiacentric reflection on Eurocentric bias in communication theory," *Communication Monography*, 2007,74(2),272-8; Guo-Ming Chen and William J. Starosta., "Asian approaches to human communication: A dialogue," *Intercultural Communication Studies,* XII-4, 2003,p.1-15.

須以亞洲或非洲為認同對象、並建立以地區為中心（Asiacentricity, Afrocentricity）的論述脈絡與體系。翟學偉與郎友興認為本土化是要建立一個關於中國人社會心理及行為的知識體系與理論框架[14]，都是在同樣思想脈絡下提出的主張。

根據三池賢孝的說法[15]，「非洲中心」與「亞洲中心」反映的是一個理論上的命題，研究人員應該將文化價值與想法放置在學術研究的中心，所以以亞洲或非洲為中心的方法，是由亞洲或非洲人的角度來看現象。亞洲或非洲人不再是「被研究對象」、而是「研究者」；同樣的，所有的概念、比較類目、命題、原則、與研究資料都必須植基於各自「文化傳統」的理論[16]；如此便沒有任何一個研究與理論化的方法，在結構上或體制上必然是更優秀的[17]。「一般性」可以在同一地區文化的共通特性上建立起來[18]，但絕不是「普世」的[19]。許紀霖對於「中層理論」的主張就代表了這一類看法[20]：

14 見楊宜音：〈社會文化視野下的社會科學：近期中國大陸社會科學本土化及規範化論述析評〉，阮新邦、朱偉志編：《社會科學本土化：多元視角解讀》，美國紐澤西：八方文化：社會科學文獻出版，二〇〇一年版，頁325－326。

15 Yoshitaka Miike, "Non-Western theory in Western research? An Asiancentric agenda for Asian communication studies," *The Review of Communication*,6(1-2),2006,p.4-31.

16 Yoshitaka Miike " Theorizing Culture and Communication in the Asian Context: An Assumptive Foundation," *Intercultural Communication Studies*, XI-1 ,2002.

17 Yoshitaka Miike, " Beyond Eurocentrism in the intercultural field: searching for an Asiacentric paradigm" ,William J. Starosta and Guo-Ming Chen,eds., *Ferment in the intercultural field : axiology/ value/ praxis* (Thousand Oaks, Calif. : Sage, 2003,) p.243-276.

18 Yoshitaka Miike " Theorizing Culture and Communication in the Asian Context: An Assumptive Foundation," *Intercultural Communication Studies,* XI-1 ,2002; Yoshitaka Miike, "Beyond Eurocentrism in the intercultural field: searching for an Asiacentric paradigm" ,William J. Starosta and Guo-Ming Chen,eds., *Ferment in the intercultural field : axiology/ value/ praxis* (Thousand Oaks, Calif. : Sage, 2003,) p.243-276; Miike, Yoshitaka, " Rethinking Humanity, Culture,and Communication: Asiacentric Critiques and Contributions," *Human Communication: Journal of the Pacific and Asian Communication Association*, 7(1),2004, p.61–82;J.Yum, " Korean philosophy and communication," in Lawrence Kincaid,ed., *Communication theory: Eastern and Western Perspectives* (San Diego, Calif. : Academic Press, c1987.)

19 Guo-Ming Chen and William J. Starosta., " Asian approaches to human communication: A dialogue," *Intercultural Communication Studies XII-4*, 2003; Min-Sun Kim, *Non-western perspectives on human communication: Implications for theory and practice* (Thousand Oaks, Calif. : Sage Publications, 2002).

20 許紀霖：〈本土化的理論誤區〉，《香港社會科學學報》，一九九四年秋季號，參見 http://www.douban.com/group/topic/13875711/

……如果我們的社會科學在本土化方面要有所突破的話，其可能的突破口也許在「中層理論」層次，在具體的解釋框架和分析架構方面建立自己的操作性理論。……累積多了本土化程度提高。相當數量的成功範例為國際學術所接受和認可時，就有可能形成我們自己的社會科學理論體系和學術流派。

「特定文化取徑」一個突出的例子，是電影研究。在這個領域，「本土化」爭議早在二十年前，當西方學者開始重新檢視「符號學」（semiotics）、「精神分析理論」（psychoanalysis）、「女性主義」（feminism）與「批判理論」（critical theories）論述的「普世性」時，已經開始[21]。過去二十年間，華人學者成功地將「文藝片」這個華語影片類型建立為電影研究的一環，這樣的轉變顯示「東方」已經不再是一個被研究的「他者」或「客體」（object）、「西方」也不再是唯一可以提供解析理論框架的一方。隨著西方學者重新自我定位、學習語言以及在文化上同化的努力，「東」、「西」的緊張對立也逐漸消解。

無論是以亞洲或任何國家或文化為中心來建構知識體系，特定文化取徑都凸顯了文化與文化之間的差異、源自歐洲知識的侷限、以及更重要的，確立非西方學術研究「主體」的重要性。它對於「特殊性」的專注與「研究回歸本土」的訴求，更刺激亞非學者發掘各種另類論述。但是也有學者警告，特定文化取徑的部分主張很容易讓「本土化」重蹈「相對主義」與「文化中心主義」的覆轍。太執著於「本土」，堅持所有理論論述必須「專屬」於一種文化、所有一切必須「取之斯、用之斯」，以及「只與本土社群之內的成員對話」、「只適用本土標準」等等主張，都會造成概念上的矛盾與發展的侷限。以上幾點我們可以分開兩部分來討論：

1　絕對「特殊」的可能性

正如我們在第一章提到的，理論起自人類生活的文化社會場域，必然反映這文化社會的需求與價值觀。然而「文化的『專屬』理論」更進一步要求所有概念、比較類目、命題、原則、與研究資料等等都必須「完全」來自本土的文化傳統，由此形成的理論也只適用於這一文化傳統的範疇。這些條件有兩個問題，第一，理論、概念、與命題等等本身是歐洲啟蒙的產物[22]，跳脫西方學術框架，我們未必能夠在非西方文化的範疇內找到現代

21 Emilie Yueh-yu Yeh, “Pitfalls of cross-cultural analysis: Chinese Wenyi film and melodrama,” in Georgette Wang,ed., *De-westernizing communication research : altering questions and changing frameworks* (London ; New York : Routledge, 2011) p.99-115.

22 P.Wong, M.Manvi and T.H.Wong, “Asiacentrism and Asian American Studies?,” In M. Omi and D. Takagi ,Eds., *Thinking theory in Asian American Studies [Special issue]*. *Amerasia Journal*, 21, 1/2, 1995,p.137-147.

意義的「概念」、「命題」、「理論」，正如我們很難找到一種原生於美國的、但與中國白臉黑眼圈的大貓熊一模一樣的動物。因此「『專屬』於非西方文化傳統的『理論』」本身，已經存在概念上的矛盾。其次，標榜某一理論「專屬」於某一文化，目的是凸顯文化的獨特性以及文化之間的差異性。然而「專屬」在這裡又有陷阱：理論既然是一種具有「一般性質（generality）」的命題，則「『專屬』某一文化的理論」所表達的意義，是該理論不適用於這一文化範圍之外、卻適用於範圍之內的所有人及現象。這個說法似是清楚明白，但仔細看卻有兩個問題。首先，是「文化」如何劃定範圍？以「中國文化」為例，以中國的國界之內為範圍似乎是最簡便的辦法。然而數千年來中國版圖不但一變再變，內涵也不相同。何況文化不是國家，今時今日人口遷移與網路科技等因素都使得「文化界線」日益模糊。再者，文化體系之間有「異」必然有「同」；同樣的，文化體系之內有「同」、但也必然有「異」。「歐洲中心主義」受到批評，是因為它漠視文化間「有異」；但如果我們因此而只專注於文化間的「異」，則不但忽略了異文化之間「有同」，同樣也忽略了文化之內必然「有異」。如果要確保文化之內有百分之一百的「同」，那麼本土知識的文化特殊性最後是否要縮小到以每個個人為單位[23]？中國——以及任何文化——因此不但不是「固定不變」與「不證自明」的[24]，甚至「證」了也未必「明」。

在現實世界裡，絕對「特殊性」與絕對「普世性」一樣，都是難以達成的；這也是「相對主義」所面對的問題。

2 多重學術標準的可行性

在今天西方知識體系獨步全球的情況下，要做到上述「無中生有」——捨棄所有包括理論、方法、典範或知識論這些思考框架，在一個清楚定義的本土基礎之上發展出一套完整的、純然自給自足的「另類」知識體系不是不可能，但是困難度無疑是很高的。但如果我們假定一套完全拋開西方社會科學典範、「專屬」於華人的「知識體系」（而非僅只理論）是可能存在的，則這個體系不單要反映華人「專屬」的文化社會脈絡，並且背後還包含與其他文化族裔都不相同的認識論、本體論與方法論典範。作為「本土化」努力的目標，這樣一個純然本土的知識體系與「知識論」上的「多元論」（pluralism）與「方法論」上

23 余德慧，〈本土心理學的基礎問題探問〉，葉啟政編，《從現代到本土：慶賀楊國樞教授七秩華誕論文集》，台北，遠流，二〇〇二年，頁155－186、頁160；石之瑜：〈社會科學本土研究的知識論札記〉，《國家發展研究》第二卷第一期，二〇〇二年二月，頁179－202、頁185－186。

24 黃旦：〈問題的「中國」與中國的「問題」〉，《理論與經驗——中國傳播研究的問題與路徑》，黃旦、沈國麟編，上海：復旦大學出版社，二〇一三年版，頁41。

的「相對主義」（relativism）的立場是一致的。「多元論」主張世界上真理不只一種，而「相對主義」則認為任何觀點都不可能絕對為「真」、或絕對「有效」；一切都受觀察角度與主觀考量影響、都是「相對」的。既然任何一個知識體系都是獨一無二的、都「專屬」於某一文化，則「真理」僅僅存在於一個在地社群，也只能夠由那一個特定社群的標準來評判，任何人都不會有能力來瞭解自己之外的、任何聲稱為「真」的說法[25]；因為所發展出來的主張（truth claims）彼此間都是本質上根本不同、「不可共量」、也「不可比較」的。

正如翟學偉所說的，「……任何研究還是要有一個框子」，框子可以擴張、變化，但「走出了這框子，我們就不知道對方在說什麼。」[26]因此前述這種「絕對相對主義」的思考邏輯無疑有其矛盾之處；假使每個文化都有其專屬的知識體系，而這體系又都有其「專屬」的學術評鑑與比較標準，那麼如何在更高層次上審視每一個獨立學術社群所產出的知識品質[27]？只關注「本土差異」之所以不可行，不單在於它忽略了系統中「開放成素」[28]的存在、也忽略了整體學術社群的存在；「相對主義」本身無法提供一個可行的方案來取代整體社群，提供各「次社群」存在、認同與對話的基礎，也因此無法瞭解學術領域之內的分歧與不相容性。

今天「本土心理學」（indigenous psychology）與「文化心理學」（cultural psychology）[29]如日中天，越來越多的學者主張不同社會文化應該強調不同的關懷重點、議題與取徑。然而，也有學者開始擔心過度強調文化獨特性與文化差異的趨勢，各社群沒有共同接受的標準，

會導致知識的不斷分化，進而影響心理學界的未來發展[30]：余德慧說，心理學的知識生產

25 Kristensen, Kristoffer Slife Brent D. and Yanchar, Stephen C., "On what basis are evaluations possible in a fragmented psychology? An alternative to objectivism and relativism," *The Journal of Mind and Behavior*, 21 (3), 2000,p.281.

26 阮新邦、朱志偉：〈序〉，阮新邦、朱偉志主編：《社會科學本土化：多元視角解讀》，美國紐澤西：八方文化：社會科學文獻出版，二〇〇一年版，第 xi 頁。

27 Kristensen, Kristoffer, Slife, Brent D. and Yanchar, Stephen C., "On what basis are evaluations possible in a fragmented psychology? An alternative to objectivism and relativism," *The Journal of Mind and Behavior*, 21 (3), 2000,p.278.

28 勞思光：《西方思想的困局》，北京：北京大學出版社，二〇一四年版。

29 「民族心理學」（ethnopsychology）研究種族的心理。文化心理學則是由人類學發展而來，主要研究文化與意識（conciousness）相互形塑的過程，Richard A. Shweder and Maria A. Sullivan, "Semiotic Subject of Cultural Psychology," in Lawrence A. Pervin,ed., *Handbook of personality : theory and research* (New York : Guilford Press, 1990).

30 Kristensen, Kristoffer, Slife, Brent D. and Yanchar, Stephen C., "On what basis are evaluations possible in a fragmented psychology? An alternative to objectivism and relativism," *The Journal of Mind and Behavior*, 21 (3), 2000,p.273-288.

不能被殖民，但也不能過度反殖民而使心理學分崩離析，就是反映了這樣的顧慮[31]。要避免「相對主義」與「本土主義」造成學門崩解，克里斯天森等人認為，統整心理學研究必須要由在地的道德角度來孕育一套「一般」的、「普世」的、非獨惠任何「本地」的學術規則，但這套規則必須同時又要對於不同學術社群之間的「不可共量」差異維持很高的靈敏度[32]。要做到這一點，其難度顯然是很高的，但是現在的趨勢確實令許多人憂慮。

簡單說，「特定文化取徑」有其貢獻，但如果過度強調「特殊性」，就很容易使得「本土化」的努力流於浪漫與放縱、陷入「原生主義」（essentialism）與「文化中心主義」（culturecentrism）的泥沼[33]。布羅克（Adrian C. Brock）警告說，植基於本土的知識種類變化多端，如果我們只看差異，最終可能淪於偏狹[34]。不單如此，對於獨有的、不同的、以及傳統的過度重視會讓歷史過程在時間中凍結，從而使我們忽視文化的動力與流動本質、以及因為現代化等因素而產生的改變[35]。它不但把某一種「特殊」（particular）與其他的「特殊」分隔開來，也消蝕了比較研究、建立對話、以及發展一般性的可能性。「特定文化取徑」將「西方」與「本土」放置在一個二元對立的框架下，所採取的是與「歐洲中心主義」雷同的手法；這也是「後殖民」與「後現代」學者經常犯的錯誤[36]。這麼做常常使我們過早放棄進一步思考與深入探討議題，從而失去了在不同世界觀之下，發展新研究觀點的機會。

另外一個「特殊文化取徑」也無法避免的挑戰，是前面提到的：除非我們成功地發展出一套徹頭徹尾的「中華」或「亞洲」知識體系，否則理論建構——無論是否專屬某一文化——就仍然必須在「西方的」學術框架下完成。如此「去西方」就是一種不切實際的想法，而當中必然也仍會出現「異質文化」、以及異質文化背後的世界觀、文化價值等等與主流典範不全然相容的情況。實際上，從事學術研究所碰觸到的，並不僅僅是主流西

---

31 余德慧：〈本土心理學的基礎問題探問〉，葉啟政主編：《從現代到本土：慶賀楊國樞教授七秩華誕論文集》，台北：遠流，二〇〇二年版，頁159－160。

32 Kristoffer, Kristensen, Brent D. Slife & Stephen C. Yanchar, " On What Basis are Evaluations Possible in a Fragmented Psychology? An Alternative to Objectivism and Relativism," *Journal of Mind and Behavior* 21 (3),2000,p.282.

33 Wimal Dissanayake, " Asian approaches to human communication: Retrospect and prospect," *Intercultural Communication Studies*, 12 (4),2003, 17–37; Gholam Khiabany, *Iranian media: The paradox of modernity* (New York, N.Y. : Routledge, 2010).

34 Adrian C. Brock ,ed., *Internationalizing the history of psychology* (New York : New York University Press, 2006).

35 Wimal Dissanayake, " Asian approaches to human communication:Retrospect and prospect," *Intercultural Communication Studies*, 12 (4),2003, 17–37.

36 Jack Goody, *The theft of history* (Cambridge: Cambridge University Press,2006).

方、也常常包括其他文化傳統的思想或研究成果。即使研究者採取例如余英時般純然「本土」的研究策略，除非他將自己放逐到學術的孤島上去、與世隔絕，否則要在學術社群中生存、仍然必須以他人得以瞭解的語彙及方式將這「純然本土」的成果呈現出來；也就是說，「異質文化」的問題依舊是迴避不了。這些問題都是我們在考慮「本土化」的終極目標時所無法迴避的。

（二）一般文化取徑（Culture-general approach）

經常被認為在概念上與「特定文化取徑」站在對立面的，是「一般文化取徑」。顧名思義，「一般文化取徑」的最終目的，是建立普世的理論與典範。採取這個立場的學者認為，我們固然需要將社會科學研究放回歷史文化與社會脈絡之中，但追求專屬於某一個文化的理論並不是最終的目標[37]；研究的重點在發掘文化與文化之間的「共同性」，由使用在地特色、語言與概念分析在地行為開始，一步步提升普遍性的層次，最終建構一個能夠「解釋全人類行為的超大型結構性知識」。這與李伯重、周曉虹與勞思光「將中國放置在世界（知識體系）之內」、而非「中國相對於世界」（China against the world）的主張[38]，是殊途同歸的。

相對於「特定文化取徑」將西方視為一個學術霸權，從而將焦點放在「本土」的「特殊性」上，「一般文化取徑」所需要處理的西方，毋寧是眾多「本土」中的一個，所重視的是這些「本土」所共有的部分。在這個角度之下，歐洲學者所建構的社會科學理論也不離其「特殊」本質。今天的問題在於多數人將歐洲的知識典範當成普世的知識典範、而忽略了它的侷限性。對於這個現象，恰夸巴提的建議不是排除「西方」，而是將之「地方化」——通俗一些的說法，是「打回原型」[39]；放在社會科學本土化的脈絡裡來

---

37 石之瑜：〈政治學是一種政治主張，中國人有沒有自己的主張〉，《華人社會政治學本土化研究的理論與實踐》，桂冠出版社，二〇〇二年版，頁57－81；A. Goonasekera and E.Kuo, "Foreword," *Asian Journal of Communication*, 10(2),2000,p.vii-xii; G. Wang and V. Shen, "Searching for the meaning of Searching for the Asian Communication Theories", *Asian Journal of Communication*, 10(2): 14-32.

38 周曉虹，見楊宜音：〈社會文化視野下的社會科學：近期中國大陸社會科學本土化及規範化論述析評〉，阮新邦、朱偉志主編：《社會科學本土化：多元視角解讀》，美國紐澤西：八方文化：社會科學文獻出版，二〇〇一版，頁327；王曦影：〈訪清大教授李伯重〉，《光明日報》，二〇〇二年七月十日；勞思光：《西方思想的困局》，台北：台灣商務印書館，二〇一四年版。

39 Dipesh Chakrabarty, *Provincializing Europe: Postcolonial thought and historical difference* (Princeton, N.J. : Princeton University Press,2000).

解釋，就是掀掉它「普世」的假面具、回歸「特殊」本貌。

與「『還原』歐洲的本土面貌」同等重要的，是「一般文化取徑」不單肯定非西方社會的思想與文化傳統對本土研究的貢獻、也在積極開發其在「普世理論」方面的巨大潛能。例如恩里克茲（V. G. Enriquez）就相信本土心理學是通往更包容、更不種族中心普世心理學的一個階段[40]；近年來不少管理學者也持同樣的看法[41]，李平（Ping Li）更以「道」為本體論，「陰陽」為認識論，以及「悟」為方法論，嘗試建立一套源自中國思想的學術典範來分析信任、遊戲與創意（trust, play and creatity）間的關聯性，並以此與西方對話[42]。和「歐洲中心」論述不同的，是此處所追求的「普世性」不再是「歐洲版本」的「普世性」、而是「普世的」「普世性」（universal universality）。

與「特定文化取徑」比較，「一般文化取徑」避開了許多定義上、以及實際操作上的陷阱。兩者最主要的差異，是「一般文化取徑」既不抗拒西方、也不獨惠本土；也就是說，它既不排斥普世、也不專注特殊。這樣的取徑不走極端，但在西方典範中運作，卻也和「特定文化取徑」一樣，面對兩個難題：

40 V.G. Enriquez, "Developing a Filipino psychology," in Uichol Kim and John W. Berry, eds.,

Indigenous psychologies : research and experience in cultural context (Newbury Park : Sage Publications, 1993; Y. H.Poortinga, " Do Differences in behavior imply a need for different psychology?," *Applied Psychology: An International Review*, 48,1999,p.419-432.

41 M. W Morris, K. Leung, D.Ames & B.Lickel, " Views from inside and outside: Integrating emic and etic insights about culture and justice judgment," *Academy of Management Review*, 24(4), 1999, p.781-796; S.B.Rodrigues,R.D.Duarte & A.P.Carrieri, " Indigenous or imported knowledge in Brazilian management studies: A quest for legitimacy?," *Management and Organization Review*, 8(1),2012, p.211-232;T.Fang, " Asian management research needs more self-confidence: Reflection on Hofstede(2007) and beyond," *Asia Pacific Journal of Management*, 27(1),2010,p.155-170; K.E.Meyer, " Asian management research needs more self-confidence," *Asia Pacific Journal of Management*, 23(2),2006,p.119-137;A.S. Tsui, " Contributing to global management knowledge: A case for high quality indigenousresearch," *Asia Pacific Journal of Management*, 21(4),2004,p.491-513; S.White, " Rigor and relevance in Asian management research: Where are we and where canwe go?," *Asia Pacific Journal of Management*, 19(2–3),2002, p.287-352.

42 Peter Ping Li, "The wisdom of ambiguity as open-ended foolishnesss for creative potentiality: The Salience of metaphor to open-minded exploration for creditive insight," *Management and Organization Review*; Peter Ping Li , " Toward an Integrative Framework of Indigenous Research : The Geocentric Implications of Yin-Yang Balance." *Asia Pacific Journal of Management*, Vol. 29, No. 4, 2012, p. 849-872.

1 學術論述中「異質文化」的問題

「本土化」強調的既然是「特殊性」，那麼在追求「普世性」時，要如何處理我們先前一再強調的「知識傳統」與「社會文化脈絡」的獨特性？楊中芳問：「如何安置歷史文化脈絡」[43]，其實這不僅僅是一個「如何執行」的「研究方法」問題，更是一個概念上與思想上的「方法論」問題。無論「特定文化取徑」、或「一般文化取徑」，只要研究過程中一牽涉到不同文化所孕育的思維，就必然遭遇這「如何對待根本差異」的「異質文化」問題。

2 概念上「特殊」與「普世」兩相對立的問題

華勒斯坦（Immanuel Wallerstein）提出「普世的普世性」作為「本土化」的最終目標[44]。他強調這「真正普世」的普世性絕不是「加之」於我們、而是超越強者意識型態、達到對於「善」的真正共同體會[45]，是由所有人共同創造的。概念上，「普世的普世性」與本土心理學的「世界心理學」或「全球心理學」概念有異曲同工之妙，只是後者並不要求將殊異性化約成公分母，而是經由連結全球殊異文化的心理學而發展出一種機制；其目的不在尋找普世性，而在產生另一層面的全球知識論。如此不再只有一種、而是「一群」心理學[46]。「普世的普世性」與「全球心理學」模式為我們提供了傳統「普世性」概念以外的可能性，然而這兩個選項也都存在「怎麼做」的問題。華勒斯坦承認，瞭解普世價值並不容易、甚至也看不出有什麼方法可能做到。對於這個問題，華勒斯坦雖然沒有答案，但是至少點出了問題所在。至於「全球心理學」模式雖然只要求連結，但彼此相異的本土心理學要在什麼基礎上連結、又如何產生全球知識論，同樣沒有清晰的答案。

上述這種困境，可以說是「特殊」與「普世」在傳統西方思考方式下的對立關係所造成的；如果概念上「本土」所代表的是「特殊性」（particularity），則它也必然代表了對於科學理論「普世性」的質疑、挑戰與否定。「普世性」與「特殊性」是一組對立的、彼此互不相屬的極端概念（dualistic concepts）。就如同黑／白、善／惡、或對／錯，兩者必

---

43 楊中芳：〈試論如何深化本土心理學研究：兼評現階段之研究成果〉，阮新邦、朱偉志主編：《社會科學本土化：多元視角解讀》，美國紐澤西：八方文化：社會科學文獻出版，二〇〇一年版，頁123－125。

44 Immanuel Wallerstein, *European universalism: The rhetoric of power* (New York: The New Press,2006).

45 Immanuel Wallerstein, *European universalism: The rhetoric of power* (New York: The New Press,2006).

46 余德慧：〈本土心理學的基礎問題探問〉，葉啟政主編：《從現代到本土：慶賀楊國樞教授七秩華誕論文集》，台北：遠流，二〇〇二年版，頁159

然是「非此即彼」、不可能同時成立的；彼此之間也不可能融合或發展出類似陰陽的相生關係。正如同一隻白天鵝不可能同時也是一隻黑天鵝，我們無法由「黑」去推出「白」、也不能由「錯」去發展出「對」、或由「特殊化」的結果產生「普世性」。這種「特殊／普世」的「絕對化」、以及彼此之間的矛盾與對立關係彼此環環相扣，也是「本土化」議題上最棘手的一個關鍵。

近年來在「本土化」論述裡面，「一般文化」與「特定文化」取徑間的鴻溝仍在醞釀當中。兩個取徑不但指向本土化不同的最終目標，同時反映了德里克（Arif Dirlik）所描述的[47]，知識論的「普世主義」（epistemological universalism）與知識論的「多元文化主義」（epistemological multiculturalism）之間的衝突，也彰顯了建構全球現代性的不同力量。表面上，上述僵局是由「一般文化」與「特定文化」取徑，和知識論的「普世主義」與「多元文化主義」所造成的；但背後牽涉的是西方「一元論」（monism）思維框架下「特殊」／「普世」之間的矛盾與對立、以及更為深遠的哲學議題。如果不嘗試脫離這樣的困境，我們會陷入在「特殊性」與「普世性」之間二選一的難題、以及隨著這兩個選項而來的下一波難題，最終可能將整個社會科學本土化的努力帶入一個意識型態的僵局。但是要由僵局中走出來，我們就必須先瞭解它形成的原因，而這個原因又牽涉到兩千多年來西方思想論辯當中對於普世性看法的轉變、以及其「一元論」的根源。

二、關鍵與弔詭：普世性與「一」「多」的論爭

在歐洲思想，「普世性」是一個歷史悠久的概念。早在蘇格拉底之前，便已經有泰勒士（Thales of Miletus, 624~546B.C.）等哲學家，設法以「一般性的通則」——而非神話——來解釋最終的實有（the ultimate reality）、世界的存在與種種變化。由於宇宙根源只有一個「唯一實體」，也即「真理」、或「普遍形式」的理念或性質，因此究竟什麼是這「真理」，便成為思考與論辯的重點。以希臘時代柏拉圖以及中世紀唯實論與唯名論[48]的爭論來分析，我們可以發現這兩種思想典型都會碰觸到一個問題，就是「普遍」與「特殊」關係的「兩端」，究竟哪一邊是更基本或更真實的，而哪一邊是衍生的或較不真實的。對唯名論和亞里斯多德而言，首要實在的是作為「特殊」（particular）的個別實體；概念上的普遍

47 Arif Dirlik, "Our ways of Knowing-and what to do about them?," in Arif Dirlik,ed., *Pedagogies of the global; Knowledge in the human interest* (Boulder CO;Paradigm,2006).

48 稱「唯名」論，因為它主張語詞概念只是一個名詞。

性，僅是語詞概念上的一個歸類上的表紀（符號）。舉例而言，牧場裡許許多多的馬，對唯名論而言，每一匹個別的馬（特殊的，也即「殊相」）是真實的，而概念「馬」（普世的，也即「共相」）只是一個符號、是這一類存在的統稱。但對柏拉圖（Plato, 427－347 B.C.）而言，真實知識的對象必須穩定而持久，感官只能知覺個別（particular）的事物，因此只有理性才能洞觀普遍（universal）的存在，而也唯有普遍性是理性知識的目標。柏拉圖的觀點開啟了歐洲思想唯實論（Realism）的傳統；在唯實論的傳統中，「概念」（Idea）與「普遍性」（universal）深度連結，是比一般知覺能感知的現實存在更為「實在」的存在層次。回到馬的例子，「唯實論」認為每匹馬都是獨特的，但牠們都是「馬」；眼前的馬只是一個限定在特殊時空下的存有、有局限性。真實的是「馬」這個觀念；它具有普遍性、不局限於一時一地。因此個別的馬是「特殊」（particular）的，而「馬」這個「（類）概念」是「普世」（universal）的。「共相」的認知有別於感官知覺的認識，因為感官知覺的經驗（experience）僅涉及個別事物，而「共相」的認知是「超驗」的（transcendental），才是人類認知的最高狀態[49]。因此柏拉圖和唯實論傾向主張「普世」（universal）在本體上和價值上凌駕於「特殊」（particular）之上。

由上述討論來看，我們可以瞭解這「唯一實體」的對立面是個別與特殊的「表象」，但是這對立「二元」最終的目的，仍是要在本體論、知識論或價值論上主張「一元論」；所謂「表象」只是「本體」的派生現象或輔助因素。在追求真理的某些關鍵時刻，「感性

（感官）」甚至會被視為「理性」的干擾因素。中世紀有關「唯實論」（realism）與「唯名論」（nominalism）的爭論，在基本思維模式上仍然延續了柏拉圖「理型論」（idealism）的論述架構。這架構在啟蒙時代英國「經驗主義」和歐陸「理性主義」（rationalism）出現轉型，二十世紀再蛻變成「現代性」與「後現代」理論關於「一」與「多」的論爭；當中轉折令人目不暇給。千餘年延續下來的思辯重點雖然不同，但發問與思考的方式基本上卻仍然是「對立的兩方哪一方在本體論上更真實、在價值上更該被看重」。因此一元典範、以及其中「一」與「多」彼此截然不同、對立並且互不相容的思考模式始終沒有根本的改變。不但如此，希臘以降幾乎所有有關「真理」或「知識」的論述，也都強調這兩者具有「一般」（general）或「普世」（universal）的特質。啟蒙以後，「科學知識」更與「普世性」劃上了等號，而科學知識的價值，也與它的「放諸四海皆準」特質密不可分。許多學者認為，科學理論不但使歐洲徹底擺脫了形上學、神權、以及一千年以來無所不在的

49 在這一個論點上，亞里斯多德與唯名論的看法與柏拉圖及唯實論是相對立的；也就是唯名論認為個別的「殊相」才是真實的；普世的概念「馬」只是一個符號。但由歐洲思想史的發展來看，柏拉圖和唯實派才是傳統形上學的主流，而唯名論通常被視為是主流傳統的對立面或互補。

教會勢力[50]，也同時淘汰了世界上其他的知識體系，達到前所未有的「普世」程度。

然而「社會科學」畢竟不是「自然科學」，這兩者之間的差異也連帶影響「普世性」在自然科學不可動搖的地位。回到歷史，我們會發現一個頗為有趣的情況：歐洲的自然科學革命，包括電、地球重力與望遠鏡、計算機等最重要的發現與發明，都是十七世紀的產物。在史賓諾莎（Baruch Spinoza, 1632–1677）、洛克（John Locke, 1632–1704）、牛頓（Isaac Newton, 1643–1727）與伏爾泰（Francois M. A. de Voltaire, 1694–1778）等人的帶領下，歐洲的知識份子開始步入啟蒙時期。然而即使在這「理性思維」與科學精神掛帥的時期，「社會科學」的名詞仍遲至二十世紀三〇年代才隨著實驗法在心理學研究的應用、以及「邏輯實證論」（logical positivism）的誕生而出現，時間上比自然科學足足落後約三百年。

社會科學與自然科學在出現時間點上的落差，原因顯然不只一種；然而在人文學者急於「科學化」的情況下社會科學仍然姍姍來遲，這其中牽涉到哲學上一個久已存在的問題，也就是「人」與「物」究竟有什麼差別？狄爾泰（Wilhelm Dilthey, 1833–1911）就認為，自然科學的對象是自然世界、是「物」；「人」與「物」本質不同，對於進行研究的人而言，物是「外」、而非「內」——也即是說，自然科學研究的是屬於外在、而非內在世界的事物，因此可以用歸納法從外部去說明研究對象。然而人文科學則不然；它認識的對象是「人」——人認識人，而不是在本質上全然不同的對象。由這層意義上看，狄爾泰認為實證法過於突兀：與其「說明自然」，人文科學所做的是「理解心靈」，這也是狄爾泰對人文與自然科學的界分[51]。

狄爾泰點出研究對象不同所帶來的挑戰，卻無法阻止當時人文學者向自然科學靠攏的趨勢。但是另方面，即使人文學者努力向自然科學靠攏，卻仍然無法消除人們對於以「人為研究對象」的「科學」疑慮。為清楚切割形上學與人文科學[52]，「邏輯實證論」者主張科學真理只有兩種可能：純粹經由邏輯推論所得的命題、或是通過經驗檢證的論述。這兩個必要條件幫助人文科學擺脫了形上學的糾纏，然而正如威廉斯（Raymond Williams, 1921－1988）所指出的，經驗檢證只能產生實用知識（practical knowledge），卻不能產生理論

---

50 這可以說是近代西方思想的主流信念，但當代二十世紀西方學界，包括阿多諾與霍克海默、海德格、高達美、與後現代論者幾乎都一致反對這樣的信念。

51 帕瑪：《詮釋學》（嚴平譯），台北市：桂冠，一九九二年版，頁117－119；洪漢鼎主編：《理解與解釋：詮釋學經典文選》，北京市：東方，二〇〇一年版，頁415－416。

52 德文的“Geisteswissenschaften”直接翻譯英文是“humanities”，現在在中文指文、史、哲等「人文學科」，並沒有包括社會科學。不過“Geisteswissenschaften”是複合字。分拆來看“Geiste”相當於英文的“mind”與“see(ing)”，而“Wissenschaften”則通常譯為“Science”或“Natural Science”。因此 Geisteswissenschaften 有時也譯為「人文科學」。

知識（theoretical knowledge）；中國的黃曆（農民曆）即是一例53。數千年來華人依靠黃曆判定四季變化的關鍵時刻、以作為農事操作的重要依據。黃曆或能告訴我們通常什麼時節會有什麼自然現象出現，卻不告訴我們四時為何如此變化、確認其間的因果關係。海德格（Martin Heidegger, 1889—1976）54因此認為在「經驗檢證」的要件之外，「科學」還必須在一特定的「籌劃」（project）當中，從特殊的前提出發，以特殊的對象為研究標的，並以某種「程序」（procedure）和「方法論」（methodology）來保障其科學性。

科學研究因此講究「方法」，因為唯有標榜不受任何主觀意識或價值觀所影響的「標準作業程序」才能確保研究本身的「客觀性」；既然「客觀性」預設了一個獨立於個人心智以外的單一真實世界，則「客觀」也就確保了研究結果的「普世性」、而「普世性」正是科學研究得以開展現代文明的最重要因素之一。話雖如此，針對這一點的質疑與討論在科學哲學的文獻中始終沒有中斷過。事實上『人』與『物』有什麼差別」的問題，在歐洲思想上所形成的難題還不止於狄爾泰所討論的範圍，這其中包括科學研究的侷限性：自然科學是否能夠涵蓋人與自然物的不同之處？其次，是研究者本身的問題，而這裡又分兩個面向的問題：首先是「主客體」的問題——也就是人在研究人的時候，如果不將人視為與天文地理及動植物等「自然物」，則被研究的對象也是一個「主體」，那要如何處理研究者的「主體」與被研究者的「主體」？其次則是研究者本身背景所帶來的限制與偏差。這些問題牽涉到晚近阿佩爾（Karl-Otto Apel, 1922—）與哈伯瑪斯提出的「相互主觀」概念、也牽涉到詮釋學有關「理解」的討論。從本土化議題來看，有關研究時空脈絡的討論特別值得我們注意。

海德格[55]主張科學研究必須經過一定程序以保證其嚴謹度；然而他也認為，科學是不能由「實證」或「實驗」來得到客觀性或嚴格性的。事實上，當科學以特定的「籌劃」方式操作時，它的前提、以及相關的程序和方法早已「設定」、並「規約」了對象的呈現。其次，他認為科學研究的客觀性也並非沒有前提；相反的，科學作為專業技術，必須謹守其設定的

---

53 Raymond Williams, *Keywords : a vocabulary of culture and society* (New York : Oxford University Press, 1976,)p.276.

54 Martin Heidegger, *Being and time*, trans. John Macquarrie & Edward Robinson(New York : HarperPerennial/Modern Thought, 2008,)p.188-195;Martin Heidegger, *The Question Concerning Technology and other essays, trans. William Lovitt* (New York：Harper and Row ,1977.) p.126; 以及 "The Age of the World Picture", adopted in *The Question Concerning Technology and other essays,* translated by William Lovitt (New York：Harper and Row ,1977,) p.126.

55 洪漢鼎主編：《理解與解釋：詮釋學經典文選》，北京市：東方，二〇〇一年版，頁110－123、頁424；Martin Heidegger, *Being and time ,trans.* John Macquarrie & Edward Robinson(New York : HarperPerennial/Modern Thought, 2008,)p.188-195.

前提。而科學前提的設定，是一種源於日常生活實踐的「裁定」（decision）；是人們「視之以為真」的許許多多「背景知識」（background understanding）中的一種擇取與提煉[56]。

對於學術研究，海德格在此點出了一個關鍵，就是研究不可能脫離情境；這個觀點與匈牙利物理學家與哲學家勃蘭尼（Michael Polanyi, 1891–1976）的概念不謀而合。勃蘭尼認為，創新與發現都牽涉強烈的個人感覺與信念，這種「熱情」又牽動一些他稱為「默會知識」（tacit knowledge）的直覺、揣測與想像。在科學研究的過程中，這種「前邏輯」（pre-logical）的知識往往扮演關鍵性角色[57]。既然如此，科學就不是「價值中立」的；「絕對客觀」也是一個不精準的用語。理論的「客觀性」與「普遍性」並非是無條件的；它們所代表的，是「在相同條件下可以看到相同的情況」。涂爾幹（David Emile Durkheim, 1858–1917）及莫斯（Marcel Mauss, 1872–1950）在十九世紀末與二十世紀初期所發展的「知識社會學」（sociology of knowledge）更主張觀念、語言、與邏輯都與孕育它們的社會有密切關係[58]。

事實上，不僅是研究無法脫離生活與生活環境，「我們」——作研究的「人」——同樣也不能脫離這兩者而存在。一九四〇年代曾經提出「文化學」概念的社會學者黃文山（黃文山，一九八一）[59]就認為，一個做研究的人可以由客觀上評量主觀的事物，但是「不論如何客觀，他自己依然是社會的人，而人也是構成文化體系的一個動因」。正因為文化本身有其獨特性，因此在某一、或多個文化中成長的個人在研究他的同類時，也無法排除自身特殊的觀察角度與視野。正如高達美（Hans G. Gadamer, 1900–2002）所說的，即使我們不想受原先文化的影響，但為時已經太晚（we arrive too late）;我們已經是有文化的個人60。既然所有假設與方法均來自人的設想，也都有其背後的預設，這些預設也都無法脫離某一特定的時空環境、文化價值與知識藍圖，因此我們可以說社會科學的理論與方法

---

56 在此脈絡下海德格所謂的「知識背景」（background understanding）與高達美的「前見」（prejudication）都是類似的概念。

57「默會知識」指一些概念上與感官上的訊息與影像，湊在一起可以讓人想通一些事物的道理，參考 Michael Polanyi, *The Tacit Dimension*（New York: Anchor Books, 1967）, Michael Polanyi, *Personal Knowledge. Towards a Post Critical Philosophy* (London: Routledge, 1958, 1998)。

58 十九世紀末知識社會學的想法已經在涂爾幹等人的思想中見其端倪，但是在柏格的著作出版之後才廣受重視，見：Emile Durkheim and Marcel Mauss, *Primitive classification* (Chicago: University of Chicago Press, 1963); Peter Berger and Thomas Luckmann. *The Social Construction of Reality: A Treatise in the Sociology of Knowledge*. Doubleday (New York, 1966).

59 黃文山：《文化學及其在科學體系中的位置》，新文豐出版社，一九八一年版，頁69。

60 Hans-Georg Gadamer, *Truth and method*, Trans. Joel Weinsheimer and Donald G. Marshall(London ; New York : Continuum, 2004,)p.484.

在「普世性」的程度、涵蓋面向與意義在本質上都是與自然科學不相同的。

一九六〇年代以後，社會科學領域內支撐「普世」概念的「邏輯實證論」以及「科學主義」弊端一一浮現。在來自內部以及批判學派的砲火夾擊之下，實證學派逐漸失去優勢典範地位，相對的，「後現代」論述、「解構主義」（deconstructionnism）與「歷史相對論」（historicism）逐漸受到重視，「歧異」與「多元」成為新的學術典範。一時之間「大敘述」（grand narrative）[61]、「理性主義」、「絕對主義」、甚至知識本身都成為被懷疑、反對和否定的對象；屬於啟蒙時代世界觀的價值，包括「理性」（reason）、合理性（rationality）、「客觀性」（objectivity）、以及它們在社會科學中的重要性也受到質疑。後現代浪潮中，許多追隨者的論述主張所呈現出來的立場是：由於人所做的和想的都是社會所建構的，也就沒有任何一種理性、道德、或理論的架構可以解釋「普世」，要強調世界的差異與多元，必須先放棄「普世主義」[62]，因為「差異」與「共同」、或「分歧」與「統一」之間並沒有妥協的空間。孔恩（Thomas S. Kuhn, 1922~1996）、費耶本（Paul K. Feyerabend, 1924—1994），圖爾明（Stephen E. Toulmin, 1922~2009）等所謂「歷史相對論者」（historical relativisits）[63]，則更進一步否定了過去有關「科學真理獨立於人類思維」的主張[64]。他們認為歷史與社會制約科學知識的產生、以及「科學知識並非絕對為『真』」；在這個基礎上，他們主張理論與方法的多元論以及理論的開放性與不確定性。由不同思考的脈絡出發，同一時期所出現的諸多論述當中，還有部分完全排除了「普世性」的可能性，例如「懷疑論」走到極端，認為所有觀點、文明彼此都「不可共量」、也不可溝通，那麼就如同杭亭頓（Samuel P. Huntington, 1927－2008）所說的，其政治後果可能是文明間的衝突[65]。

上述難題充分展現了二元對立思考模式的缺點。唐君毅認為，這種「愛於『一』之一名，而斤斤於以一非多」的結果，不但難以解釋世間萬物的「多」的存在，如何處理「一」與「多」的關係也成為一個極度複雜、困難的問題[66]。近年主流論述從「理性」

---

61 這是李歐塔（Jean-François Lyotard）所提出的概念，指一種解釋知識與經驗的全方位文化敘事模式，參見 Jean-François Lyotard, *The postmodern condition : a report on knowledge*, Trans. Geoff Bennington and Brian Massumi (Minneapolis : University of Minnesota Press, c1984).

62 Robert B. Lawson, Jean E. Graham, Kristin M. Baker, *A history of psychology: globalization, ideas, and applications* (Upper Saddle River Nj:Pearson/Pretice Hall,2007,)p.13-14.

63 Frederick Suppe ed., *The Structure of scientific theories* (Urbana : University of Illinois Press, c1977).

64 Mats Alvesson and Kaj Skoldberg, *Reflexive methodology: new vistas for qualitative research* (London: Sage publications, 2009,) p.18.

65 Samuel P. Huntington, *The clash of civilizations and the remaking of world order* (New York : Simon & Schuster, 1996).

66 唐君毅：《哲學概論》，台北：學生書局，一九七四年版，頁813－853。

到「反理性」、「大敘述」到「小敘述」、「絕對」到「相對」，改變不可謂小。但概念容或多變，不變的卻是前述西方思想上二元對立的框架與絕對化傾向。二十世紀「小敘述」、「相對主義」與「多元論」的論述發展至今，已經出現不少檢討的聲音。即便在歷史研究，「意義是透過詮釋與多重建構而成的」這類說法，也引發不少質疑。正如歷史學者卡耳（E.H. Carr）所說的，一座山的形狀儘管會隨著視角而顯得不同，但不能因此推論這座山沒有形狀，或是有說之不盡的形狀[67]。絕對的普世性與絕對的客觀性不可取，但唯一的解決方案是走到另一極端嗎？

觀察近年各領域所發展出來的論述，可以看到學者在緩和「普世」／「特殊」「絕對化」傾向所作的努力。以「後實證主義」（postpositivism，或「後經驗主義」，post-empiricism）與「批判實在主義」學者為例，他們並沒有採取極端懷疑論的看法、完全放棄「客觀性」與「普世性」；他們仍舊相信真實（reality）的存在，卻也不得不重視人類經驗的差異、承認研究人員的背景、知識與價值可能影響觀察、產生偏見。「客觀性」因此不會因為特定的研究程序而得到保障，人對於真實的瞭解、人對於真理的瞭解也不可能完美、確定（probabilistic）；觀察可能錯誤與偏差，「普世性」也是有侷限的。但是經過反覆推敲、評比（triangulation）多種觀點的努力之後，這些仍然是可能達到的。

此外，也有不少學者嘗試打破「普世」與「特殊」兩者「非此即彼」、全然對立的僵局，連結與統合殊異，找出一個可以同時兼顧兩端的方案[68]。這些對「一般性」重新投以關懷目光的學者認為，即使人類世界不是所有的事事物物都相同，它們畢竟也並非是完完全全截然不同的。文化心理學者書維德（Richard A Shweder）等人便提出了「心」（mind）與「心態」（mentality）的說法[69]：「心」只有一種，是「普世」的，但是「心態」卻可

67 張佩瑤：《傳統與現代之間：中國譯學研究新途徑》，湖南人民出版社，二〇一二年版，頁6；Edward Hallettt Carr, *What is history*? (Hamondsworth: Penguin Books, 1964), pp26-27.

68 余德慧：〈本土心理學的基礎問題探問〉，葉啟政主編：《從現代到本土：慶賀楊國樞教授七秩華誕論文集》，台北：遠流，二〇〇二年版，頁160；Robert B. Lawson, Jean E. Graham, Kristin M. Baker, *A history of psychology: globalization, ideas, and applications* (Upper Saddle River Nj:Pearson/Pretice Hall,2007,)p.25.

69 Richard A. Shweder, "Cultural Psychology-What is it ? ," in W. Stigler James, Richard A. Shweder and Gilbert Herdt ,eds., *Cultural Psychology Essays on Comparative Human Development* (Cambridge University Press,1990)p.1-14;Richard Shewder, Jacqueline J. Goodnow, Giyoo Hatano, Robert A. LeVine, Hazel R. Markus, Peggy J. Miller., 2000, "The Cultural Psychology of Development: One Mind, Many Mentalities," in W.Damon and R.M.Lerner,eds., *Handbook of child psychology* (New York : John Wiley and Sons,1998); Donald E. Brown, *Human universals* (Philadelphia, Pa. : Temple University Press, 1991).

以有無數種、是「特殊」的。金特（Antje Girndt）將文化體系視為「泛文化」的，而文化傳統與規則為「獨特」的[70]；而貝理（J. W. Berry）等人則將心理過程視為「普世」、文化實踐為「獨特」[71]。在社會學研究，有學者認為，我們需要凸顯不同社會裡所發展出來的機構（institution）型態，但同時也需要承認「現代性」與「現代化」過程當中顯現了某一程度的「普世性」[72]。由於人類學（anthropology）通常被認為是一種只顧「特殊」（文化）的知識，一位人類學家甚至出書證明人類也有許多共同特質是值得人類學關懷的[73]。與其將這些概念視為是對立的極端，這些學者認為「普同」與「獨特」是同時存在的，兩者之間並有著一定的互動關係[74]。換句話說，在這些論述當中，「普世」與「特殊」已經不再被框限在「非此即彼」的模式、成為互不相容的對立面。正如書維德所指出的，兩百多年來文化心理學都維持了一個主張，就是「心」的「普同性」與「心態」與生活型態的「獨特性」，是相互依賴、互動（interactive），並且相互賦予生機的[75]。特別值得注意的，是現象學者伊德（Don Ihde）所提出的「二元」之外的第三方案。他在討論虛擬實境（virtuall reality）對真實生活的影響時，認為由現象學觀點來看，身體（body）是「具有生物能力

70 Ype H. Poortinga and Karel Soudijn “Behavior-culture relationships and ontogenetic development,” in Heidi Keller, Ype H. Poortinga and Axel Schůlmerich, eds., *Between culture and*

biology : perspectives on ontogenetic development (Cambridge, UK ; New York, NY : Cambridge University Press, 2002,) p.325.

71 J.W. Berry, Y.H. Poortinga, M.H. Segall and P.R. Dasen, *Cross-cultural psychology: Research and application* (Cambridge MA; Cambridge University Press,1992);Ype H. Poortinga and Karel Soudijn " Behavior-culture relationships and ontogenetic development," in Heidi Keller, Ype H. Poortinga and Axel Schůlmerich, eds., *Between culture and biology : perspectives on ontogenetic development* (Cambridge, UK ; New York, NY : Cambridge University Press, 2002,) p.321.

72 Shmuel Noah Eisenstadt,Comparative perspectives on social change(Boston : Little, Brown, 1968) ; Gurminder K. Bhambra, *Rethinking modernity : postcolonialism and the sociological imagination* (Basingstoke, Hampshire ; New York : Palgrave, 2007).

73 Donald E. Brown, *Human universals* (Philadelphia: Temple University Press,1991).

74 Richard A. Shweder, Jacqueline J. Goodnow , Giyoo Hatano, R.A.Markus and P.G. Miller, " The culture psychology of development: One mind,many mentalities, " in William Damon and Richard M. Lerner,eds., *Handbook of child psychology* (New York : John Wiley & Sons,1998; Guo-Ming Chen and, W. J. Starosta, " Asian approaches to human communication: A Dialogue," *Intercultural Communication Studies*, 12(4), 2003,p.4.

75 Richard A. Shweder, Jacqueline J. Goodnow , Giyoo Hatano, R.A.Markus and P.G. Miller, " The culture psychology of development: One mind,many mentalities, " in William Damon and Richard M. Lerner,eds., *Handbook of child psychology* (New York : John Wiley & Sons,1998, p.871.

的」（普世的）；由後現代觀點來看，身體卻是「被文化建構的」（特殊的）。但是這兩種選擇都無法貼切地描繪虛擬實境為人所帶來的體驗，因此他提出第三條路，也就是「身體與科技是經由互動相互建構（constitute）的」[76]。與前述學者的主張相比較，伊德的論點已經超越了「兼顧普世與特殊兩端」的想法。他不但認為兩端之間有互動，並且認為這「互動」的觀點比較由現象學或後現代兩個極端的二元來瞭解、分析議題都更為有效。

由回歸本土的角度來看，上述二十世紀以來所發展的論述當中，有幾項論點特別值得我們注意：

1 承認人、學術社群、歷史與社會都與（科學）知識的生產有關

在「真實」與「客觀」的議題上，歷史相對論與詮釋學者，以及海德格、勃蘭尼、涂爾幹與黃文山等人未必與「後實證主義」立場一致，但是他們同樣觀察到各種影響理論知識生產的鉅觀與微觀因素，其中也包括社會與文化的因素。而知識社會學更以思想與社會的相互關係、以及其對社會的影響作為研究關注的重點。

2 理論的客觀性與普世性都是有條件與預設的

正如高達美所說的，所有論述與方法都來自人，人既然無法脫離自己存在的時空脈絡，則這些假設也是有預設的。同樣的，海德格認為客觀性不但有前提，而且這前提往往是由

源自日常生活的背景知識淬取而來的。勃蘭尼更進一步指明，理論的普世性與客觀性的成立前提是「相同情況」；換言之，唯有在相同情況之下，理論才是普世與客觀的。由這些論點來看，理論不但是「有條件成立」的，而且這些條件也無法脫離其社會文化背景。

3 理論知識本身都是「暫時成立」的

知識的產生既然必須透過人的認知、語言與經驗，而人類又都是在一定的歷史與社會脈絡下活動，那麼知識本身就不是完全確定的。蒯因（Willard V. O. Quine, 1908~2000）就認為，科學知識雖然「指向」「完全確定性」，但在一定的時空點上，我們所能夠掌握的都是有限的。也就是說，知識活動具有「可修改性」（revisability）；必要時，知識都是可以修訂的[77]。波普（Karl R. Popper, 1902~1994）更主張所有的陳述、假設與理論都只是「暫時為真」。我們可以聲稱世界上所有的天鵝都是白的，也找到無數隻白天鵝來證實這一點，然而只要出現一隻黑天鵝，這說法就會被推翻[78]。事實上，根據科學哲學家邦格（Mario

---

76 Don Ihde, *Bodies in Technology*.(Minneapolis: University of Minnesota. 2001).

77 勞思光：《西方思想的困局》，台北：台灣商務印書館，二〇一四年版。

78 Karl R. Popper, *The Logic of Scientific Discovery, Basic Books* (New York, NY, 1959,) p.4.

Bunge, 1919－）的定義，「理論」只是「一組容許我們建構有效論辯的假設系統」[79]。理論的成立雖然必須要經過嚴謹的科學程序，然而這並不改其為「假設系統」的本質。

將上述的三項論點對照「本土化」的兩種取徑，我們看到其實詮釋學、歷史相對主義、後實證主義與知識社會學等等都直接或間接點出了社會文化與知識生產的關係。由這個角度來看，「歐洲中心」的問題並不屬於歐洲所獨有：源自任何社會文化的理論知識都自然帶有這個社會文化的印記；由恰夸巴提的觀點看，都是「本土理論」。不但如此，這些理論的普世性與客觀性也都有其成立的（社會文化）前提，只是西方的對話對象即便是並非來自同一文化傳統、但也已經經過現代化洗禮。這種「在自己的場子和別人比賽」的優勢，很難使他們重視這些前提的影響、甚至醒覺它們的存在。別人不質疑，當然他們也就不會去討論理論「後設」的問題。那麼我們是不是也可以說：絕大部分的理論本來就是一種被前提所設限的「中程／層理論」（middle range theory）[80]？最後，所有的理論既然都是暫時成立的，也都可以經過一定的程序檢證、修訂與推翻；那麼站在自己的立場挑戰一項理論論述，本來就是西方學術的一部分，只不過西方並不關注「外來」或「本土」在這過程中所牽涉的異文化與主體性等等問題。

由這些分析我們似乎得到一個令人鼓舞的結論，也就是晚近的「新主流」論述已經替「本土」收拾了「科學主義」與「普世性」這些本土化障礙；「歐洲中心主義」的論述也不過是一組同樣有前提的「中程理論」，這些理論和本土理論一樣，都是「真理的不完整呈現」，其客觀性與一般性也都需要檢證。有學者便認為，既然由「特殊」往「普世」是科學理論的必然發展途徑，則何勞我們費盡心思在「特定文化取徑」與「一般文化取徑」間去作選擇？

然而這裡我們要謹慎以對的，是前面這些二十世紀西方所出現的論述，是有其發展路徑、淵源與模式的。我們將這些主張由它們出現的脈絡中抽離出來，必須小心防範斷章取義的錯誤：雖然學界似乎已經在社會文化與理論知識生產的關係上有了共識，但這並不表示所有人已經同意「由『特殊』往『普世』是科學理論的必然發展途徑」。事實上，提出上述主張的學者或學派其實在「普世」與「特殊」的議題上，大多是站在對立的極端的。詮釋學派與相對主義者未必承認「實證意義下」的普世性——包括有限度的普世性；

79 汪琪、沈清松、羅文輝（二〇〇二）〈華人傳播理論：從頭打造或逐步融合？〉《新聞學研究》，七十，頁1－15；Mario Bunge. *Finding philosophy in social science.* Yale University Press (New Haven, 1966，114頁).

80 Robert K. Merton. *Social Theory and Social Structure* (1968 Enlarged Ed ed.), Free Press (New York, 1968).

因此他們對於「在某一文化之內可以成立的理論」這種說法，也是不能接受的。至於後實證主義雖然認為人的觀察可能有偏差，卻主張知識是「客觀的真實」、並且獨立於「知的主體」（knowing subject）之外，如此理論論述中仍然沒有「特殊」的存在空間。

近數十年來，「普世性」概念不斷被挑戰、修訂，所有必須面對科學知識特質的論述，對於「普世性」的問題也都採取了頗為謹慎的態度。一本已經再版十次以上的教科書[81]裡，作者們寫道：科學很難用單一的規則或活動來描述，因為這樣很容易會使得讀者忽視了科學的「複雜特性」。然而即使如此，科學還是可以被視為一種取得「可靠」、及「有效」知識的途徑[82]。作者們雖然很謹慎的避開了可能引發爭議的概念，但藏身在「有效性」與「可靠性」背後的，仍然是未言明的「一般性」（generality）、甚至普世性[83]。因此近年學界看似普遍重視文化社會與理論生產的關係，但他們在「特殊性」與「普世性」的立場上卻是依舊旗幟鮮明。正如派地（Michael Paty）[84]所指出的，科學普世性的爭議，已經成為現代學術上立場最分歧的辯論。或許是囿於「一元論」的限制，即便已經有學者看到「『普世』的『共相』必然由『特殊』的『殊相』而來」，這「一體兩面」的主張仍然是一件「國王的新衣」；在個別領域的討論之外，願意去直接衝撞、正面挑戰的或許不是沒有，但似乎不多。也因此即使「普世」╱「特殊」在概念上對立的程度即便有所緩和，但仍舊不能任由我們各取所需、隨意拼湊。這也意味著，如果我們要完全依賴這些論述來解決非西方學術發展的問題，則我們不但仍然必須「選邊站」，而且也一體承受了該論述所面對的種種問題——比如相對主義的例子。但不論是傳統意義下的普世性、或傳統意義的特殊性能帶來兩全其美的解決方案嗎？這些問題不僅是「本土化」論述所必須處理的、也是所有學術上主張「多元文化主義」（multiculturalism）、或「文化相對主義」（cultural relativism）典範的學者所必須面對的。

根據西方論述過去的發展軌跡來看，超越「多元論」應該是西方學界努力的方向，然

---

81 Larry B. Christensen, R. Burke Johnson, Lisa A. Turner, *Research methods, design, and analysis* (Boston, Mass. : Allyn & Bacon/Pearson, 2011).

82 Larry B. Christensen, R. Burke Johnson, Lisa A. Turner, *Research methods, design, and analysis* (Boston, Mass. : Allyn & Bacon/Pearson, 2011,)p.12.

83 有關科學的字典定義，例如新版《韋氏大字典》，則明白啟示科學是一種通過科學方法所獲得的系統性知識，這種知識涵蓋「一般」（general truths）真理或是「通則」（general laws）的運作。

84 Michael Paty, " Universality of Science: Historical validation of a philosophical idea," in Joseph Needham, S. Irfan Habib, Dhruv Raina ,eds., *Situating the history of science: Dialogues with Joseph Needham* (Oxford University Press, Incorporated, 1999,)p. 303-324.

而截至目前為止，上述個別學者的努力是否已經成功撼動希臘以降的西方思考模式，則仍然是有待觀察的。值得我們注意的，是類似書維德所指出的，「心」與「心態」相互依賴、互動（interactive）、與相互賦予生機的論點，以及伊德的「第三方案」都已經頗為接近中國傳統陰陽「相生相成」所反映的思考方式。事實上，相對於西方「形上學」傳統中「一」與「多」概念之間「非此即彼」的思考框架，在中國傳統，「一多相融」[85]的思維卻是十分自然合理的。正如唐君毅指出，中國哲學並沒有如西方的「純粹一元論」；老子謂「道生一、一生二、二生三、三生萬物」；即使儒家也從未「持一以與二與多相抗論」[86]。因此之故，由中國傳統思維來看，並沒有什麼純粹的「兩邊」（特殊或普世）；天地萬物就是一個「交融」的狀態，而「陰／陽」「一／多」的「兩邊」其實是抽離具體運動情境後的結果。因此中國人不會像西方人那樣，去追問「普遍」與「特殊」或「全球」與「在地（本土）」兩邊，哪一邊才是更基本的真實；「太極圖上那一黑一白哪一邊才是真實？」不是問題，問題的重點是那一黑一白如何相融相滲；也就是一個「我泥中有你，你泥中有我」的問題。老子《道德經》（第二章）說，「有無相生，難易相成，長短相形，高下相傾，音聲相和，前後相隨」，因為在中國的思想傳統而言，運動的能量本來就是「相依」、而非獨立的存在。因此東西文明都認知到「一與多」（「普遍」與「特殊」）之間存在「關係」，但對於如何看待這個「關係」，擺放的重點卻很不一樣。

或許正因為中國思想將世界的流變與渾沌視為常態，「同」中因此可以求「異」、而「異」中可以求「同」。這種不清晰、不明確，看似模稜兩可的思維模式，常常被西方指為是中國無法發展邏輯與科學的原因。但順著中國「一多相融」的傳統思維，無論是「認識論」、「本體論」或「方法論」上的差異都不難解決。面對異文化，數千年來中國人的原則不離「兼容並蓄」、「去蕪存菁」、與「異中求同」、「同中求異」幾個原則；無論是印度佛教、蒙、滿的異族統治，都在這些原則之下豐富了中國文化。由這個角度來看「本土化」，華人學界確實是採取了一個務實的途徑；與其對「歐洲中心主義」發動猛烈砲火，大多數學者選擇在接受「歐洲中心」論述為「既成事實」的基礎上去談「本土

85 「一多相融論」的概念來源應該是唐朝翻譯《華嚴經》後思想界流行起來的文化產物，《華嚴經》裡的論證簡略整理如下：我們說「屋柱」，「屋柱」是廟的「屋柱」，這根「屋柱」是廟的棟樑，而這根「屋柱」如果不是和寺廟建築的其他部分一同構成整體的話，那麼「屋柱」不叫作「屋柱」，它只是根木條。《華嚴經》用這樣的例子說明「一即多，多即一」的「一多相融」哲學，「即」這個字在中國佛學的用法中，是「不離」的意思。所以離開了「個殊（多）」，「普遍（一）」無從說起；而離開了「普遍（一）」，「個殊（多）」亦無從說起。「一多相融」，「個別」與「整體」一時俱立。

86 唐君毅：《哲學概論》，台北：學生書局，一九七四年版，頁813－853。

化」的目的。林南、葉啟政、郭文雄、蔡文輝、周曉虹、楊中芳、楊國樞與李伯重等華人學者所主張的，都是經由「特殊」到「一般」、由「本土化」到「全球化」的發展方向[87]。這麼做不但避開了「去西方」（de-Westernization）的難題，甚至有人認為這種「普世的普世性」唯有在本土論述的基礎上才可能達成。也就是：「特殊」是通往「普同」的唯一途徑。即便積極主張「亞洲中心」論的日籍學者 Yoshitaka Miike 也認為，「文化特殊性」與「人類普世性」不是對立的；發展專屬於某一文化的理論可以豐富目前帶有歐洲偏見的這個知識體系，進一步探索建構普世理論的可能性[88]。

上述看法可以說頗有亞洲文化的特色，但正如我們在前面所提到的，這也是目前還沒有完全打破的二元思考模式所不支持的看法。後實證主義與知識社會學的主張雖然頗接近本土化「泛文化取徑」的觀點，卻沒有深入討論、甚至提到具有一般性的理論陳述既然來自特定的知識生產情境，自然具有一定的「特殊性」，這明確表示兩者並非對立的極端。即使由科學史上，我們也可以清楚看到，不同的時空與文明不但形塑不同的科學傳統、這些科學傳統也反映著特定類型的問題、以及當時人們慣於採用解決問題的方法[89]。在人類知識的不同面向上，這些不同的傳統都以某一形式的普世性為努力的目標。因此說科學是絕對普世的、或是主張科學乃由社會型塑的（social production of science），兩種觀點都各有缺失。前者忽略了使得知識內容產生「相對性」的因素，而後者完全否定了客觀性存在的可能。

「普世」／特殊」的問題仍然有待處理，而思辯傳統與科學研究法同樣也沒有一套現

87 葉啟政：《社會學和本土化》，台北市：巨流，二〇〇一年版，頁186；楊宜音：〈社會文化視野下的社會科學：近期中國大陸社會科學本土化及規範化論述析評〉，阮新邦、朱偉志主編：《社會科學本土化：多元視角解讀》，美國紐澤西：八方文化：社會科學文獻出版，二〇〇一版，頁327；蔡勇美：〈緒論〉，蔡勇美與蕭新煌主編：《社會學中國化》，台北市：巨流，一九八六年版，頁10；湯志傑：〈本土觀念史研究芻議：從歷史語意與社會結構摸索、建構本土理論的提議〉，鄒川雄、蘇峰山編：《社會科學本土化之反思與前瞻：慶祝葉啟政教授榮退論文集》，嘉義縣大林鎮：南華大學教社所出版，高雄市：復文圖書總經銷，二〇〇九，頁317；楊中芳：〈試論如何深論本土心理學研究：兼評現階段之研究成果〉，阮新邦、朱偉志主編：《社會科學本土化：多元視角解讀》，美國紐澤西：八方文化：社會科學文獻出版，二〇〇一版，頁172。

88 Yoshitaka Miike, "Non-Western theory in Western research? An Asiancentric agenda for Asian communication studies," *The Review of Communication,* 6(1-2),2006,p.4.

89 Michael Paty, "Universality of Science: Historical validation of a philosophical idea," in Joseph Needham, S. Irfan Habib, Dhruv Raina ,eds., *Situating the history of science: Dialogues with Joseph Needham* (Oxford University Press, Incorporated, 1999,)p. 303-324.

成的原則或方法，可以讓我們在一個研究架構中妥善的去安置來自不同文化脈絡與思想傳統的觀點、價值與現象。源自希臘的思辯傳統提供了省思的空間，千餘年來西方確實也在不斷省思中調整、並發展新的論述方向，但亞非學界不能期待「相對主義」圓滿解決本身學術發展所有的問題，同樣也不能依賴「多元論」維持「回歸本土」的正當性。否則就如同我們在第一章所提到的，等主流的關愛眼神移轉到別的議題上去時，非主流不但得繼續跟隨，還坐實了「拿不出東西」的指控。但是要以「本土」為立足點來建構普世理論、甚至有條件/限制的本土理論，都必須先解決「一」/「多」、「特殊」/「普同」與異文化這些方法論上的難題。這些難題不解決，楊中芳的第三個問題——「要採取什麼樣的方法才能達到這個（本土化）目的」——仍然不會有答案。

但現代學術論述畢竟是西方思想傳統之下的產物，有其一貫的運作脈絡與邏輯架構，因此就如同遊戲，必然有一定的遊戲規則；一旦參加到遊戲裡面，我們即使看到問題，也必須由該遊戲運作的角度去指出問題的所在；這「出發點」可以是「體制內」的、也可以是「體制外」的，卻不能任意把乙遊戲的規則拿來玩甲遊戲。如果我們不能拿乙遊戲的規則來玩甲遊戲，那麼是否可以參考乙遊戲規則，來看看有沒有可供參考之處，可以幫助我們指出甲遊戲規則的盲點、找到一條出路？要這麼做，我們仍然必須找到一個在「西方的」社會科學研究上可以處理異質文化的途徑。這就是第五章要討論的主題。

第五章

學術的巴貝爾高塔倒塌之後

主說：讓我們到人世間混淆他們的語言，讓他們無法瞭解別人所使用的語言。（Gen. 11. 7-8.; King James Version）

聖經上巴貝爾高塔（Tower of Babel）的故事，描述的是「大洪水」之後巴比倫的情景1；但即使在數千年後的二十一世紀，它所呈現的場景以及引發的問題在我們這個後現代的世界，依舊鮮活。我們指責西方學界以「不科學」為理由，將「非西方」的文化思想隔絕在「科學研究」之外，則今天我們要談本土學術，也很難將「本土」隔絕在「世界」之外；如此跨越典範與文化傳統的「溝通」與「對話」就仍然是必須面對的議題。這不單只是亞非學界、也是西方學界的課題。也就是說，看似建立本土學術有兩個途徑：採取「特定文化取徑」去作「小敘述」，或是採取「泛文化取徑」將「普世性」作為目標，然而這兩條路同樣都無法迴避「異質文化」的課題。

就常理來說，人類向其他族群或文化「取經」的做法，可能從文化誕生的那天便已存在。印度佛學在中國的本土化、近數百年間非西方世界的現代化、以及儒家思想在東亞的擴散都是例子。本土學術研究發展需要顧及「本土需求」，但也不僅僅限於「本土需求」；還有不同的「知識論」、「本體論」與「方法論」的預設、世界觀及文化價值等考慮。今天西方知識體系既然是世界上現存的唯一知識體系，則「本土化」不可能以「去西方」為前提，也不能像當年翻譯佛經的儒者，以自己的方式及角度自由解讀、使用西方論述。本土的現象、觀點、思想與文化價值必須連結「源自歐洲的」知識體系，而作這樣的連結必須同時處理雙方在「知識論」等各方面的差異、也就是「異質文化」的問題；談到異質文化，勞思光將近代中國社會上流行的看法大分成三類：清中葉以降的「掘寶」、甲午戰爭之後的「換體」、與現代的「拼盤」[2]。現在解決問題不靠老祖宗的寶貝、也不指望換個身體，然而學界以為「好用就拿來用」的想法仍然普遍存在：這也反映在我們在第一章所談到的，華人、甚至亞非學界的「學術複製」現象。

勞思光認為過去數百年來中國人對於西方文化，常常不去注意不同的文化成果「為何可以擺在一起」的問題（勞思光：《西方思想的困局》，未出版）；「異質文化」不能隨便拼湊使用，是因為它（們）的排斥性與理論效力都不相同。換言之，理論與方法不是不能借用，但是如果跳過文化差異去尋求「兼容並蓄」、奢談「融合」，結果很容易得出沒有邏輯結構的「論述雜燴」；脈絡理路各不相同的觀點被挑選出來放在一起，表面上是「集大成」，實際上是上不了路的拼裝車，也就是勞思光所謂的「拼盤」[3]。這種「拼裝」的作法在本質上與「拿來主義」及「複製型研究」是一樣的。我們需要問的是，在什麼脈絡之下「兼容並蓄」、「異中求同」，又根據什麼標準來決定「去蕪存菁」？

西方思想的「一元論」常借助「非此即彼」的「二元對立」模式來思考概念問題，這使得「多元」、「特殊」與「普世」的對立少有轉圜的餘地；不過華人學者在西方論述體系裡面，卻也看到一些足以在概念上發展「異質文化」互通與轉化可能性的論述，對「本土學術」的討論有頗為重要的參考價值。針對當代「解構」、與「後現代」思潮中否定知識與真理的「反絕對主義」傾向，勞思光借用康德（Immanuel Kant, 1724–1804）說法，提出了「成素分析」的概念[4]。所謂「成素分析」，就是任何一個系統當中都有「開放」、也有「封閉」的成分，而不是像哲學上——包括系統論者——所認為的，系統有兩

1 Genesis 並沒有提到高塔的毀壞，但是人們的語言被混淆之後就停止建造他們的城市，並且分散到世界各地。然而在其它的經典，包括：the Book of Jubilees，上帝以一陣強風吹倒了高塔。

2 勞思光：《西方思想的困局》，台北：台灣商務印書館，二〇一四年版。

3 同上。

4 同上。

種：不是封閉的、就是開放的。也就是說，所有的知識系統都會面臨共同的問題、也都訴諸共同的知識、孕育符合共同需求的文化成果，這是一個系統「開放」的部分、也是它「共同」、「普世」和最具發展潛力的部分；但是每個系統也都有它被歷史文化社會背景決定的部分，這是它「封閉」的部分、是「特殊」的。既然如此，我們就不能說某些命題——例如「真理」、或「普遍有效的命題」——是永遠不可能達到的，因為它是一個認知活動的「方向」、是有意義的，因此也有普遍成分存在。

同樣針對「異質文化」的互通與轉化，黃光國與沈清松由「建構實在論」（constructive realism）中「外推」（strangification）的概念得到啟發[5]。沃爾納（Friedrich Wallner，或 Fritz Wallner）所提出的「建構實在論」是一種「認識論」策略，原意在保存科學知識傳統（包括科學的普世性與有效性）的同時，也顧全「相對主義」（relativism）對於科學理性的否定。沃爾納主張，如果一個科學命題系統由它的原始脈絡中被抽離出來、放置在另一個脈絡中，我們就可以由其間出現的問題發現這命題系統所隱含的預設。不但如此，每一個科學所建構的世界都是一個「微世界」（microworld）、並且有其獨立的語言規則；但是如果一個命題經由翻譯「外推」到另一個微世界而仍然能夠運作、發展，就表示這命題具有真理；反之則表示難以「普遍化」。黃光國因此認為，這樣的理論模式可以幫助我們檢視在本土脈絡中建構理論的普遍性[6]。沈清松則將「外推」的概念進一步擴展到文化哲學的領域，以描述一種文化交流與跨文化哲學的研究策略[7]。在這層意義上，無論是語言的、實踐的、或本體的「外推」，它都是一種「走出自我和走向多元他者的行動」[8]；如果哲學話語或命題經過翻譯或終極實在體驗而能被另一哲學傳統瞭解，則這樣的行動提高了命題的普及性，否則就表示它有偏限性、需要批判檢討。

---

5 黃光國：〈由建構實在論談心理學本土化〉，蘇峰山總編：《「社會科學理論與本土化」學術研討會論文集》，嘉義縣大林鎮：南華大學教社研所，一九九九，頁1－39；Viencent Shen, "Truth and strangification: Religious dialogue between Buddhism and Christianity," 參見 http://www.midline.net/nfp/PDFs/Shen.pdf；陸敬忠、曾慶豹主編：《從對比到外推：沈清松教授祝壽論文集》，新北市中和區：台灣基督教文藝（桃園縣中壢市）：中原大學宗教研究所，二〇〇九年版。

6 黃光國：〈多元典範的研究取向：論社會心理學的本土化〉，阮新邦、朱偉志主編：《社會科學本土化：多元視角解讀》，美國紐澤西：八方文化：社會科學文獻出版，二〇〇一版；黃光國：〈由建構實在論談心理學本土化〉，蘇峰山總編：《「社會科學理論與本土化」學術研討會論文集》，嘉義縣大林鎮：南華大學教社研所，一九九九，頁1－39。

7 沈清松：〈哲學會通與當代中國哲學道路的探索〉（2008），參見 http://isbrt.ruc.edu.cn/pol04/Article/principle/universal/200811/3600.html。

8 同上。

余德慧在討論本土心理學時，同樣曾經借用跨文化理解來關照學術研究中的異質文化問題，也就是她稱之為「文化解碼」與「文化交互性」的兩個概念[9]。余德慧認為，本土化真正的轉化不是在本土複製主流心理學研究，而是在充分了解、掌握心理學知識後，將深植於傳統及人們意識的基本思維與行事理路背後「基本存有預設軸線的歷史性原型」揭露出來[10]。不同於一般個體在社會互動中所作的文化理解，由時間和空間所產生的距離，使得研究人員的文化理解具有一個獨特的詮釋空間，這空間使他能夠在經驗之外透過視角的選擇，來達到「再認識」的目的。例如我們對一位漢代文人觀點的詮釋，是將這觀點轉置到現代科學研究的脈絡裡去理解的，重點也不在忠實呈現原來的內容，而是將這想法的思維原型當作材料，以另一視角進行研究者、被理解對象與科學理論的三方對談。這種「文化間際的交互理解」所帶來的視野的交融，使得現代科學理論與傳統觀點雙方都被賦予新的意義，研究者得到新的文化理解。

對於發展本土論述而言，上述幾位華人學者所提出的觀點對於突破「普世」與「特殊」、甚至「特殊」與「特殊」之間的僵局，無疑有重要意義。根據「封閉」與「開放」成素的概念，「普世」與「特殊」性質是共存在同一個系統或秩序之內的；端視我們觀察的角度與面向而定；由人類共同面對的問題著手，我們就會看到體系中開放與普世的一面，否則就會看到封閉與特殊的一面。換言之，「多元」與「普世」之間可以是一體的兩面。另方面，「外推」策略所勾勒的，是「多元」系統間交流的可能性、以及哲學或科學命題在交流過程中「普世性」的增長；換言之，「普世」必須通過無數「特殊」的檢驗逐漸形成。

「封閉／開放成素」以及「外推」策略激發我們重新建構「特殊／普同」概念間關係的想像，然而就回答前述「如何本土化」的問題而言，卻無法一步到位。首先就「開放與封閉成素」而言，如果系統中存有開放成素，則這系統之內的成素之間不但彼此互動，甚至系統與系統之間也必然存有一種相互定義、彼此滲透的關係[11]。例如人腦的構造是全人類共同的，文化是特殊的；但是近年來已經有科學家發現，青少年時期人腦是在感官刺激影響之下成長的；刺激的性質形塑腦細胞之間的連結方式，進而形成思考與行為所需要的網絡[12]。因此所有人類在飢餓的時候都會有進食的欲望，但是這種進食的欲望可以因為

9 余德慧：〈本土心理學的基礎問題探問〉，葉啟政主編：《從現代到本土：慶賀楊國樞教授七秩華誕論文集》，台北：遠流，二〇〇二年版，頁168－169。

10 葉啟政：〈「本土契合性」的另類思考〉，《本土心理學研究》，第八期，一九九七年，頁121－139。

11 Ludwig von Bertalanffy. *General System Theory: Foundations, Development, Applications* (New York: George Braziller, 1976).

12 Bruce E. Wexler. *Brain and Culture: Neurobiology, Ideology, and Social Change* (Massachusetts, MIT Press, 2008).

宗教或健康原因而調整。這和我們在第四章提到的，伊德有關「身體與科技經由互動相互建構」的主張是相似的道理[13]。同樣的，我們可以說凡人類社會都會有衝突的時候，這是所有社會的共同問題、也是開放成素；然而我們很難說所有社會對於「衝突」都有一個固定的、共同的理解方式；究竟什麼情況會被視為「衝突」、以及「衝突」本身是否純然是負面、抑或也有正面意義，是受到每個社會的歷史文化成素的影響。以西方論辯的傳統來說，「評論他人所提出的命題」是一種思考方式的呈現，談不上「衝突」；然而對於講究和諧尊卑的文化，這裡卻可能包含衝突的因子。東方文化在經過現代化的洗禮之後，「衝突」的意義已經與現代化之前大不相同、但與西方卻又仍然存有微妙的差異。在許多華人所舉辦的學術論壇當中，擔任評論的一方在說出一篇論文的缺失時，經常會先有一番自謙之詞、或是稱讚該論文的可取之處，以降低「挑戰」與「衝突」的意味。這顯示系統與系統之間的互動可以導致封閉成素的轉變。

如果「開放」與「封閉」互為因果，則兩者非但不是一成不變，彼此之間也存在一個相生相成的共生關係。換言之，我們不能只由共同問題去發展普世性、也不能只看封閉成素以堅守特殊性；那麼此一意義之下的「普世」還是傳統意義中的「普世」嗎？事實上，假使我們只談系統中的兩類成素、而不考慮兩者在一個變動系統內的互動關係，則論述仍舊沒有脫離西方機械式（mechanical）的思維方式、也就難以看出「普世性」概念本身的侷限；這部分我們在後面有更深入討論。

至於「外推」的概念，重點主要在提出一個檢驗、並推展命題有效性及普世性的方法，但是對於如何處理根本文化差異的問題，卻沒有太多著墨。事實上，「建構實在論」所遵循的，仍然是由科學想像而來的思維框架。林端及余德慧在評論黃光國的多元典範論述時，都看到「斷裂」、以及「不可共量」（incommensurability）[14]的問題。林端認為，「建構實在論」偏重行動者本身及行動與外在「微世界」的互動，並沒有考慮不同微世界之間的「不可共量性」。然而在本土論述中處理「異質文化」最大的挑戰之一，正是「不可共量性」；諸多「假本土」、以及「複製型研究」的出現，皆因為忽視了「外來」與「本土」之間無法輕易經由翻譯甚至詮釋顯現出來的深層差異、以及概念的、理論上、方法上或典範上的「不可共量」。事實上，除了微世界之間的「不可共量」，微世界與生活世界之間的斷裂，也使得本土心理學無法合情合理地呈現區域文化歷史的意涵。既然微世界視為一可以被瞭解的，則一切仍然必須回歸到科學及理性所能處理的範疇[15]。

---

13 Don Ihde, *Bodies in Technology.* (Minneapolis: University of Minnesota. 2001).

14 阮新邦、朱偉志主編：《社會科學本土化：多元視角解讀》，美國紐澤西：八方文化：社會科學文獻出版，二〇〇一年版，頁287、頁293。

15 余德慧：〈本土心理學的基礎問題探問〉，葉啟政主編：《從現代到本土：慶賀楊國樞教授七秩華誕論文集》，台北：遠流，二〇〇二年版。

對於藉「建構實在論」來構築本土論述，林端看到的另一個問題，是「用本土文字寫作、翻譯到國際通用語言」，本土社會心理學是否就會逐步建構成功[16]？同樣的，余德慧所提出的跨文化理解可以賦予概念新的意義，然而將葉啟政所謂的「思維與行為理路背後的歷史性原型」放在一邊、容許研究者採取一個「完全不同於作者原始意識」的脈絡來作理解，是否能避免時下許多「假本土研究」所犯的錯誤？這其中似乎仍有一些論述的跳躍，需要更細緻地去處理。

對於本土論述的產出，葉啟政有一套自成一體的理論。葉啟政認為，「本土化」問題的核心，在於有效提供具特定歷史文化意涵的意義，以啟發人們理解自己的處境[17]；由這層意義來看，不僅只是「建構實在論」，包括「開放／封閉成素」與「外推」，都可以說只是一種「導引研究的基調」。這種基調有其價值，但並非「具體可行的實際研究操作策略或適當概念語言的選擇」；至於「具體可行的操作策略」，雖然許多學者均有原則性的提示，然而文獻中仍以葉啟政所提出的構想最為完整。簡單說，葉啟政對於「本土化」取徑的中心主張有兩項重點：

1. 由西方知識體系的感知理路及預設等發展脈絡中，勾勒它的文化特質與歷史侷限性、並找出可能的「分離點」[18]。也就是說，即便現代文化早已是「傳統／外來」的融合體，「本土化」的「首要功課」仍然是「參照傳統所留存的『文化磁滯效應』、反思西方概念與基本命題的歷史文化特質，並據此分辨它在本土的適用性」[19]。

2. 對照「本土」與「全球」軸線，進行具「搓揉」性質的「迴轉」功夫；使得兩者的互動成為「你中有我、我中有你」的交融混和狀態[20]。在這搓揉「迴轉」的

16 阮新邦、朱偉志主編：《社會科學本土化：多元視角解讀》，美國紐澤西：八方文化：社會科學文獻出版，二〇〇一年版，頁293。

17 鄒川雄、蘇峰山編：《社會科學本土化之反思與前瞻：慶祝葉啟政教授榮退論文集》，嘉義縣大林鎮：南華大學教育社會學研究所，二〇〇九年，頁9。

18 葉啟政：《社會學和本土化》，台北市：巨流，二〇〇一年版，頁187。此處尋找分離點的意圖是否如鄭祖邦、謝昇佑所解讀到的，「告別西方理論的出口」似有討論空間；如果確是要對西方進行一次「革命性的『揚棄』」，則又如何由「搓揉」進行「迴轉」——尤其是從「交融混和」達到「一般性」？

19 鄒川雄、蘇峰山編：《社會科學本土化之反思與前瞻：慶祝葉啟政教授榮退論文集》，嘉義縣大林鎮：南華大學教育社會學研究所，二〇〇九年，頁19。值得特別注意的，是許多其他學者也都十分強調「歷史文化脈絡」的重要性，然而葉啟政的重點十分明確是放置在「概念」與「命題」的歷史文化脈絡。楊中芳主張將「歷史文化脈絡與個體行動扣連」，便與葉啟政的主張明顯不同。

20 葉啟政：《社會學和本土化》，台北市：巨流，二〇〇一年版，頁185。

過程當中，「本土化」企圖影響的仍是「一般性」、終至「整體性」。因此之故，這「一般」必然是要始於「特殊」的[21]。

上述主張為「如何發展本土學術」作了一個重要的揭示，也就是先找出本土與西方的差異（分離點），將「全球」還原為「特殊」的揭露、批判功夫之後，再由「迴轉」、交融走到「一般」的理論建構。換言之，這是一個批判／吸納、對抗／融合、破壞／建立的過程；其中有解構，也有重構。以一種階段性策略的宣示來看，則它對於「如何本土化」問題中的第二個關鍵問題：如何處理「本土」與「全球」之間的深層差異——換言之，也就是「異質文化」的問題所提出的解決方案，已經有深刻的參考價值。葉啟政認為，進入概念與命題的歷史脈絡，我們不但得以建立「本土」與「全球」的文化軸線、揭發原有論述的「留白」、拆解其背後的預設，並且同時彰顯創造「另類」「歷史文化質性」的迴轉面向。

如果我們以空拍圖來做比擬，則上面的論述已經足夠讓用路人對於他到達目的地所需要經過的路徑有一個認識。然而如果「破解」西方理論的目的是要有所「建立」[22]，則「本土化」的最終目標也不僅僅在於再進入或批判傳統[23]，而是在「破」之後的「立」可以怎麼完成、以最終達到葉啟政所期許的「一般性」或「整體性」。但空拍圖並非地圖、更非衛星導航系統；在最後的「立論」階段，我們似乎在「搓揉遊戲」看到與黃光國談「建構實在論」時所留下的類似的問題，也就是：如何在創造了迴轉面向之後「走出去」、以達到一般性？這一步看似水到渠成，實則相當艱鉅。「融合」、「搓揉」都是頗有儒道色彩的概念，但在社會科學所承襲的西方傳統之中，「特殊」與「特殊」、「特殊」與「普世」都是互不相屬、甚至對立的兩元，要由一端融合、搓揉出另一端，這當中牽

21 葉啟政：《社會學和本土化》，台北市：巨流，二〇〇一年版，頁186。

22 謝立中：〈走出「結構—行動」困境：現代人的難圓之夢——對《進出「結構—行動」困境》一書的若干評論〉，《社會理論學報》，五（一），頁1—19；鄭祖邦、謝昇佑：〈葉啟政主義與台灣社會理論的本土化〉，鄒川雄、蘇峰山編：《社會科學本土化之反思與前瞻：慶祝葉啟政教授榮退論文集》，嘉義縣大林鎮：南華大學教育社會學研究所，二〇〇九年，頁295；葉啟政：〈對社會學預設的一些反省〉，《中國社會學刊》，十一，一九八七年，頁1—21；葉啟政：〈學術研究本土化的「本土化」〉，《本土心理學研究》，一，一九九三年，頁184—192；葉啟政：〈等待黎明——對近代中國文化出路之主張的社會學初析〉，陳其南、周英雄編：《文化中國：理念與實踐》，台北：允晨，一九九四年，頁73—108；葉啟政：《進出「結構—行動」的困境：與當代西方社會學理論論述對話》（修訂二版），台北：三民，二〇〇四年。

23 湯志傑：〈本土觀念史研究芻議：從歷史語意與社會結構摸索、建構本土理論的提議〉，鄒川雄、蘇峰山編：《社會科學本土化之反思與前瞻：慶祝葉啟政教授榮退論文集》，嘉義縣大林鎮：南華大學教育社會學研究所，二〇〇九年，頁315。

涉的不單單是異質文化、還有千餘年來西方思想上屹立不搖的「一元論」問題。

回到我們先前所提到的兩個「本土化」困局：「普世」與「特殊」的二元對立、以及研究方法對於處理「異質文化」的不足之處，則上述勞思光、沈清松、黃光國與葉啟政的論述觀點已經提供了走出困局的重要線索。如果「回歸本土」是一場接力賽，則接下來的挑戰，是我們是否有足夠的智慧「站在巨人的肩膀上看到未來」[24]。

本章的主要目的並不是要下結論、或提供所有問題最終的解決方案，而是嘗試由方法論的角度出發，來看看社會科學本土化下一步可以「怎麼做」。由「外推」概念，我們了解到「詮釋」（interpretation）與「翻譯」（translation）可以化解「多元典範」下的各個知識體系與思想傳統之間交流、互通的問題，因此以下的論述將由「詮釋學」的觀點作為出發點。但「本土化」需要處理的不只是歷史所造成的隔閡、還包括空間、與異文化間的鴻溝，因此「詮釋學」之外，本章也將藉由科學哲學（philosophy of science）以及成素分析的論述來重新建構「普世」與「特殊」間的關係，尋找由「普世」到「特殊」、再由「特殊」到「可共量性」的途徑。同時需要澄清的是例如「共同性」、「普世性」、「相通性」與「可共量性」（commensurability）這些關鍵概念間的差別。「不可共量」（incommensurability）的概念——尤其是孔恩（Thomas Samuel Kuhn, 1922—1996）在解釋「不可共量性」如何關聯到「可溝通性」（communicability）、以及「可比較性」（comparability）上所做的澄清[25]，在科學論述的範疇之內提供了一個由異質文化的「特殊性」走向普世「普世性」的蹊徑，也是我們討論「本土化」一個重要的核心概念。

本章的主要論點是，由於文化、語言與意義具有「開放性」、是不斷變化的，因此與其預設具有「封閉」特質的「相同性」（commonality）與「統一性」（uniformity），不如強調具有開放性質的「相通性」或「可共量性」（commensurability），如此我們一旦建立「本土」與「西方」的「不可共量性」，不但可以透過詮釋，鋪陳「本土」的觀察角度與思想，還可以在「共通」的基礎上帶入「特殊」多元豐富的視角與體驗，建構解釋力更強的論述；也就是由「特殊」邁向「共通」，將「本土化」帶向一個更寬廣的討論空間。確實，這麼做並不會解決「歐洲中心主義」帶來的所有問題，但或可在「如何發展根植本土學術主張」的議題上，刺激更進一步的討論、並找出未來更為可行的方針。

---

24 鄭祖邦、謝昇佑：〈葉啟政主義與台灣社會理論的本土化〉，鄒川雄、蘇峰山編：《社會科學本土化之反思與前瞻：慶祝葉啟政教授榮退論文集》，嘉義縣大林鎮：南華大學教育社會學研究所，二〇〇九年，頁297。

25 Thomas S. Kuhn, James Conant and John Haugeland,eds., *The road since structure : philosophical essays, 1970-1993, with an autobiographical interview* (Chicago : University of Chicago Press, 2000).

一、理解、詮釋與翻譯

傳統上「詮釋學」的論述非常強調人類在理解事物時的歷史、語文及人性（humanist mode）。「詮釋學」源自於「神學」與「文獻學」，最初關心的是如何將古老的宗教與經典文學文本翻譯成現代文字。「詮釋學」主張，理解是經由「視域融合」（fusion of horizons）達成的。每個人都有他據以理解事物的語文與歷史背景，當翻譯者進入主題與情境的視域時，他便是根據這兩者之間共享的視域來理解的[26]。正如高達美所主張的，要克服譯者與作者的歷史距離，我們必須要將自己的歷史意念放置在歷史的視域當中，只有在這樣的情況之下，兩者才能夠進入同一個大視域中，由內在轉進、超越「現在」，擁抱我們意識的歷史深度[27]。正因為「解釋」脫離不了「脈絡」與「視域」，因此在作任何有意義的解釋之前，翻譯者必須對資料與情境取得一個「前理解」（pre-understanding），這樣他的理解視域才會和他在文本中所遭遇的理解視域融合[28]。

由於詮釋學者主要的任務是古典文本的翻譯，因此他們對於時間、而非空間所造成的鴻溝更為重視。但是當我們翻譯的是不同的文化、以及典範語言時，我們的關懷重點其實是在文本所自成的世界與讀者所存在的世界兩者間的鴻溝。在「詮釋學」的傳統，呂格爾（Paul Ricoeur, 1913 – 2005）在這方面的探索，特別值得我們關注。

文本所自成的世界與翻譯者的世界之間，究竟有沒有跨越鴻溝的可能性，西方學界對此有截然對立的兩種看法。「相對主義者」（relativists）認為兩者之間存在無可跨越的障礙[29]。對於這一點，呂格爾認為是無法成立的。同樣的，他也不認為人世間所有語言都發源於一套純粹的（pure）、原始的（original）語文。這種論點認為，由先驗的符碼以及具有統一

26 Richard E. Palmer, *Hermeneutics : interpretation theory in Schleiermacher, Dilthey, Heidegger, and Gadamer* (Evanston, Ill. : Northwestern University Press, 1969,)p.26.

27 Hans-Georg Gadamer, *Truth and method,* Trans. Garrett Barden and John Cumming (London : Sheed & Ward, 1975,)p.271.

28 Richard E. Palmer, *Hermeneutics : interpretation theory in Schleiermacher, Dilthey, Heidegger, and Gadamer* (Evanston, Ill. : Northwestern University Press, 1969,)p.26.

29 因為形成語言學基礎的語音（phonetic）刻劃事物的方式不同，因此語音系統（phonological system）「不可重疊」——也就是說，使用一種語言的人，他們對於世界的認知無法重疊在使用另一種語言的人對於世界的認知之上。其他人的認知彼此之間的關係和使用另一種語言的人用以瞭解他們自己、以及他們和世界的關係是無法重疊的。然而，呂格爾指出，翻譯仍然存在，而世界上也不乏能夠使用兩種生活以上語言的人。參見 Paul Ricoeur, *The conflict of interpretations*, Don Ihde,ed., (Evanston, Ill. : Northwestern University Press, 2007,)p.109.

性（unity）理念所組成的這種純粹與原始的語文，是以先驗、普世的架構存在的[30]。對於上述「語文究竟是否『可翻譯』」的辯論，呂格爾形容是「一連串的『雖然／但是』」[31]；也就是說，「雖然」每種語文都有獨特的表達方式與語彙（idioms），「但是」還是有很多人可以嫻熟多種語文，並充分掌握翻譯和口譯的要訣。對於上述這些相互矛盾對立的主張，我們所能夠做出的最好結論是：翻譯是「可能」的，但永不「完美」。正因為沒有兩組文字的意義是可能完全一樣的，翻譯所能作的充其量就是找到「相等」的（equivalent）字彙[32]。換句話說，一個翻譯的最大成就是為文本找到「意義最接近」的「對應」文字。但是當翻譯牽涉到不只是語文，還有概念和學術群體時，原始文字與對等文字之間仍然存有相當差異，那麼可以怎樣做才能達成「最佳解決方案」？

「不可共量性」這個名詞是由一個完全不相同的、「科學哲學」的脈絡中發展出來的，並且在「翻譯」的議題上也激發了不少類似的討論。根據韋氏大辭典的定義，「不可共量性」即「欠缺比較的基礎」；孔恩利用它來描述舊典範與新典範之間「不可調和」的差異[33]。很簡單地說，「可共量」的語文是「可翻譯」的，而「不可共量」的則否[34]。

根據孔恩的說法[35]，新舊典範「不可共量」，是因為典範間的差異不只在內涵[36]。一個新典範重新定義了所有相關的科學領域；同時當研究問題改變的時候，用以區分一個科學的解決方案與其他命題之間差異的標準也改變了。因此由「科學革命」而來的「常態科學」傳統不但和它之前的傳統不可比較、常常也不可共量。

「不可共量性」的想法對於孔恩有關「科學革命」的架構是非常重要的。然而，他

30 班傑明（Banjiman）、培根（Francis Bacon）與萊比尼茲（Wilhem Leibniz）的主張植基在一個假設上，也就是符號以及它所代表的事物、語言與世界、以及普世 (universal) 語言與實證語言（tomgue）之間必須有完全的一致性（homology），但呂格爾認為以上都不存在於現實世界。參見 Paul Ricoeur, *The conflict of interpretations*, Don Ihde,ed., (Evanston, Ill. : Northwestern University Press, 2007,)p.111.

31 Paul Ricoeur, Don Ihde,ed.,*The conflict of interpretations* (Evanston, Ill. : Northwestern University Press, 2007,)p.111.

32 Paul Ricoeur, Don Ihde,ed.,*The conflict of interpretations* (Evanston, Ill. : Northwestern University Press, 2007,)p.114.

33 Thomas S. Kuhn, *The structure of scientific revolutions* (Chicago : University of Chicago Press, 1962).

34 Thomas S. Kuhn, James Conant and John Haugeland,eds., *The road since structure : philosophical essays, 1970-1993, with an autobiographical interview* (Chicago : University of Chicago Press, 2000,)p.4.

35 Thomas S. Kuhn, *The structure of scientific revolutions* (Chicago : University of Chicago Press, 1962,)p.92.

36 Thomas S. Kuhn, *The structure of scientific revolutions* (Chicago : University of Chicago Press, 1962,)p.103.

無法解釋為何「在不同典範之下從事研究的科學家仍然能夠跨越科學革命的鴻溝、互相溝通」，也因此廣受批評。為回應上述批評，孔恩在晚期的作品當中[37]，嘗試區分「翻譯」與「詮釋」的不同。「翻譯」需要一個了解兩種語文的人來「有系統地將一個語文文本中的字串以另一個語文的字或字串來代替」。而且，「替換的方式需要在另外一種語文裡面產生一個相等的文本」。在這裡「相等」是指「或多或少一樣的」[38]。相對地，「詮釋」需要瞭解一種語文，但它牽涉的還不只是以一組字或字串來取代另一組字或字串。正如文本可能包含不可瞭解的內容或銘文，並呈現不同的想法或文字組織方式。詮釋者必須發展一些假設，學習原有文本當初的時空環境背景、以理解他所詮釋的文字。

「不可共量」的文本不可「翻譯」、但可「詮釋」，是因為任何兩種語文、理論、或概念當中所不能翻譯的詞彙，都是由一組次級（subgroup）詞彙所構成的。要學習與詮釋這些「不可共量」的語文，我們就必須要發掘「概念詞彙」（conceptual vocabulary）裡面不同類別的用法、並且在另一種語文中找到這些類別，再進行詮釋學的解說。因此即使詮釋者自己的語文無法提供相等的辭彙，他仍然可以學會這個文本；並且將這文本的意思表達出來。這也就是說，只要下足功夫，「不可共量」、「不可翻譯」的語文、理論、或概念都可以被「學懂」、並且被詮釋。「不可翻譯但可共量」的詞彙因此並不見得是「不可詮釋的」。不但如此，比較不同典範之間的「深層（不可共量）差異」也成為可能[39]；「不可共量」並不是「不可比較」、更非「不可溝通／傳達」[40]。孔恩對於「不可共量」意義的澄清，對我們由「不可共量性」發展「可共量性」指出了一條非常重要的途徑。

---

37 Thomas S. Kuhn, James Conant and John Haugeland ,eds., *The road since structure : philosophical essays, 1970-1993, with an autobiographical interview* (Chicago : University of Chicago Press, 2000,)p.38.

38 Thomas S. Kuhn, James Conant and John Haugeland,eds., *The road since structure : philosophical essays, 1970-1993, with an autobiographical interview* (Chicago : University of Chicago Press, 2000,)p.36.

39 Richard J. *Bernstein, Beyond objectivism and relativism : science, hermeneutics, and praxis* (Oxford : B. Blackwell, 1983); B.D. Slife, "Are discourse communities incommensurable in a fragmented psychology? The possibility of disciplinary coherence," *The Journal of Mind and Behavior*, 21 (3),2000, p.261-272.

40 Thomas S. Kuhn, *The structure of scientific revolutions* (Chicago : University of Chicago Press, 1962; L.H.Eckensberger , "Paradigm revisited: from incommensurability to respected complementarity,," in Heidi Keller, Ype H. Poortinga and Axel Schölmerich, eds., *Between culture and biology : perspectives on ontogenetic development* (Cambridge, UK ; New York, NY:Cambridge University Press, 2002);Thomas S. Kuhn, James Conant and John Haugeland,eds., *The road since structure : philosophical essays, 1970-1993, with an autobiographical interview* (Chicago : University of Chicago Press, 2000).

「不可共量性」的存在與「不可能性」（impossibility）也引起其他哲學家的論辯[41]。麥金泰爾（Alasdair MacInryre）在討論非常不同的族群間的語文時，提出一個看法：就是「學習語言」與「瞭解文化」彼此之間不是相互獨立的[42]。當一個語文擁有一些另一語文所沒有的概念與俗諺時，就會有「不可翻譯」與「不可共量」的情況發生。此時唯一的解決方案，是猶如學習母語一般地去學另外這個語文。這麼做需要經過兩個階段：首先我們要像學習母語一樣去學習第二種語文，然後才能知道我們是無法將第二種語文精確地翻譯成第一種語文的[43]。唯有經由這個方法，我們才有可能「比較」與「分析」看起來「不可共量」的概念與思想；例如將亞理斯多德與孔子的「道德觀」，以及「現象學」與印度哲學家的思想去作比較[44]。

二、對於詮釋的挑戰

上述文獻的回顧，並沒有涵蓋有關於「理解」、「詮釋」、以及「翻譯」的所有文獻；但是由我們所看到的，在詮釋者的世界與文本世界當中存在的距離，即使這些議題被討論的脈絡有很大的不同，下列的這些重點仍有值得我們注意之處。

（一）雖然源頭不一，但語言與意義兩者都具有某一種程度的開放性與不確定性（infiniteness）。巴特（Roland Barthes, 1919－1980）將意義的多重性歸咎到符號的本質[45]。「符號不是影像，而是意義的多元本身」[46]。其他的人卻認為語言與意義

---

41 Paul Feyerabend, *Against method : outline of an anarchistic theory of knowledge* (London : Verso, 1978).

42 Dudley Shapere, "Meaning and Scientific Change," In R. Colodny (ed.), *Mind and Cosmos: Essays in Contemporary Science and Philosophy* (Pittsburgh :University of Pittsburgh Press,1966); Alasdair MacIntyre, *Who's justice ?Which rationality?* (Notre Dame IN: University of Notre Dame,1988).

43 Alasdair MacIntyre, *Who's justice ?Which rationality?* (Notre Dame IN: University of Notre Dame,1988).

44 Alasdair MacIntyre, *Who's justice ?Which rationality?* (Notre Dame IN: University of Notre Dame,1988),p.387.

45 Wimal Dissanayake, "Asian approaches to human communication: Retrospect and prospect," *Intercultural Communication Studies*, 12 (4),2003, p.17–37.

46 Roland Barthes ,*Criticism and truth*, trans.and ed., Katrine Pilcher Keuneman (Minneapolis : University of Minnesota Press, 1987).

Roland Barthes ,*Criticism and truth*, trans.and ed., Katrine Pilcher Keuneman (Minneapolis : University of Minnesota Press, 1987),p.67.

的開放性和使用語言的人，有非常重要的關係。舉例來說，施萊爾馬赫〔又譯為士來馬赫（Friedrich Daniel Ernst Schleiermacher, 1768－1834）〕就認為「詮釋」是一種藝術，正因為「有限的」（finite）以及「確定的」（definite）都是由「無限」與「不確定」所建構出來的[47]。一個人的直覺以及他所受到的外在影響是無限的，語文也是如此；因為每一個元素都可能被其他的元素以一個特殊的方式來決定。羅蒂（Richard Rorty）將人類的心智與信念、渴望以及態度（sentential attitude）間的網絡做比擬[48]；為了要容納不斷出現的新信念與態度，這些網絡必須不斷地自我重新組織。

對高達美與呂格爾來說[49]，「象徵性文本」（symbolic text）「無限」、「流動」、與「多元意義」特質和「使用者」有非常密切的關聯。「意義」的範圍是由它被使用的脈絡、以及論述進行的情境所框限的。同樣的，人們所說的（signifed）、他們所論及的事物（referent）、以及整個世界都不斷在開啟「模糊」的可能性[50]；意義的穩定性並不是建立在一個普世的以及實證的現實當中的，而是由一個身處在社會以及歷史情境中觀眾來解讀的。「意義」的「開放性」使得我們在概念上討論「共同性」（commonality）以及「普世」法則、理論變得很困難，因為無論是概念或理論都無法不使用語言，也因此無法將他們自己與「意義」分離。

（二）對大部分的詮釋學者來說，「偏差」（bias）與「偏見」（prejudice）是無可避免的。「詮釋學」是一個教學法的工具，目的是在應付解釋文本的困難，從施萊爾馬赫開始，他們就不只是將這個方法用在「促進理解」，而更是在「避免誤解」[51]。比較更嚴格的一種做法，是先假定「誤解」是自然產生的，因此我們在每一個論點都需要去尋求「理解」[52]。在這一點上，海德格（Martin Heidegger, 1889－1976）認為「詮釋圈」（hermeneutic circle）內，

---

47 F.D.E.Schleiermacher, "Foundations:General theory and art of interpretation," in Kurt Mueller-Vollmer ed., *The Hermeneutics reader : texts of the German tradition from the Enlightenment to the present* (Oxfored : Basil Blackwell, 1985,)p.76.

48 Richard Rorty, *Philosophy and the Mirror of Nature* (Oxford: Basil Blackwell,1989,)p.93.

49 Hans-Georg Gadamer, *Truth and method ,Trans*. Garrett Barden and John Cumming(London : Sheed & Ward, 1975); Paul Ricoeur, Don Ihde,ed., *The conflict of interpretations* (Evanston, Ill. : Northwestern University Press, 2007,)p.117-118.

50 Paul Ricoeur, Don Ihde,ed., *The conflict of interpretations* (Evanston, Ill. : Northwestern University Press, 2007,)p.118.

51 Hans-Georg Gadamer, *philosophical hermeneuntics,trans*. and ed., David E. Linge(Berkeley : University of California Press, 1976,)p.xiii.

52 F.D.E.Schleiermacher, *Hermeneutik,* trans. H.Kimmerle(Heidelberg: Karl Winter,1959,)p.86.; Hans-Georg Gadamer, *hilosophical hermeneuntics,* trans. and ed., David E. Linge(Berkeley : University of California Press, 1976).

所有最初始類的「知曉」（knowing）都有一個隱藏的「正面（positive）可能性」——這是他用來形容「理解」的「前結構」（fore-structure）的概念[53]。然而這個可能性只有在詮釋者能夠防備他自己的想法、偏見、以及錯誤的概念時，才有可能實現。

高達美對於偏見的看法，顯示詮釋運作的過程很難以刻板的「客觀」或「科學」概念來界定；與此同時，其他一些常用的對立概念，例如「相對」、「主觀」也同樣不適用[54]。要避免「偏見」，詮釋者必須超越當下他所身處的「情境」，但問題是這個「情境」已經存在理解的過程當中了。高達美對於偏見的看法，同時也指出了「詮釋既非客觀、也非科學」的本質，因為若說科學要求的是「精準」或「精確」，這在人文領域裡不但難以達成，而且刻意追求的話反而容易流於僵化與呆板。就當代詮釋學的傳統來說，「嚴格」（rigorous）的要求更重於「精準」或「精確」，「嚴格」意味著詮釋者裡裡外外的檢視自己從事的研究之前提與成果之間的複雜關係[55]。泰勒（Charles Margrave Taylor, 1931~）對於「詮釋學是科學」的意見，也有類似的看法[56]，所以要能竟其事功，大部分還要靠詮釋者的良知、看他是否高度「自我知曉」那些深植於、並展現於個人生活方式的對於錯誤和偏差的醒覺。「我們對於理解的無能，植基於自己對自我的定義以及『我們是什麼』（what we are）之上」[57]。上述觀察，解釋了我們在進行研究時，詮釋學方法論的限制與重要性——尤其是在詮釋者與他所研究的文本或對象之間存在相當大的時空距離時。

（三）拉近文本和讀者之間的時空距離是詮釋者的責任。巴特主張「作者已死」[58]，因為後人是不可能將作者的經驗重新經歷一次的；他們所能做的，只是重建作者的經驗，而要這麼做就必須要能夠用讀者與閱聽眾的語言與媒介來講述。施萊爾馬赫的兩個命題，也就是「將讀者帶向作者」，以及「將作者帶向讀者」提出了縮短文本與讀者距離的另外一

---

53 Martin Heidegger, *Being and Time*, trans. John Macquarrie and Edward Robinson (Oxford, U.K. ; Malden, Mass. : Blackwell, 1962,) p.153.

54 帕瑪：《詮釋學》（嚴平譯），台北：桂冠出版社，一九九二年，頁287－289；Hans-Georg Gadamer, *Philosophical hermeneuntics:* trans. and ed., David E. Linge(Berkeley : University of California Press, 1976,)p.xv.

55 Martin Heidegger, *Being and time*, trans. John Macquarrie & Edward Robinson (Oxford, U.K. ; Malden, Mass. : Blackwell, 1962,)p.188-195.

56 Charles Taylor, *Philosophy and the Human Science* (Cambridge: Cambridge University Press, 1985).

57 Charles Taylor, *Philosophy and the Human Science* (Cambridge: Cambridge University Press, 1985,)p.57.

58 Roland Barthes, *Criticism and truth*, trans.and ed., Katrine Pilcher Keuneman (Minneapolis : University of Minnesota Press, 1987).

個途徑[59]。孔恩[60]與高達美不認為「過去」與「現在」是被時間所切斷、分割的[61]。高達美認為沒有過去，現在的視域是無法成形的，因此「理解」是一個「不斷融合視域」的過程[62]。孔恩也認為，任何年代的自然科學都植基於他們的前輩的概念以及做法當中[63]。因此這樣一個歷史的產物，只有透過「詮釋學」的技術，才能通到（access）概念本身。

「詮釋學」分析所無法做到的，是由不同的知識與文化傳統來詮釋文本，這種情況下，詮釋者與文本間的距離就不只存在時間，也同時存在空間、文化與典範。高達美與孔恩所注意到的時間上的連續性並不存在，因此「視域融合」也更加困難。對於不同思想傳統的古籍來說，文化間的碰撞不但更經常出現、且力道也更強。但即使存在這些障礙與挑戰，翻譯與具有多語文能力的人仍然不少。正如呂格爾所主張的[64]，我們必須注意到有關於「詮釋品質」以及「翻譯限制」的各種議題。一名研究人員雖然有可能對於兩個語文世界都擁有相當程度的知識與經歷，「詮釋」的任務仍可能需面對好幾種不同的「不可共量性」，而這些「不可共量性」當中可能是他並未覺察到的，或是他的知識範圍所無法瞭解和解釋的。

三、「不可共量性」的種類

就如同早先所提到的，「不可共量」並不見得是「不可比較」或「不可溝通」的，

因為任何「不可共量」的詞彙都不過是一整個理論或典範當中的許多詞彙之一[65]。如果詮

59 Paul Ricoeur, *Reflections on the Just*, trans. D.Pallaeuer(Chicago IL: The University of Chicago Press,2007).

60 Thomas S. Kuhn, James Conant and John Haugeland,eds., *The road since structure : philosophical essays, 1970-1993, with an autobiographical interview* (Chicago : University of Chicago Press, 2000,)p.221.

61 Hans-Georg Gadamar, *Wahrheit und Methode:Grundzüge einer philosophischen Hermeneutik* (Tubingen: Mohr,1960) ; Hans-Georg Gadamer, *hilosophical hermeneuntics*, trans. and ed., David E. Linge (Berkeley : University of California Press, 1976).

62 Hans-Georg Gadamar, *Wahrheit und Methode:Grundzüge einer philosophischen Hermeneutik* (Tubingen: Mohr,1960,)p.289 ; Hans-Georg Gadamer, *Philosophical hermeneuntic*, trans. and ed., David E. Linge(Berkeley : University of California Press, 1976,)p.xix.

63 Thomas S. Kuhn, James Conant and John Haugeland,eds., *The road since structure : philosophical essays, 1970-1993, with an autobiographical interview* (Chicago : University of Chicago Press, 2000,)p.221.

64 Paul Ricoeur, Don Ihde,ed., *The conflict of interpretations* (Evanston, Ill. : Northwestern University Press, 2007,).

65 Thomas S. Kuhn, James Conant and John Haugeland,eds., *The road since structure : philosophical essays, 1970-1993, with an autobiographical interview* (Chicago : University of Chicago Press, 2000,)p.36.

釋者可以由詞彙學習到「原始（native）詞彙」的意義、以我們希望翻譯的語言來描述它、並且以這個名詞作為這個意義的「代稱」，則「不可共量」也可被排除（ibid, p.39）。然而假使一個詞彙或概念無法被翻譯成另外一種語言，則要瞭解它詮釋者必須要學習這種語言；就如同高達美所描述的，「進入它的歷史和文化脈絡」，但如果這脈絡既非詮釋者所熟悉的傳統、也非他所使用的語言之一部分時，則「不可共量」的情況仍然可能發生。不幸的是，「局部不可共量」與「不可共量」在社會科學研究並不少見。大致來說，我們可以區分出三種最常在學術論述裡所看到的「不可共量性」：文化的、結構的、以及思想典範與學術傳統的「不可共量」。

（一）文化不可共量性（cultural incommensurability）

文化的「不可共量性」指在價值、歷史與文化脈絡或世界觀的差異，無法經由翻譯概念表達出來。譬如，「好辯性」（argumentativeness）來自「思辯」的概念。我們在第三章曾經提到，歐洲傳統裡，「思辯」所指涉的是一種希臘時代以來的溝通、互動與反思途徑，與哲學上的「理性對話」與「邏輯推論」、科學上的「命題論證」、以至於民主殿堂與法律程序中所牽涉的言辭辯論都有密切關聯；甚至可以說也是發現真理、以及人與人之間達成共識的重要方式。但是儒家文化著重以行為表現個人本性，「巧言令色」並不是什麼好事；「口才」不但沒有重要性，甚至也不被鼓勵；就連孟子也要為自己的「好辯」說一句「予不得已也」（《孟子・滕文公下》）。即使在現代化之後儒家文化已經有相當改變，與西方觀念的根本不同之處仍不可忽視；因此一項研究如果要比較東亞與北美受訪者的「好辯性」並非不可能做到，但是如果沒有同時將兩個文化在這方面所暗藏的「不可共量性」納入考量，則這種比較是沒有什麼意義的。

我們在第一章舉過「公共論域」的例子。這個由鄂蘭（Hannah Arendt）與哈伯瑪斯（Jürgen Habermas, 1929－）所提出的概念[66]，來自十八世紀歐洲，資產階級聚集起來討論有關共同利益事項的論域空間（discursive space），這前提是公民認知到這是對所有人都有利的運作方式；沒有這前提，公共論域便不可能誕生。但中國社會未必有這樣的背景條件。陳弱水認為，在中國傳統社會裡，人對於鄰里關係以外的事務通常是抱持負面態度的[67]；

66 Hannah Adrendt, *The human conditions* (Chicago: University of Chicago Press, 1958); Jürgen Habermas, *The structural transformation of the public sphere: An inquiry into a category of bourgeois society*, trans. by Thomas Burger(Cambridge, MIT Press, 1989, 1996).

67 陳弱水：〈傳統心靈中的社會觀——以童蒙書、家訓、善書為觀察對象〉，李丁讚編輯：《公共領域在台灣：困境與契機》，台北：桂冠出版公司，二〇〇四年，頁72－120。

具有公益意識的唯有仕紳階級。「好辯性」也罷、「公共論域」也罷，對於歐洲以外地區而言，都可以說是麥金泰爾（Alasdair Chalmers MacIntyre, 1929－）所謂的一種「資源缺乏」，也就是一個概念發展的脈絡在另外一個社會並不存在[68]。

社會科學概念在傳入中國初期，因為「文化不可共量」而來的概念上的「不可共量」是一個非常廣泛的問題。一八九九年梁啟超（1873－1929）翻譯了尾崎行雄一篇文章，這篇文章一開頭就說：「支那人未知有國家，安得有國家思想？」[69]當時中國人之所以沒有國家觀念不是因為中國人沒有國家，而是因為包括「國家」、「國民」、「社會」這些概念都是晚清才出現的；這也代表這些概念在中文原本並沒有對等的名詞。同一時期出現的，還有「哲學」、「宗教」、「主義」、「傳統」等等，而例如「積極／消極」、「具體／抽象」、「權利／義務」、「繼承」、「衛生」、「同化」、「幹部」、「藝術」等，更俱皆是由日文而來的「和製漢語」[70]。至於一時間無法翻譯的名詞，甚至有「音譯」的例子；「民主」最早的翻譯，是「德模克拉希」；五四時期所稱的「德先生」、「賽先生」便由此而來。

除了「資源缺乏」而產生的「文化不可共量」，另外一個經常出現的問題，是概念在另一種語言可以找到相對應的詞彙，但是兩者間卻潛存著「不可共量」的面向。與前者相比較，這種差距因為經常被忽略，因此誤導研究方向或結論的可能性更大。舉例來說，將「競爭」（competition）由英文翻成中文並不困難，然而中國人所習慣的競爭「方式」與西方人卻未必完全一致。在千餘年的科考制度影響之下，「競爭」對中國人並不陌生，不過那通常是指一種在「同一標準」之下的競爭，而非「物競天擇」式「你死我活」的競爭。即使現實生活中不乏「適者生存」的慘烈鬥爭，「競爭」卻不能公然跨越道德底線、破壞人倫與和諧，這使得許多華人觀眾對於早期西方一些「實境節目」中參賽者互相攻擊、彼此陷害的情節，感到難以接受71。

與「競爭」觀念有類似情況的是「階級」。根據字典定義，階級（class）、層級（hierarchy）、與種姓制度（caste）都可能是意義相互等同的名詞，也是可以相互翻譯的。

68 Alasdair Chalmers MacIntyre, *Whose Justice? Which Rationality?*（Notre Dame, University of Notre Dame Press, 1988）

69 ：《中國近代思想與學術的系譜》，河北教育出版社，二〇〇一年，頁173。

70 王汎森：《中國近代思想與學術的系譜》，河北教育出版社，二〇〇一年，頁160；黃克武：〈翻譯與中國現代性〉講演，參見 http://www.ym.edu.tw/ymnews/237/a1_3.html.。

71 例如「生存者」（Survivor）、「適者生存」（The Weakest Link）、「大哥」（Big brother）、以致於後來同類型的種種廚藝、才藝競賽等節目在二十一世紀初非常受到歡迎，見 Georgette Wang, " Glocalization backfired," International Association for Media Communication research Conference 2008,21-26 July.

然而，我們不可能不注意到這每一個字的意義背後，存有歷史、社會、以及文化背景的巨大差異。將「種姓」與「種族」、「社區主義」（communalism）與「反閃美主義」（anti-Semitism）等同起來，甚至於在心理學研究將「賤民」（subaltern）與一國之內的少數族裔等同起來，都顯示了概念上的「不可共量性」。

（二）結構不可共量性（structural incommensurability）

「結構不可共量性」是指不可經由翻譯所表達的政治、社會、經濟或教育體制在結構或型態上之差異。這種牽涉到社會政治或經濟體制的概念，常常涵蓋著十分複雜的內容，被「移植」到另一社會文化脈絡時，其中的「不可共量性」尤其容易被忽略。近世最經常被嚴重誤解的概念之一，是「封建社會」。五四時代，知識份子受到日本與西歐經驗影響，將中國的落後歸咎於「封建思想」[72]；一時之間，「封建遺毒」猶如過街老鼠、人曰可打。然則「封建社會」究竟是什麼？在西方歷史上，封建社會（feudal society）一般指的是九到十五中世紀歐洲實行「封建主義」制度的社會型態。在這種政治制度之下，王室（lord）將土地分封給諸侯、武士（vassal），以交換對方在軍事上與政治上的效忠。本已掌握軍事資源的這些人因此得以建立自己的莊園（fief）、再以人身安全與土地的使用權交換佃農的勞力成果。由中國歷史上來看，勉強可以稱之為封建社會的，其實只有在西周一個短暫的時期。到了十八世紀，封建體制在亞當史密斯（Adam Smith, 1723—1790）筆下成為一種由世襲利益、而非市場機制所掌控的制度。馬克思認為，封建社會造成地主與被地主剝削的佃農間的階級對立；然而這種對立不鮮明、不強烈、也不固定；是到了資本主義時代，社會才分裂為直接對立的兩個階級[73]。那麼近代中國情形又如何？

一九三八年，自命為農民代言的梁漱溟與無產階級政黨領袖毛澤東，在延安一場討論會上所提出的看法，可以說是南轅北轍、全無交集。梁漱溟認為，中國農村分化與階級對立不鮮明、不強烈、不固定，因此無所謂封建社會、也不需要革命。然而毛澤東卻認為中國農村存在著尖銳而不可調和的階級分化與階級對立，無疑是封建社會，必須進行徹底革命。問題是，馬克思主義者認為封建社會的階級對立是不鮮明、不強烈、也不固定的；是到了資產階級時代，社會才分裂為兩大階級。換言之，毛澤東認為中國是封建社會，然而他眼中的封建社會其實是馬克思主義者眼中的資本主義社會；而梁漱溟用以證明中國並非

---

72 馮天瑜：〈對五四時期陳獨秀「反封建」說的反思〉，參見 http://cpc.people.com.cn/GB/68742/69158/69159/9666213.html.

73 秦暉、金雁：《田園詩與狂想曲：關中模式與前近代社會的再認識》，北京：語文出版社，二〇一〇版。

封建社會的特點，倒正是馬克思主義者所認定的封建社會特點。換言之，中國知識份子不但認為中國是具有幾千年封建歷史的國家、並且還搞了幾十年反封建革命，但究竟搞清楚什麼是封建社會了沒有，卻還有得討論。這也難怪在徹底分析之後，秦暉與金雁寫道：今天提出這個問題（什麼是封建社會），可能會有人感到滑稽[74]。

與「封建社會」相似的例子俯拾皆是。以「民主政治」為例，許多人以為有選舉就有「民主」，然而今天世界上許多所謂「民主國家」，選舉中候選人的產生方式、人數、或選民資格的規定、選區的劃分等等，都嚴重影響「民主」的內涵。同樣地，「民營」與「自由經濟」運作也未必有必然關係；在一些國家「民營企業」的董事會可能完全是被政治勢力所操縱的；這些企業因此也無法、甚或不必回應市場需求。

恰夸巴提在談到後殖民研究的時候指出，學術全球化之前，「資本主義現代性」的問題可以視作是一個翻譯的問題[75]。他認為對於大多數邊陲社會科學家而言，將各地對於生活不同的實踐與瞭解方式歸入「普世」的政治與理論類別，似乎已經習以為常；但是這些類別的根源都在歐洲[76]。常常我們要等到「歐洲中心主義」的問題受到重視之後，這一類的「不可共量性」才被發掘出來。

（三）思想典範與學術傳統的不可共量

「思想典範與學術傳統的不可共量」是指不同文化——尤其是歐洲與「本土」間在學術議題與典範上的差異：例如中國傳統的陰陽觀雖然「貌似」西方的二元對立，然而背後所牽涉到的卻是全然不同的世界觀。又例如第三章所討論的「學問」與「知識」、「治學」與「研究」，雖然都是人類鑽研思考所得的成果，然而兩者的性質、以及所預設的價值同樣有根本差異，從而影響到「治學」與「研究」的方法與態度。這些差異也都無法透過翻譯充分表達。

世界上各個文明所發展出來的思想傳統與歐洲的思想傳統明顯存在著「不可共量」的部分；每個文明起源的時空背景及其孕育的世界觀既然不同，反映在其形成的學術體系

74 秦暉、金雁：《田園詩與狂想曲：關中模式與前近代社會的再認識》，北京：語文出版社，二〇一〇版。

75 Dipesh Chakrabarty, *Provincializing Europe: Postcolonial thought and historical difference* (Princeton, N.J.: Princeton University Press,2000,)p.17.

76 同上。

上，這種「不可共量」是必然的。希臘傳統追求真理，中國傳統重視人倫秩序，佛學所講求的，則是精神上的超越與主體自由。基本關注點不同，隨之而衍生的論述體系在性質上自然也有根本的不同；中國士人數千年來所汲汲營營的，在歐洲人眼中不過是倫理規範，並非「知識」。這些差異本是各個文明豐富彼此內涵的基礎，但在學術對話與交流上形成的「不可共量」卻不能忽視。

由歐洲思想歷史，我們可以瞭解社會科學研究的每一部分、步驟與面向都有其歷史文化淵源；整體來看，又有其自成一格的邏輯結構。科學原則不但區分了「科學」與「不科學」，同時也區分了「知識」與「非知識」。我們在第二章提到，這種學術體系全球化之後，所有不合乎該學術體系所設立的標準的，都被認為是「不科學」的。「不共量」的部分因此被排除在學術研究範圍之外，如此技術性地避開了所有思想上與學術上的「不可共量」問題。但如果我們的目的是「立足本土、面向全球」、發掘所謂「不科學的世界觀與論點」的學術價值，則這種思想及學術傳統上的「不可共量性」就成為最大的挑戰之一。

四、共同性、相容性與可共量性（Commonality, Compatibility and Commensurality）

無論是使用「特定文化取徑」或「泛文化取徑」來達到「社會科學本土化」的目

的，討論「可共量性」都有非常重要的意涵。根據孔恩的說法[77]，典範、理論與概念要能夠「可共量」，並不需要有「共同」，但需要有「相類似」、或「相等」的詞彙。這些詞彙容許我們用同樣的測量工具來測量或比較，或是用同樣的語彙來作分析。由這樣的觀點來看，過去在社會科學研究因「歐洲中心主義」而飽受批評的「共同性」（Commonality）其實是可以、甚或應該被取代的。

反對「歐洲中心主義」的學者認為，包括測量與比較的標準、工具以及語彙，都需要重新檢討，因為「凡事都可以用一套標準或模式（model）來做比較」的想法，正是「西方」「科學主義」的功能[78]，這種「科學主義」又正是「歐洲中心主義」「普世性」的根源。因此根據「科學理性」（scientific rationality）所定義、以及概念化的「普世性」與「共同性」之所以被批評，並不是因為人類彼此之間沒有任何可分享的知識或經驗，而

77 Thomas S. Kuhn, James Conant and John Haugeland,eds., *The road since structure : philosophical essays, 1970-1993, with an autobiographical interview* (Chicago : University of Chicago Press, 2000).

78 Stuart Hall , "The West and the rest: Discourse and power" in Stuart Hall and Bram Gieben, ed., *Formations of modernity* (Cambridge: Politiy Press in Association with the Open University., 1992,) p.276-320.

是因為在這樣的一個模式之下，「特殊性」與「獨特性」是「規律之外」的、「非常態的」、「有問題的」，需要解釋、甚至也是不被認可的。如果「普世」與「特殊」是一組二元概念，則「普世」顯然是較優越與強勢的一方、也是研究所希望達成的標的。然而要將「異質文化」放在同一個學術典範中討論，則這學術典範必須提供「特殊性」一個存在的空間。

事實上，在詮釋學論述中的「共同」性這個詞彙，通常並不排除某一程度的「開放性」；這是與字典解釋最重要的不同之處。泰勒就指出，以「美式作風」（American way）這個詞彙為例，不同的人必然有不同的理解，因為語言、意義與文化在本質上就是流動與開放的[79]；彼此之間所分享的也很少是百分之一百、或是恆久的。精確一點說，「共量性」所要求的是「相似」或「相對等」，就如同我們在翻譯文字裡所看到的。翻譯永遠不「完美」——它永遠無法、也不需要達到百分之一百的「共同性」。因此在這個意義之下的「相同」、或「相通之處」，本來是存在人類語文之中的。這種以不同形式出現的知識基礎或共同性——無論是高達美所謂的「先行理解」（pre-understanding）或是「前理解」（fore-understanding）——都是理解、詮釋、或翻譯資料[80]、知識、文本，共同的文化或意義[81]所必須的[82]。孔恩同時指出，即使人們說同樣的語言，他們在選擇指涉對象（reference determination）時仍然可能使用不同的標準[83]；而這被選擇的指涉對象是否適當，最終又還是要由他們共同的文化來決定。另方面，在區分「相互主觀」的意義與

共識時，泰勒也指出，一個社區的基礎是「共同意義」，它締造了一個共同的「指涉世

79 Charles Taylor, *Philosophy and the Human Science* (Cambridge: Cambridge University Press, 1985,)p.39.

80 Martin Heidegger, “Phenomenology and fundamental ontology: The disclosure of meaning,” in Kurt Mueller-Vollmer,ed., *The Hermeneutics reader : texts of the German tradition from the Enlightenment to the present* (New York : Continuum, 1985,)p.225; Hans-Georg Gadamer , Truth and method, Trans. Garrett Barden and John Cumming(London : Sheed & Ward, 1975);Richard E. Palmer, *Hermeneutics : interpretation theory in Schleiermacher, Dilthey, Heidegger, and Gadamer* (Evanston, Ill. : Northwestern University Press, 1969,)p.26.

81 Charles Taylor, *Human agency and language* (Cambridge [England] ; New York : Cambridge University Press, 1985,)p.24.

82 這裡我們的重點是放在學者在他們的作品中所必須提出的詮釋，而不是翻譯文本的一般讀者，因為這些讀者可能並沒有足夠的知識與經驗來形成對於文本脈絡的前瞭解（preunderstanding）。

83 Thomas S. Kuhn, James Conant and John Haugeland,eds., *The road since structure : philosophical essays, 1970-1993, with an autobiographical interview* (Chicago : University of Chicago Press, 2000,)p.50.

界」（reference world），也使得共同的行動與感覺成為可能[84]。

「可共量性」不但和「共同性」不同、也和「相容性」（compatibility）不同。相容性是兩個理論的詞彙或假設之間在邏輯上沒有衝突[85]；相對的，「不相容」則代表有衝突，例如：神經生理學（neurophysiological）的理論否定「自由意志」的存在，「行動理論」（action theories）卻認為這是一個基本的假設。兩者的論點雖然南轅北轍，但卻有一個共通的邏輯基礎，來容許這類知識的存在；兩者因此是不相容、但卻是「可共量」的。「不可共量」與「不相容」的差別，在於論述之間根本沒有共同的邏輯基礎、論述脈絡、或世界觀。正如同國學意義之下的「作學問」與社會科學意義之下的「作研究」是分屬兩個學術體系的活動，在性質、意義、目的與功能上都不相同。我們可以以英文詮釋「作學問」，然而要直接將「作學問」翻譯成「作研究」，就忽略了兩者間根本上的巨大差異。

「可共量性」因此容許我們比對不相同、甚至也沒有共同邏輯基礎的觀點與想法，這是「可共量性」的第一個特質。

五、「可共量性」與「不可共量性」的相依相隨

「可共量性」的第二個重要特質，是它與「不可共量性」之間呈現的不是「二元對

立」、而是「共生」（symbiotic）的、相依相隨的關係。也就是「可共量性」與「不可共量性」不是、也不能被當作是一個二元模式中相互排斥或是對立的極端，就如同「普世」與「特殊」也不應該被視為對立的極端。

我們在前面舉了許多文化上、結構上、以及學術典範上不可共量的例子。這些例子說明，以文化及語言的開放性來看，任何一項理論或概念要在不同的社會文化脈絡找到與「原生環境」完全相同的條件是不可能的，因此轉換脈絡來談，原有意義必定無法百分之一百貼切地被解讀；當理論論述跨越了社會文化脈絡時，某一些層面上的可共量往往隱藏著其他層面的不可共量。然而人類社會雖然不可能全然相同，畢竟也不可能全然不相同；因此反過來看，某一些層面的不可共量往往也隱藏著其他層面的可共量。例如我們在第四

84 Charles Taylor, *Philosophy and the Human Science* (Cambridge: Cambridge University Press, 1985,)p.39.

85 B.D. Slife, "Are discourse communities incommensurable in a fragmented psychology? The possibility of disciplinary coherence," *The Journal of Mind and Behavior*, 21 (3),2000, p.261-272; L. H. Eckensberger, (2002)"Paradigms revisited: from incommensurability to respected complementarity", in Heidi Keller, Ype H. Poortinga and Axel Schůlmerich, eds., *Between culture and biology : perspectives on ontogenetic development* (Cambridge, UK ; New York, NY : Cambridge University Press, 2002,)p.362.

章提到，「本土理論」的說法存在矛盾，因為「理論」是歐洲在啟蒙運動之後的產物；跳脫西方學術框架，未必能夠在另一文化傳統裡找純粹「本土」的「理論」。張佩瑤認為，國語辭典中雖然記載著「『理論』一詞，古已有之」，但這是日語借用古代漢語對英文「theory」的翻譯，詞義與古代漢語的原意未必相同。但經過一番功夫，張佩瑤發現中文有「論」，如「文論」；雖無「理論」，但「理」有道理、法則、模範的意思。另方面，英文的「理論」（theory）源自希臘文的「theoria」，而「theoria」有察看、沉思、考慮的意思。如果再回到這個字的古義（archaic meaning，已經不再通用），則還有「用想像力思量現實問題」、甚至「洞察」與「頓悟」（direct intellectual apprehension）的意思。根據這些分析，張佩瑤觀察到在翻譯理論的範疇中，西方傳統譯論與中國譯論其實有不少相似之處。換句話說，張佩瑤超越了中西「翻譯理論」的不可共量，建立了兩者的可共量性。

再以「公共論域」概念為例，其中存在的「文化不可共量」頗為明顯。正如陳弱水所指出的，在中國傳統社會，一般鄰里對於所謂「公眾議題」相對冷淡；要硬生生地套用這個概念來解釋或分析現象，往往使研究人員在一開始提出問題的階段便失去精準有效掌握方向的機會。但既然我們仍舊可以以另一種語文——中文——來解釋這個概念，就顯示這其中仍然存在一定程度的可共量性，而這共量性往往在詮釋的過程中便已經展現出來。例如我們瞭解公共論域概念，焦點多半放置在「中產階級」的出現、尤其是他們對於關乎「社群共同利益」事務的討論參與、以及對於「公共政策」的影響。在華人社會，未必所有堪稱中產階級的人都有這樣的意識，然而文化上卻有「士人」的傳統。古時在朝廷命官之外，士人或入朝為官、或者在野議政，處於天、君與民之間，以「天下為己任」[86]，「耆老仕紳」經常針對一些「攸關民生疾苦的問題」發表意見、並影響主事官員決策。時至今日，台灣的研究雖然未必捉摸到如歐洲「公共論域」的存在，然而無論是環保議題或拆遷戶抗爭，卻都可以看到社運團體成員、教授、學生、甚至作家、導演「以天下為己任」，南北奔波、奮戰不懈的身影。這兩個歷史現象相通的地方，是都有一群背景或特質相近的人會對於關係到大眾或弱勢群體利益的事務發表意見，並且影響決策。不同的，是這些人的身分角色、所關心的對象與自己的關係、形成意見的動機與過程、以及影響決策的方式。上述中、西的共通之處，便成為「公共論域」概念「可共量性」、以及「共通性」的基礎，但這「可共量性」的基礎與「不可共量性」是無法切割的。今天華人社會已然經過現代化的洗禮、並且以現代的政經體制運作。在台灣的一些抗爭活動當中，也開始看到有相同訴求的人開始結合力量，提出政策或修法的訴求。這當中知識份子的參與、他們對於源自西方的公民意識與社會運動策略的認識、甚至網路的四通八達都可能轉化了傳統文化中人們

86 魏宏晉：《民意與輿論：解構與反思》，台北：台灣商務印書館，二〇〇八年，頁113。

對於「家門之外」事務的態度。但由思辯的傳統來看，研究人員必須檢視任何一套說法的有效性，包括其中所隱含的預設。預設不能成立的原因很多，在「公共論域」這個例子，文化差異顯然是一個重要的因素。固然，我們不能假設文化傳統決定一切，但也不能假定它在相關議題上沒有任何影響。社會文化變化多端，要硬生生地套用一個概念來解釋或分析現象，往往使研究人員在一開始提出問題的階段，便失去精準有效掌握方向的機會。

根據上述分析，我們可以說「特殊」與「共通」、「封閉成素」與「開放成素」、以及「不可共量性」與「可共量性」在論述體系中都是「彼此揭露」的；兩者去其一，則另外一項都無法單獨成立；正如同「陰陽」，面對來自不同歷史文化脈絡的論述，「不可共量性」與「可共量性」形成一個對比、但共生的、相依相隨的關係。瞭解這其中的關係，研究者便不至於因為深入本土而掉入「相對主義」、「本土主義」與「文化本位主義」的陷阱[87]、也不會因為專注在普世性而重蹈複製型研究的錯誤、或落得是華勒斯坦所形容的「東方主義的虛擬替身」[88]。

六、由「普世」到「不可共量性」

由上述分析，我們可以看到「引用源自西方的理論架構」並不必然導致「照搬」、或「複製型」研究；但是要避免偽裝的「普世性」掩蓋了其本身的「特殊性」，我們首先必須要確立以歐洲為中心所發展的概念與理論，和本土思維與理念之間的文化與結構的「不可共量性」。

前面我們提過多次：「歐洲中心」與「科學主義」的最大問題，並不是它們和其他知識體系存有「不可共量性」、甚或是高達美與泰勒所警告的「偏見」[89]；這種「不可共量性」與偏見一直都存在人類歷史當中。最主要的問題是科學論述無視於這些差異與偏見的存在、從而誤導了人們。因此唯有透過建立「不可共量性」，一個所謂「普世」的概念或理論潛存的獨特性與侷限性才能被徹底揭發，還原其「特殊」本貌。也唯有經過這個

87 Wimal Dissanayake, " Asian approaches to human communication:Retrospect and prospect," *Intercultural Communication Studies*, 12 (4),2003, p.17–37; Gholam Khiabany, *Iranian media: The paradox of modernity* (New York, N.Y. : Routledge, 2010).

88 Immanuel Wallerstein, *European universalism: The rhetoric of power* (New York: The New Press,2006).

89 Hans-Georg Gadamer , *Truth and method*, Trans. Joel Weinsheimer and Donald G. Marshall (London; New York : Continuum, 2004); Charles Taylor, *Philosophy and the Human Science* (Cambridge: Cambridge University Press, 1985).

程序，其論述的盲點與缺失方能被確切地「診斷」出來。以我們在第六章所舉的「關係主義」一文為例，西方、以及華人學界自己都慣常以東亞文化為「集體主義」代表。然而只要對歐洲歷史稍有瞭解，便可看到西方區分「個人主義」與「集體主義」的方式，其實是先將啟蒙時期在歐洲所觀察到的人我關係特質歸入「個人主義」，再將所有不符合這些特質的——尤其是歐洲所背棄的黑暗時期的人我關係——歸入「集體主義」。換言之，「個人主義」是先進的、現代的，內涵也十分清楚，但「集體主義」即使不是落後的、非理性的，概念上也是個大雜燴，其中不但包含了黑暗時期歐洲已經背棄的人我關係模式，也包括許多其他文化、甚至宗教所展現的類似的人我互動特質。這些特質不但與儒家文化、甚至與今天的東亞文化也有明顯差異。但是當「個人主義」與「集體主義」這一組對立的概念一旦成立，不但其他文化都被歸到「集體主義」、同時也排除了其他類別的可能性。

這裡需要強調的一點，是文化與結構的「不可共量性」，並不是「本位主義」意義之下被凍結的、恆久不變的文化與結構，而是歷史長河中所顯現的社會、與文化「脈絡」，以及一項概念或理論在這脈絡中意義的開展。正由於社會科學研究本身就是某一個特殊時空的產物、目的在滿足當時當地的需求[90]，所以引導研究者進入歷史文化脈絡的「詮釋學」方法，對於研究者深入瞭解一個概念或理論的背景與發展歷程就有特殊的價值。這種作法與葉啟政「尋找與西方理論『分離點』、留白」，並從而發掘「本土」「迴轉空間」的主張，基本上是一致的。

由「歐洲中心」的普世性到不可共量性，可以說是一個學術上由「看山是山」轉變到「看山不是山」的過程。

七、「不可共量性」到「可共量性」

如果由「普世」到「不可共量」是一個「破」的過程，則由「不可共量」到「可共量」就是一個「立」的過程；也是由「本土」走向「全球」、「特殊」走向「一般」、或「相通性」的關鍵。換言之，建立「不可共量性」的功夫揭示了「外來論述」中的「特殊性」；然而正如孔恩[91]與麥金泰爾[92]所指出的，「不可共量性」與「不可溝通

90 何秀煌：〈從方法論的觀點看社會科學研究的中國化問題〉，楊國樞、文崇一主編：《社會及行為科學研究的中國化》，台北市：中研院民族所，一九八二年版，頁26－27；葉啟政：《社會學和本土化》，台北市：巨流，二〇〇一年版，頁121。

性」（incommunicibility）及「不可比較性」（incomparibility）的意義並不相同。即便直接翻譯並不可能，但經由對於歷史、哲學、語文、與文化的學習，我們仍然有可能瞭解並詮釋「不可共量」的論述。

孔恩認為，瞭解陌生概念的唯一途徑是學會它的語言[93]。一旦瞭解不是障礙，要將原先「不可共量」的轉化成大家可以分享的想法、知識、與經驗，這工作就和教師、導遊、或是報導科學或財經新聞的記者所做的事是一樣的，也就是將不可瞭解的變成可瞭解的，以及擴大讀者、學生、以及觀光客的知識基礎。康特也認為，社會事務（social matters）中的真理不但是可知的、也是可實現的（realizable），因為人類所面臨的情境，並非完全不同[94]；語文可以被學習，而文化也可以被解碼。如同前面所提到的，就發展本土學術的目的而言，最重要的啟發是：當我們在解碼、詮釋與翻譯的同時，必然看到「外來論述」在本土脈絡表述的可能性、以及本土脈絡中可以與之「相通」的觀點；而這種「對應」的觀看角度正是「已還原的特殊」（歐洲普世）與「特殊」（本土）之間的「可共量性」基礎。這「可共量性」的基礎引導我們進入本土的思想學術脈絡，進一步拓展「可共量」的論述空間。而「可共量」的論述又可以成為下一回合發掘「不可共量性」與「可共量性」的源頭。也就是我們以「相通」取代了與「特殊」不相容的「普世性」、作為發展本土論述、但也是超越所有「本土」的學術的最終目標。

落實到研究層面，上述由「歐洲中心」的「普世性」到「不可共量」、再由「不可共量」到「可共量」的「工程」，至少需要兩個重要步驟。首先，要擴大文獻探討（literature review）所參考的範圍。不但包括相關理論過去的討論，也包括這些理論的思想根源與歷史文化背景，同時找出所有本土文獻中足以連結「本土」與「外來」觀點與關懷重點的論述。其次，由於這些本土觀點、思想與關懷重點未必是以現代所謂「科學語言」所書寫，甚且也不合乎社會科學的論述原則，因此在分析比較「外來」與「本土」的「異」、「同」及其理論上的意義之前，必須經過「詮釋」與「翻譯」，將其轉化成為得以與「外來」論述對話的語言。近年來，中國的「陰／陽」觀成為一些學者——

91 Thomas S. Kuhn, James Conant and John Haugeland,eds., *The road since structure : philosophical essays, 1970-1993, with an autobiographical interview* (Chicago : University of Chicago Press, 2000,)p.16.

92 Alasdair MacIntyre, *Who's justice ?Which rationality?* (Notre Dame IN: University of Notre Dame,1988,) p.387.

93 Thomas S. Kuhn, James Conant and John Haugeland,eds., *The road since structure : philosophical essays, 1970-1993, with an autobiographical interview* (Chicago : University of Chicago Press, 2000).

94 Rajani Kannepalli Kanth, *Against Eurocentrism: A Transcendent Critique of Modernist Science, Society, and Morals* (New York:Palgrave MacMillan,2005,)p.28.

括華人及其他族裔——所喜愛的另類分析架構。然而歷史上，「陰陽」作為一組概念，曾經有過一段漫長而晦暗的發展歷程、有過各種不同的詮釋與用途[95]。不僅如此，它所反映的與西方純然不同的觀點固然可以幫助研究者提出不同的觀察角度與主張，然而也正因為這裡牽涉到典範的「不可共量」，如何將「陰／陽」以所謂「學術語言」確切地表達出來，不但挑戰研究者對於「陰／陽」本身的瞭解，也挑戰他詮釋這個傳統觀點的能力。

過去討論「本土化」策略，常見的一項建議是借用「文化同質化」（acculturation, assimilation）的方法，使外來論述融入本土思維，所談的是如何使「外來論述進入本土」。然而如果我們「本土化」的目的並不僅僅是要順利接受外來論述、而是如許多學者所主張的，要由「特殊」走向「一般」，則詮釋與翻譯「本土」觀點與思想成為社會科學語言，便是使「本土論述走向全球」的另一項「文化同質化」工程。而詮釋與翻譯的過程，也是揭露概念或理論的「可共量性」關鍵。它與余德慧等人所謂的「攻錯」[96]——在確立「外來」與「本土」個別的獨特性之餘，找出其間一個相對應、相通的「相互觀看斜角」——是相通的。

上述這兩個階段，包括在「本土」思想學術脈絡中尋找足以與「外來論述」對話的觀點，以及將這些觀點轉化成為社會科學語言、以建立一個比較、與對話的基礎，所牽涉的其實是「文化」、「結構」與「學術典範」的三重「不可共量」；其間「學術典範」

的「不可共量」較「文化」與「結構」的「不可共量」挑戰尤為巨大。

由不可共量性到可共量性，因此可以說是由學術上「看山不是山」的階段進展到了「看山又是山」的階段。

八、超越「歐洲中心主義」與「普世性」：可共量性／共通性

隨著對於科學主義中，歐洲中心偏見批評而來的是對普世性的質疑，我們所目睹的究竟是「歐洲普世性」的終結、還是「普世性」本身的終結？

根據「後現代主義」，知識本身都是虛幻的；「普世的普世性」，或任何形式的「普世性」自然也都成為不可能。這種看法雖然受到批評[97]，對於現代社會科學研究卻仍有一

95 紀金慶：《二元對立與陰陽：世界觀的衝突與調和》，台灣商務印書館，二〇〇八。

96 余德慧、林耀盛、李維倫：〈文化的生成性與個人的生成性：一個非實體化的文化心理學論述〉，《應用心理學研究》三十四，二〇〇七年，頁145－194。

97 有論者認為後現代主義只是一種道德相對主義，或空泛、負面，缺乏積極建樹。

定影響。然而即使前景不明，華勒斯坦仍然堅信在「歐洲普世性」的長期壟斷之後，我們可能看到相互連結的「普世主義網絡」（a network of universalism）[98]——「雖然不保證這個目標可以達成」。與華勒斯坦這種「多元普世性」觀點相似的，還有「多重普世性」（pluri-universalism）——一個被設想成全球對話的連結機制、一個「相會及解放與去殖民作法交流的場域」[99]。然而如果我們要重新檢視「普世主義」作為普世基礎的價值觀，則這種看似矛盾的「多元普世性」與「多重普世性」問題是否就比較少？而這些有限的普世性的基礎又是什麼呢？

如果我們把上述問題暫時放在一邊，則「多元普世性」觀點其實回應的是「後現代主義」對於「多重真理」的訴求；它卻沒有回應另一個很重要的議題，也就是不同的論述社群（discourse communities）不但需要一套可分享的標準來評定他們的學術主張以確保學門繼續存在[100]，以及在「知識論」、與「本體論」上相當程度的一致性，如此方可保留一個比較與溝通對話的基礎。克里斯天森等人解釋了為什麼在這「後現代」旗幟飛揚的時代，人們對於普世性還是難以忘懷[101]。然而無論是「多元普世性」或「多重真理」，只要我們不放棄對於「普世」的追求、以及對於「普世」╱「特殊」間的二元對立關係的執著，則這些具有後現代風味的新名詞也不過是新瓶中的舊酒；不但沒有解決問題、還製造了新的矛盾。

事實上，除了「共通性」與「可共量性」的意義，所有前述詮釋學、以及科學典範的討論還指向另外一個重要的議題，就是特殊性在社會科學研究的存在意義與價值。一般討論科學研究目的，多半止於普世性。然而理論與思想的開展不能僅僅以找到共通之處為滿足；證明同樣的規律或型態在不同的社會文化脈絡存在只能再次證實論述的效能，卻未必能刺激理論的發展或豐富人類的知識。

---

98 Immanuel Wallerstein, *European universalism: The rhetoric of power* (New York: The New Press,2006,) p.84.

99 Walter D. Mignolo, "The splendors and miseries of "science"," in Boaventura de Sousa Santos,ed., *Cognitive justice in a global world : prudent knowledges for a decent life* (Lanham, Md.:Lexington Books, c2007),p.125.

100 Kristoffer Kristensen, Brent D. Slife & Stephen C. Yanchar, "On What Basis are Evaluations Possible in a Fragmented Psychology? An Alternative to Objectivism and Relativism," *Journal of Mind and Behavior* 21 (3),2000,p.247-248.

101 Kristoffer Kristensen, Brent D. Slife & Stephen C. Yanchar, "On What Basis are Evaluations Possible in a Fragmented Psychology? An Alternative to Objectivism and Relativism," *Journal of Mind and Behavior*, 21 (3),2000.

高達美提出「視域融合」的概念來解釋「理解」。在《真理與方法》中，他點出了在對話與詮釋理解經驗中「理解的基礎不在於使某個理解者置身於他人的思想之中，或參與到他人的內心活動。」[102]因為與另一個文化對話的對話者，總會意識到自己在詮釋中的「複述」（重述）和原本說話者意義的距離；而越是認真參與到對話的人越能發覺「距離」是無法克服的[103]；無論對話的對象是另一個個人或文化，凡理解存在，理解的「距離」就存在。不過，這並不意味著理解不可能或不可行。相反的，理解的「積極性」正是從這裡開展，因為理解並不只是重複，而是「參與」。經過參與，在對話中被重構的就不一定是、也不需要是原先的版本。一場深刻的視域交融經驗將對話的雙方帶到原先沒有預期的「新的問題視域」；參與對話雙方原有的特殊視域、經驗視域顯露了原有視域的不足之處，但同時也發掘了這「新的問題視域」。

就這點來看，包括特殊性、「封閉成素」與「不可共量性」也都不是「消極因素」。表面上，它們造成溝通對話的障礙，但同時，它們正是對話交流之所以存在意義的「積極因素」，因為差異將我們帶離原有的封閉性、進入另一個意義的場域[104]，並在事後回返中擴大原有的經驗視野。因此，「特殊性」的積極意義，在於它能激發前所未見的想法、拓展研究視野與領域。這也正是一個來自「異質文化」背景的學術中人得以提出不同觀察角度、思考方向、並得以進一步拓展學術論述的依據。歷史上一個有趣的現象，是思想上的開創往往來自原有秩序的破壞、以及新的文化刺激。無論是諸子百家、禪宗、或文藝復與[105]，其所以能開出新路，關鍵似乎都在不同的歷史文化情境下返回經典、因應「不同的問題意識」。本土學術發展的關鍵因此不止於點出理論的「可共量性」與「共通性」、更在於提出新的命題、開拓新的學術領域。

因此，「可共量性」或「相通性」是建立在一個「一般」與「特殊」、「可共量」與「不可共量」間的動態與共生的陰陽關係之上的。在本質上，「可共量性」與米羅所提

102 高達美：《真理與方法》，洪漢鼎譯，台北市：時報文化出版，一九九三年，頁493。

103 高達美：《真理與方法》，洪漢鼎譯，台北市：時報文化出版，一九九三年，頁494。

104 這樣讓我們想到在對話經驗中存在的一個現象：有時我們真正渴望的不是要說服對方什麼，而是渴望對方說服我什麼。論辯，有時不是希望駁倒對方，而是希望對方所帶給我的不是口頭上字面上所呈現出的膚淺意思，而是背後另有深意。如此，或許我們可以重新思考「辯證」一詞所隱含的意義——翻轉——一種能使經驗視域翻轉的對話，一種能使進行對話的雙方說出的話，「由淺入深」的不斷深化。而一場深刻對談的意義便在於令「經驗」的各種層次不斷的開展。

105 東羅馬帝國敗亡時，流亡的知識份子將希臘古典的學說引入義大利，刺激當地人對古典的研究，最後催生了文藝復興運動。

出的「多重普世性」是相類似的[106]。「可共量性」同樣否定了「歐洲中心」典範為「唯一合法」的地位；它超越「文化本位主義」並提出一個對於研究更宏觀與更全面的視角。它承認分歧，但同時尋求對話，也因此避免學門全面崩解的重大代價。但與「多重普世性」概念不同的，是它提供了今天打破「普世性」與「特殊性」的僵局所最欠缺的——相會與交流的場域、以及比較與評價的基礎。由於它將所有文化中生產知識的思想、觀點、與途徑都視為研究的資源，「非西方學界」也因此不再有反西方的需要。

「可共量性」方法所無法做到的，是排除「先入為主」的偏見與偏差。海德格已經提出告誡，我們所能做的仍然不過是由詮釋者自己或者是詮釋分析的過程來解決問題。如泰勒所指出的，「人類對於瞭解的無能，是深植於他們對於自己的定義之中的」（the incapacity of human beings to understand is rooted in their own self definition）[107]；即使是我們以規則去規範研究的每一個階段、而研究者也有心做到最好，仍然不能保證研究成果是完全沒有錯誤或偏差的。但是對於完全掃除偏差與偏見雖然沒有解決方案，更多深入的知識可能是凸顯這些偏差與偏見最有效的方法。當更多的不可共量性被揭發出來，也會有更多人致力於更廣泛的可共量性。偏差與分歧本身不能、也不會阻斷瞭解與溝通，但是忽略它們的存在才是問題的根源。

過去對於「歐洲中心主義」的批評、有關「去西方」與「本土化」的辯論、在「種族中心主義」與「文化本位」議題的省思、以及各種解決問題的方案，在在幫助我們澄清「本土化」的意義，其實不只在於回歸本土、也在走出本土。經過這些努力，我們看到了下一步的可能方向、以及前景的樣貌。與「歐洲普世性」比較，建立「可共量性」與「相通性」的過程，可能需要整個社群更長久及更大的努力；走這條路，發展的步調也可能相當緩慢、變革的幅度也有限，然而對於主流之外的西方世界的研究而言，「回歸本土」、再「由本土出發」的第一步已經踏出。

---

106 Walter D. Mignolo, "The splendors and miseries of 'science'," in Boaventura de Sousa Santos,ed., *Cognitive justice in a global world : prudent knowledges for a decent life* (Lanham, Md. : Lexington Books, c2007).

107 Charles Taylor, *Philosophy and the Human Science* (Cambridge: Cambridge University Press, 1985,)p.57.

第六章

實戰手冊：找回主體性、面對異質文化

本書的前面幾章花了許多篇幅討論社會科學「本土化」的概念、回歸本土的障礙、以及可行的目標等等。不過對於實際在作研究的人而言，這些論述在性質上仍然屬於一種「方法論」層面的討論；也就是在西方的方法論典範之下，找出一套能克服目前概念上的障礙、和回歸本土與國際對話的策略。論述的目的在解決本土與西方因為世界觀、思維方式與學術典範的差異所造成的問題；它並不是一套方法上的「實戰手冊」。但是對於大多數有心耕耘「本土」的學者來說，把「本土化」當研究題材固然可以讓我們對這議題瞭解得更深入；然而現實面還有一個很重要的問題，就是在方法上究竟應該如何落實、並避開「複製型研究」等等「假本土」的陷阱？簡單說，就是：「該怎麼做？」學術在本土的發展畢竟不只是一個研究題材，也是一個研究實務在「操作面」的問題。

總結我們在前面幾章所談的，華人學者除了要面對體制上與政策上所帶來的障礙，實際執行面的困難主要源於兩方面：一、「治學」與「思辯」典範的錯置：也就是以「治

學」、而非「思辯」的方法與態度作社會科學研究，以及「西方主義」的迷思；二、「異質文化」帶來的挑戰。其中第二項的「解藥」雖然得之不易，但仍可由實際操作層面來一步一步地完成，但是第一項牽涉到思考與閱讀習慣及心態，屬於研究者的自覺問題，就不僅僅是可以由調整研究步驟來完成了。在本章我們先就第一部分來檢視重建自主性的問題，再就第二部分提出建議。

一、典範錯置與主體性

在第三章我們談到春秋戰國與秦漢以降，中國思想史上兩個時期的學術典範與西方典範的可共量與不可共量特質。其實仔細一點看，即使中西兩種思考典範的差異頗為明顯，也並不是沒有例外；漢代王充是其中之一。他質疑獨尊儒術後的五經傳統失實，認為儒者不應據以為是非標準而主張回歸先秦諸子；對於當時已成主流的天人感應之說，王充更據實批駁[1]。反過來看，西方學者展開論述的方式也並非一成不變。海德格就曾經以對尼采及康德提問的方式，使他的問題變成康德的問題，再把康德的問題變成他的問題[2]。透過這種方式，海德格巧妙地借用前人的論述展現了他自己的想法[3]。同樣的，高達美也善於透過問題揭露過去思考的盲點，讓既有論述在新的視域中創出另一局面。與時下華人研究經常被詬病的「套用」習慣相比，「挪用」（appropriation）手法最大的不同之處，是「挪用」是有目的、有作用的；也就是「挪用者」對於他所建構的論述方向已經有了一個想法，只是藉別人的論點來幫助他完工。這種手法與韓非子對老子思想的「冬蟲夏草」式轉化如果不是相同，也可以說是具有異曲同工之妙的。事實上，即便是現今中外學界都認為是「專屬」於某一個文化傳統的思維方式，也未必不存在於任何其他文化傳統。例如我們由第五章所提到的、「理論」在希臘文的古義，就可以看到類似「頓悟」的意思[4]。

---

1 見王充《論衡・寒溫》：六國之時，秦、漢之際，諸侯相伐，兵革滿道，國有相攻之怒，將有相勝之志，夫有相殺之氣，當時天下未必常寒也。太平之世，唐、虞之時，政得民安，人君常喜，弦歌鼓舞，比屋而有，當時天下未必常溫也。

2 Martin Heidegger, *What is a Thing*, translated by W. B. Barton, Jr., and Vera Deutsch, with an analysis by Eugene T. Gendlin, (Chicago, Ill.: H. Regnery, 1976,)p.56.

3 Martin Heidegger, *Nietzsche Vol. One and Two*, translated by David Farrell Krell, (San Francisco: HarperSanFrancisco, 1991,)p.4；帕瑪：《詮釋學》（嚴平譯），台北：桂冠出版社，一九九二年，頁169－171。

4 張佩瑤，《傳統與現代之間：中國譯學研究新途徑》，湖南人民出版社，二〇一二年版，頁146。

由這些差異中的雷同之處，我們可以更清楚看到，不同的思考模式不是學術發展的關鍵；思辯模式並不是學術發展唯一的蹊徑，然而人在學術活動中的主體性卻是必要條件。畢竟理論知識並非聖賢之學；現今學術研究的目的也不是主客「合體」；研究如果不假思索地接納、只講求將理論概念「讀懂」、「讀通」、甚至「身體力行」，便是將秦漢以降的文人治學典範錯置到西方的學術研究，也是一種缺乏主體性的表現。

主體性讓我們在「自我」與研讀的「內容」之間得以劃出距離，如此學習的主體「我」方可決定如何解讀文獻內容、是否相信、同意／接納或排拒其中的觀點，思索背後的原因、找尋問題的關鍵，以及可以與之連結的經驗或觀點等等。因此有、或沒有主體性的差別，在學習與閱讀的階段便已經開始顯現出來。有主體性的閱讀不是消極的吸收、記誦，而是積極的對話——一種讀者與作者之間的問答與對談；這種對話刺激、啟發閱讀者的思維，從而引導創新。沒有主體性，無論韓非子或海德格或你我都只能附和、無力挪用或轉化；批判思維、邏輯辯論或體悟、創新更無由發生。簡單地說，沒有主體性，所有在方法上的要求都沒有附著之處、只是空談。

重建主體性需要教育；但在教育改革成功之前，學術中人只能依靠自覺與自省，認清中西學術在本質上的差異，並調整自己的心態與閱讀思考習慣，徹底將學術的自我由科學的陰影中解放出來。

二、超越「西方主義」，面對異質文化的挑戰

除了主體性的問題，「西方主義」令非西方世界的學術中人喪失自信、隔絕自己的文化傳統，其中蘊含的「歐洲中心」觀點並且造成學術上的迷思，這包括本土思維與價值「不科學」、因此沒有學術價值；社會科學的論述具有普世性，因此無須強調本土，以及受時空限制的「特殊」本土經驗，價值也僅在於該「特殊」的歷史文化脈絡等等。上述這些問題看似困難重重，但解決方案也可以十分簡單：透徹瞭解西方學術的「遊戲規則」、回歸學術研究本身的規範、切實執行每一個步驟，剩下最重要的就是處理「異質文化」的問題。

正如我們前面所提到的，任何論述——尤其是「科學」理論與概念本來便都需要被檢證、也都可被修改或淘汰的。換言之，思辯傳統與科學研究不但不禁止、甚至要求研究者質疑、挑戰既有理論與典範、提出看法以延續思想上的對話；這是學術與科學研究的精神、也是目的。而研究方法的設計，正是因應這個目的而設計的。本土思維與論述常常因為不符合西方學術典範而「被判出局」，但是前面幾章裡我們已經看到，「學術典範不合」的問題，其實是可以透過研究者的努力克服的，這是建立「本土」與「非本土」（包括西方）間因歷史文化脈絡不同而形成的「不可共量性」的關鍵，同時也是建立「特殊」（非普世）思想與經驗的普世意涵——也就是建立「本土」與「非本土」間「可共量性」——的關鍵。現代學術規範本身並沒有限制研究者引用文獻的種類與範圍，關鍵在於研究者必

須解釋何以引用的本土文獻是與主題有關（relevant）、以及為何它具有論述上的意義與價值。事實上，甚至學術規範本身也不是不能修訂或打破的；然而在全世界沒有第二套規範可以選擇的情況下要達到目的，即使是修訂、或打破這規範的擬議，也仍然需要在既有的規範之下去展開論辯。因此要達成看似偉大的「立足本土、面向全球」的目標，我們並不需要將研究方法的選擇限縮在少數幾類，也不必然需要另外設計一套（本土）研究方法。

由於到目前為止許多有關「本土化」的議題仍然沒有定論，因此我們可以指出一些在這方面用心頗深的著作，但無法很明確的說哪一本、或哪一篇就是「範本」。事實上，學術研究本來不可能有「範本」。在這情況下，要提供一個實際可用的例子來說明前幾章所談的策略，唯有以一篇劉忠博與本書作者合著的論文《什麼「集體」：論華人社會「集體主義」與「關係主義」》為例[5]，和讀者分享在實際操作中的種種考量與挑戰。但是在進入實質討論之前首先必須說明的是，正如第一章所提過的，在社會科學領域內，有各種不同型態、以及性質的研究，並非每一項研究都必須鎖定理論層級的討論、或經過既定的步驟，然而今天本土化的主要目的既然是訂在理論層級的發展與創新，這便是我們的討論重點。由這角度看，「關係主義」雖然是一篇「概念性」（conceptual）的論文，主要目的在經由檢驗文獻發展新的概念與研究方向、並不進入一般量化研究進行假設、資料、結論等步驟，但是論文寫作仍然經過了「研究問題」、與「文獻探討」的階段，歷經「確立不可共量性」到發掘「可共量性」、並「提出新命題」。而這三個部分正是「本土化」挑戰最大、「異質文化」問題最尖銳、卻也是一般研究最關鍵的部分。只是該文仍有疏漏之處；若再寫一次，結論也未必完全相同。不過既然提這篇文章的目的不是要昭告世人它的完美，也就「不揣淺陋」；甚至可以說，它的疏漏，正提供了討論的空間。接下來我們就按照這兩個部分來討論：

（一）問題是什麼？

一般社會科學研究方法的課本由「研究問題」開始不是沒有原因的。西方的「思辯」傳統由質疑、挑戰開始，靠的是不斷的思索與提問。質疑一切知識「確定性」的「懷疑論」（Skepticism），是希臘文明初期的一種哲學主張，然而它與後來的「柏拉圖主義」（Platonism）、甚至「經驗主義」都有密切的關聯。西方人習慣以問題引導思維；如果提錯問題，則後果必然是找錯答案、白忙一場。在論辯當中，問題也是暴露對方弱點

5 汪琪、劉忠博：〈什麼「集體」：論華人社會「集體主義」與「關係主義」〉，馮應謙、黃懿慧編：《華人傳播想像》，香港：香港中文大學香港亞太研究所，二〇一二年，頁197－232。

的重要利器。二〇一二年，以《正義：一場思辯之旅》揚名學界的哈佛大學教授桑德爾訪問台灣時，演講不但以問題吸引學生表達意見，並且引導意見不同的學生展開辯論；這種所謂「蘇格拉底對話」式的「問題導向教學」，引起本地媒體不少注意與讚賞[6]。事實上「問題導向教學」在西方是非常普通的；無論是教學或學習，都由問題開始。然而華人社會的考試文化所訓練的，卻是如何答題、並不是如何提問。許多時候，課堂上問題多的學生甚至會與「問題學生」劃上等號。這也就無怪乎到了研究所階段，當學生被要求「提出問題」的時候，會茫然不知所以。

在學術研究，問題因此有如礦藏的探測器，問題提得好或不好是個關鍵，因為它決定一項研究的：1.廣度、深度與執行的可能性；2.研究的方向與理論基礎，3.所採用的方法，甚至4.研究的價值。對於「本土化」尤其重要；一項研究是否提得出學術主張，其實和研究問題有極為密切的關連。假如我們肯定研究的重點不在於描述、發掘、提供數據，而是提出「學術主張」，則必須認真思索自己要研究的問題究竟是什麼?再以我們在第一章就舉的「公共論域」的概念為例，類似「叩應節目中展現的公共論域」這樣的問題，所指向的大多是描述性的研究——描述一特定情境中「公共論域」的樣貌，因此「公共論域」的概念是既定（given）的。但如果我們問的是「公共論域」的預設「理性溝通」是否成立[7]?則即使資料來源是在地的，概念本身的有效性與普世性卻仍然是檢討的重點。

年輕學子在思考研究問題的時候，往往將理論框架當成選題的出發點：第一個念頭常常是：我想做「政治經濟學」的研究、或「全球化」的研究等等，原因只是「對該理論比較有興趣」，就這樣確定了方向；之後再在這個方向之下去找一個在本土可以用得上這理論的議題、開始收集資料。又或者也有人倒過來走，由時事議題或現象著手，覺得例如核四廠的爭議、或者網路上的「人肉搜索」是可以做的，然後將這現象套在一個理論架構上作資料分析。就最初始的問題而言，以上這兩條路都無不可；然而如果選題之後接下來就開始收集資料，而沒有認真去思考這研究要回答什麼「問題」、目的究竟是什麼，那麼研究者就很容易走上「複製型研究」的路。換言之，這中間很重要的一步，是先對相關的文獻有一整體的瞭解之後，再就理論論述的矛盾與有效性去組織研究問題。

劉忠博以及作者選擇的「集體主義」概念，是霍夫斯泰德（Geert Hofstede）文化面向理論（cultural dimension theory）的一部分[8]。量表的目的在考察文化對於人類價值、以及行

6 參見 http://udn.com/NEWS/OPINION/X1/7560399.shtml#ixzz2Epd0sI2k Power By udn.com

7 江宜樺：〈公共領域中理性溝通的可能性〉，提交給「公共知識分子與現代中國」國際學術研討會的論文，華東師範大學中國現代思想文化研究所，可參見網址 http://homepage.ntu.edu.tw/~jiang/PDF/D8.pdf, 2013/7/31。

8 Geert H. Hofstede, *Culture's Consequences: International Differences in Work-Related Values* (Beverly Hills, CA: Sage,1980).

為模式的影響，並被廣泛應用在跨國管理、跨文化心理學與跨文化溝通的研究。最原始的量表包括四組霍夫斯泰德由ＩＢＭ的跨國調查資料中分析出來的概念：集體主義／個人主義、權力距離、風險規避、性別取向（又稱為「生活的量與質」），後來他又加入長期趨勢與放縱／自制兩個面向。「關係主義」一文最初始的想法單純是由概念的效力及適用性為著眼點的；以霍夫斯泰德量表為測量工具的研究經常以東亞——尤其是華人——族群為集體主義文化的代表，但如果華人是「集體主義者」，則何以華人社會在走出威權統治之後，就失去了許多「集體主義」的特質？是否我們並沒有瞭解「集體主義」的意義、詮釋發生錯誤，還是概念的預設有問題？換言之，華人文化確為集體主義文化嗎？如果不是，難道是個人主義文化嗎，或是還有其他面向？

（二）文獻評論（literature review）

英文的 Literature Review 是一項研究當中的核心部分。「Review」的意涵不僅只在於「回顧」，更重要是剖析與評論。然而久而久之，中文卻譯為「文獻『探討』」，不但失去了「批判」的作用，也往往沒有注意到探討的重點其實不只是一項理論的本身，而是理論所引發的討論過程、討論中所浮現的議題、以及其中可能需要檢討的部分是關於預設、引據、還是推論？因此文獻評述首先要留意的，是論述最新的發展是什麼？

1 最晚近的相關論述

研究問題一旦選定，第二個重要步驟是從相關理論最新進的研究結論著手、而不僅僅是最原始的理論本身。中國科考過去數千年均以同樣一套文獻——四書五經為依歸，有如百米賽跑：每一個選手都由同樣的起點跑向同樣的終點。然而西方的學術論辯卻更像越野接力賽；都在承接自己前面選手的棒子在跑；每一個人跑的速度與路徑都影響著後面無數接棒的選手。從希臘以降，每一個人的主張都有許多前人的身影、而非指向同一特定大師、或同一套經典。這也是為什麼指導教授及期刊編輯在審閱論文或投稿時，往往先由「參考書目」中文獻的年份開始。如果一個作研究的人對於論辯最新進的發展茫然無知，又如何回應論辯過程中所產生的重要議題、提出自己的看法與「學術主張」、與其他學者「對話」？例如過去十餘年間十分受重視的「全球化」研究，相關理論有「網絡世界」（network society）[9]、「世界系統理論」（the world system theory）[10]、「全球資本主義」

9 Manuel Castells, *The rise of the network society* (Cambridge, Mass. : Blackwell Publishers, 1996).

10 Immanuel Wallerstein, *The modern world-system* (New York : Academic Press ,1974-1989).

（global capitalism）[11]、與提出核心概念——「時間及空間的壓縮」——的「全球化理論」[12]等等。這些理論大都已經提出數十年；它們所反映的是一九八〇年代左右自由主義經濟體系的觀察角度。然而這期間全球金融危機、恐怖襲擊、以及西方世界的財政危機等等，在在刺激著全球化概念的檢討與論辯。如果在二〇一七年仍選擇以「全球化」為論文題目，自然不能僅僅以當年的幾篇代表作為起點。相反的，新近出版的書籍論文——尤其是那些檢討理論與概念本身的有效性的、或足以提供一個過去論述全貌的作品，或許能幫助研究者更快進入狀況。主流學界由肯定轉變到質疑全球化概念，正提供了我們以在地經驗及思維檢驗、並挑戰理論論述有效性的時機與空間。

由於霍夫斯泰德的跨文化價值量表是一九八〇年代所提出的，過去數十年間廣泛應用在跨國企業組織管理、心理學、與人際或跨文化溝通，累積的文獻可能有數千篇之多；沒有人能夠讀完這所有的著作、事實上也沒有必要。除非長期沉浸在這方面研究、有特殊的面向需要處理，否則最晚近研究著作的「文獻探討」就可以提供我們論述的最新進展。「關係主義」一文是在二〇〇八年開始寫的，因此二〇〇〇年中期以後的著作便有特殊價值[13]，由這些文獻我們得以瞭解有關「個人主義」與「集體主義」概念過去以及最新近被檢證所得的結果、以及核心議題。

2 既有論述是否有預設，其盲點或論述的觀察角度與推理方式的矛盾或不足之處是什麼？

由最近的文獻，我們對於有關概念或理論的重要議題可以得到一些瞭解。以「關係主義」一文為例，近年的調查研究成果有兩項重要發現：首先，量表的檢討顯現了研究工具上的問題，也就是量表上的問題並不能充分反映出「集體主義」概念的內涵；例如「個

11 Leslie Sklair, *Globalization : capitalism and its alternatives* (Oxford ; New York : Oxford University Press, 2002).

12 Anthony Giddens, *The Consequences of Modernity* (Cambridge: Polity Press,1990).

13 M.B.Brewer and Y.R.Chen, "Where (Who) are collectivism? Toward conceptual clarification of individualism and collectivism," *Psychological Review,* 114(1), 2007,133-151; U.Schimmack, S.Oishi and E.Diener, "Individualism: A valid and important dimension of cultural differences between nations," *Personality & Social Psychology Review, 9*, 17-31,2005;B.Shulruf,J.Hattie and R. Dixon, "Development of a new measurement tool for individualism and collectivism," *Journal of Psychoeducational Assessment, 25*, 2007,p.385-400；陳凌與葉蓉慧：〈由個人自我構念價值看中國、香港與台灣之文化趨向及爭辯行為〉，《新聞學研究》，八十，二〇〇四年，頁51－83。

人重要決定聽從父母安排」顯示個人將「自我」放置在「父母」之後，然而「父母」並不等同「集體」；會聽從父母的安排未必等同會聽從群體的安排。換言之，「集體主義」所指的「具有約束力、並由成員相互承擔義務」的「集體」，是類似歐洲中世紀的「行會」（guild）——一種介於職業公會、企業聯盟與秘密結社之間的組織，到了問卷量表中卻成為「家人」等「內團體」。此外，包括華人在內的亞洲人或許展現了某些集體主義特質，但是也展現了個人主義特質。有些研究更發現被認為是個人主義代表的歐美受訪者，其實未必比被認為是集體主義者的東亞受訪者「更不集體主義」。

即使霍夫斯泰德（Hofstede）已經預告一個族群同時呈現兩極特質的可能，這些發現仍然指向概念與量表之間的落差，以及概念本身意義的含混不明。華人經常被視為是「集體主義」的代表族裔、而「儒家文化」是「集體主義」的哲學基礎[14]，回到中國的歷史文化脈絡，有關華人如何對待「自我」（self）、以及對待「他人」（other）的文獻卻都指向一個與霍夫斯泰德所定義的「集體主義」極為不同的型態，因此「集體」在有關華人「集體主義」研究的意義就成為「關係主義」一文的核心研究問題。

3 擴大文獻探討範圍、進入歷史文化脈絡瞭解理論的預設

為釐清「個人主義」／「集體主義」內涵，文獻探討的範圍必須擴大到歐洲啟蒙時期的社會文化背景、以及本土文獻中有關華人對待「自我」（self）以及「他人」（other）型

態的論文與著作。研究進行到這一階段，已經進入本土與西方的歷史文化脈絡；經常也是在這個階段，我們得以發現理論預設的問題、以及任何可能存在的文化上或概念上的「不可共量性」。以歐洲歷史為例，我們可以發現「集體主義」實為「個人主義」的一項副產品；也就是說，「個人主義」興起之後，在受到現代化洗禮之前、屬於黑暗時代的許多特質都被歸到「個人主義」的對立面，與其他非西方族裔、甚至宗教的特質一起成為「集體主義」的內涵。因此與其說「個人主義」的代表族裔是西方、「集體主義」是世界上其他族裔，不如說「個人主義」代表的是「現代」的西方，「集體主義」代表的是「現代化之前」的西方以及西方觀看角度下的「落後」群體。例如一九五〇到一九八〇年代的中國大陸便被一些人視為中國歷史上集體主義的顛峰時期，然而這個時期的社會現象如果可以作為華人文化是集體主義的證據，則包括德國在內的許多歐洲文化也可以被視為集體主義。

另方面，文獻顯示華人社會雖然講究人際網絡，然而有如前述的「集體」概念卻無法適用於家族等「內團體」；「集體」內所有成員間關係對等的條件，更不適用於華人「親

14 U. Kim, "Individualism and collectivism: Conceptual clarification and ela elaboration," in U. Kim, H. Triandis, C. Kagitcibasi, S. Choi, & G. Yoon,eds, *Individualism and collectivism: Theory, method, and applications* (Thousand Oaks, CA: Sage,1994,)p.19-40.

疏有別」、與費孝通所提出的「自我主義」、「差序格局」、以及「相互性」（reciprocity）等待人處世的原則[15]。事實上，除了「仁」、「義」等人道關懷色彩的道德準則，儒家思想並沒有一套明確的規範來引導個人與「陌生人」的互動。再者，儒家雖然強調個人對家庭的義務，卻也鼓勵個人努力追求自我的發展。因此如果說是培養了集體主義價值觀、不如說培養了個人主義價值觀[16]。由這個角度看，文獻中以「儒家思想為集體主義哲學基礎」的說法[17]，顯然也是有問題的。

4 由「不可共量性」建立「可共量性」

上述文獻分析提供了頗為充分的證據，顯示華人文化並非集體主義。然而這些論述基本上並沒有超出現有文獻的範圍、談不上個人創見。就論辯與科學研究而言，找出現有理論的盲點與不足之處只是過程中的一個階段；研究的真正挑戰，在於研究者是否能提出新的命題與假設。那麼「否定華人為集體主義者」的理論意涵是什麼？它能幫助我們提出什麼學術主張？這時候「由特殊性到共通性」或「不可共量」到「可共量」的策略便提供了重要的思考方向：而我們的問題也轉變成：華人的「人我關係」與霍夫斯泰德及川迪斯（Harry C. Triandis）等人所勾畫的「集體主義」及「個人主義」既然都不相同，是否表示它就與任何其他文化都沒有共通之處呢？我們是否可以將華人所呈現的「關係」視為一個人際互動的面向？與其以「集體主義概念在華人文化不成立」為結論，不如問「個人主義」與「集體主義」是否已經涵蓋了現代社會中複雜的「人我關係」;人既然必須與他人來往互動,那麼這互動所產生的「關係」還有哪些面向?「關係」因此就成為進一步文獻探討的範圍。

文獻搜索範圍擴大之後發現,社會科學領域內除了以華人組織為焦點的「關係」(guanxi)研究,與關係相關的研究還包括社會學的「社會交換論」(social exchange theory)、「社會網絡分析」(social network analysis)、以及心理學的「自我構念」(self construct)等等。其中黃光國的「關係主義」研究尤其有參考價值。他認為西方對於「關係研究」多半預設了「個人」的獨立自主、自由意志與交換法則,但權威排序卻不受重視。也就是說,歐美社會文化中的關係的立基點仍然是個人主義的。因此提出了「關係主義」概念,以用於親友的「需求規則」、用於其他人的「工具規則」、以及兩者兼有的「人情規則」來捕

---

15 費孝通:《鄉土中國與鄉土重建》,台北市:風雲時代出版,一九九三年,頁22–36;中村元:《東方民族的思維方式》(林太、馬小鶴譯),台北市:淑馨,一九九〇,頁222。

16 Triandis, H. C., *Individualism and collectivism* (Boulder, Colo.: Westview, 1995).

17 Uichol Kim, Individualism and collectivism: Conceptual Clarification and Elaboration. In Uichol Kim, Harris C. Triandis, C. Kagitcibasi, S. Choi, & G. Yoon (Eds.) *Individualism and Collectivism: Theory, Method, and Applications* (pp.19-40) (Thousand Oaks, CA, Sage, 1994).

捉「關係導向」文化的特色。

另方面，心理學研究也逐漸注意到「關係」在所謂的集體主義文化的重要性；例如「關係性集體主義」便以群體成員的關係為研究重點。此外跨文化心理學對「自我構念」的研究更提出「個人自我」、「集體自我」之外的「關係自我」[18]；「集體自我」建立在成員對於團體的「社會認同」以及「非個人化的繫屬關係」上（impersonal bonds），而「關係自我」則建立在個人化的繫屬之上。後續研究發現，傾向「關係自我」的群體在自我評估的基礎、參考框架，和基本社會動機的層面上都顯現了與「集體自我」傾向不同的特質，這些特質包括重視和諧，易受「重要他人」（significant others）的影響，團體成員之間界限模糊，注意力、認知、情感、動機建立在關係和規範之上；它與「相互依存的自我概念」基本上也是一致的。

上述研究仍未能細緻體現人際網絡中「親疏程度」的面向、以及「相互性」所造成的關係的流動性與模糊性，然而文獻也清楚顯示人與他人之間的互動原則，絕非「個人主義」與「集體主義」兩個面向所能完整涵蓋。「關係」存在於所有社會文化；所不同的，是關係存在的原因與維繫的方式（同屬一組織或群體、工具性利益或相互性）、及其對於人的影響程度與面向。換句話說，不同的文化社會在處理關係時所依循的原則尺度或有不同，但無損於「關係」本身的重要性。我們因此可以確立「關係」概念的「可共量性」，只是它從未被放置在「個人主義」與「集體主義」的框架之下討論。

5 提出新命題／學術主張

正如我們在前面幾章所提到的，符合學術規範是我們對研究最基本的要求；除此之外，是否能夠「見前人所未見」、提出新的有效命題或學術主張與根據，就是評量一項研究的最重要標準。在實際操作層面，研究人員在這階段最大的挑戰，是在各種可能的發展方向之中作出決定，並且將推理過程與事實依據建構成一套完整的論述、以面對未來別人的質疑與挑戰。回到「關係主義」的例子，我們確定「關係」在「人我互動」的重要性之後，接下來可能有兩種處理的方式。其一，是以「關係」取代「集體」，也就是將「組織或群體成員」列為「關係」的一種，理由是組織或群體成員的身分，不過是人與他人關係的一環。其二，是將「關係主義」列為「個人主義」與「集體主義」這兩個極端之外的第三個「人我互動」典型、成為一個新選項，理由是「關係主義」的指涉對象通常是彼此間有某種牽連的「他人」、而非包括許多「陌生人」的群體。最後我們認為「個人主義」、「關係主義」與「集體主義」在現實中究竟是三個獨立的面向或是可以視為兩個面

18 Marilynn B. Brewer and Wendi Gardner. 'Who Is This "We"? Levels of Collective Identity and Self Representations'. *Journal of Personality and Social Psychology*, 71(1), 1996, 83-93.

向還需要更進一步研究以釐清，因此在兩個方向中選擇了後者、並著手整理「個人」、「集體」、與「關係」三種類型在對待「自我」、「重要他人」、與「群體」的態度、以及人際互動規則的獨特型態。只是當時受限於時間，未能提出一套新的測試量表、並加以檢驗。

就現階段的研究而言，「關係主義」一文嘗試釐清「集體主義」的內涵、並據以挑戰「集體主義」研究過去所選擇的適用對象。然而「關係主義」本身並不是一個新的概念；將它重新定義、納入「個人主義」／「集體主義」的框架去檢視是一個新的嘗試，但是這一項學術主張的提出，只不過是走過了學術思辯過程的第一階段；在實證研究的脈絡下，「關係主義」是否能夠成立，也還必須經過反覆檢證的考驗。此外，就「關係主義」這樣一個孤立的例子來說明經由「不可共量性」來達到「可共量性」的過程，顯然是不足的；不同的議題與不同的研究領域必然有不同的考量。然而正如我們在前面提到的，方法可以不同，最重要的是掌握研究的主體性、細心處理「異質文化」問題，則發展學術論述的大原則與方向並不會有太大差別。

一項重要學術主張的發展，往往需要多年研究心得的累積、沉浸、激盪、反思、與檢討。孔恩在一九六〇年代提出「不可共量」的概念之後，引起許多迴響、也有許多批評。一直到他去世之前，孔恩仍然在澄清、修訂他早年的說法。還有學者在反覆思辯的過程中，完全背離了自己早年的學術主張、另尋新的出路。因此學術主張並非可以一蹴而幾；有學者畢生以一項學術主張傳世。但也有學者提出許許多多的主張卻無法引起學術界任何興趣或激盪出討論。但不論如何，現今研究很難逃過的一項檢驗，仍然是一個學位論文口試時經常會出現的問題：「So what？」；也就是，研究成果在整個理論知識版圖的意義與價值在哪裡？貢獻為何？

三、代結論

在社會科學的領域，所有研究都由一系列問題開始。在「社會科學本土化」的議題上，現階段最重要的並不是所有的問題是否都已有答案，而是我們究竟有沒有提出新的問題、分析框架與命題，進到下一個討論層次，還是一直在一些含混的概念與浪漫的願景上打轉？本書提出了一項學術主張，也就是以「可共量性」與「不可共量性」所共同營造的「共通性」作為非西方學界根扎本土、以及與西方學界理論對話的途徑。這麼做的意圖，並不在宣稱這是非西方與華人學界發展學術的唯一選擇，而是期待經過概念的澄清與議題的分析與討論，可以激發更多問題、以拓展更多的可能性與論述空間；所期待的是持續的對話。沒有徹底討論，所有的努力將停留在一個晦暗不明的狀態；我們不知道方向在哪裡，甚至也不知道真正的問題在哪裡。

在今天來看，西方知識體系既然是世界上現存的唯一知識體系，則「回歸本土」很難以「去西方」為前提、也不能像當年翻譯佛經的儒者，純以自己的方式及角度去解讀、使用西方論述。然而所有理論典範、甚至學術規範都可以、也需要挑戰；本土的現象、觀點、思想與文化價值也需要進入學術研究，然而要能夠有效地表述這些論點，我們必得要將之轉譯為現代學術語言。經過一段時日的相互學習、與現實客觀環境的改變，社會科學是否可能出現有如「文藝片」在今天電影研究的成果[19]？另外，許多由儒家價值為基礎的心理學或管理科學研究，在累積一定程度之後是否可能形成優勢典範？現階段我們不能肯定；然而如果放棄努力，則答案必然是否定的。

不論如何，今天美國與歐洲社會科學方法和理論的獨大，不能視為是某一學術社群所獨有的問題。這個問題沒有界線——無論是地理上的、或是學術上的。我們所面對的，並不只是學術平等、權力均衡與國際學界權力架構的宰制，而是社群整體而言，被剝奪了不同文化根源的哲學與知識論的豐富資產[20]，造成人力與學術資源的浪費，從而失去了成長與發展的機會。

華人學界要面對的最大挑戰，不是方法上的障礙、更不是所謂思想能力上的缺陷，而是如何重建中國知識份子在實施科舉制度以後就喪失的學術主體性、和因「西方主義」而喪失的自信心。更重要的，是必須重新深入認識被現代教育體制所削弱的文化資產，並且反思這資產在現代學術中的價值、賦以時代意義。正如張佩瑤所指出的，「中華性」這個概念是需要「與時俱進」、不斷建構的；是「現在進行式」的[21]。相對於今天華人學界的表現，中國禪宗在科考陰影籠罩下的唐代大放異彩，不得不令我們懷疑，當時佛門中人深厚的儒學根基，讓他們的主體性在接觸異國思想時，自然而然地在這有限的自由空間展現了出來。相對地，如果以「國際競爭力」為導向的教育與學術政策又斤斤計較短期效益，則最終的結果，是更進一步驅使本土學界走上不歸路。如果我們在黑暗中不求有自己的火把，則最終也只能由別人的眼光中認識自己。如此又以什麼去貢獻學術、回饋社會？

第一代本土研究擎起「本土」的旗幟，勇敢地在「歐洲普世」的陣前起義了。起義

---

19 「文藝片」本來很難歸入電影研究既有的類目當中，但經過華裔學者與西方學者雙方的對話共同努力，如今文藝片已經成為電影研究的一個類目。參見 Emilie Yueh-yu Yeh, "Pitfalls of cross-Cultural analysis: Chinese Wenyi Film and Melodrama," in Georgette Wang,ed., *De-westernizing communication research : altering questions and changing frameworks* (London ; New York : Routledge, 2011), p.99-115.

20 A.A.Abdi, "Eurocentric discourses and African philosophies and epistemologies of education: Counter-hegemonic analyses and responses," *International Education*, 36 (1),2006, p.15-31.

21 張佩瑤，《傳統與現代之間：中國譯學研究新途徑》，湖南人民出版社，二〇一二年版，頁41。

是開疆闢土的開端，但不保證往後的太平盛世。歷史上「起義」者，有轟轟烈烈未久便煙消雲散的，例如黃巢、洪秀全；也有萬民歸順、開啟百年盛世的，例如劉邦、李淵。能夠成就數百年盛世的，都不只靠第一代。

同樣的，「立足本土、放眼天下」、發展本土學術與國際對話的鉅大工程要靠第一代，更要靠第二代、甚至以後世世代代的心血經營。

泰勒（Charles Margrave Taylor, 1931-）175,226,240,242,247,258
海德格（Martin Heidegger, 1889-1976）118,180-182,190,225,258,262,264
涂爾幹（David Emile Durkheim, 1858-1917）182,190
馬可孛羅（Marco Polo, 1254-1324）56
馬克思（Karl H. Marx, 1818-1883）20,62,102,103,117
馬庫色（Herbert Marcuse, 1898-1979）117,124,235,236
馬祖瑞（Ali A. Mazuri）90
高達美（Hans-George Gadamer, 1900-2002）117,182,190,216,224,226,228,230,240,247,256,262

十一劃

康有為（1858-1927）65,70-72
康德（Immanuel Kant, 1724-1804）117,118,203,262
張之洞（1837 ~1909）70,72
梁啟超（1873-1929）57,66-70,232
莫斯（Marcel Mauss, 1872-1950）182
陳光興 46,153
麥金泰爾（Alasdair MacIntyre, 1929-）222,232,250
麥奎爾（Denis McQuail）103

十二劃

傅柯（Michel Foucault, 1926-1984）63,100
傅斯年（1896-1950）76
勞思光（1927-2012）34,130,139,168,202,203,214
曾志朗 24
曾廉 72,73
華勒斯坦（Immanuel Wallerstein, 1930-）16,172,173,246,254
費正清（John King Fairbank, 1907-1991）124
費孝通（1910-2005）26,276
費耶本（Paul K. Feyereabend, 1924-1994）184
鄂蘭（Hannah Arendt）231
馮友蘭（1895-1990）130,134,137
黃光國 24,204,209,212,214,277
黑格爾（Georg Wilhelm Friedrich, 1770-1831）117

八劃

九劃

十劃

人名索引

三劃

四劃

五劃

六劃

七劃

十三劃

十四劃

十五劃

十六劃

十九劃

二十劃（及以上）

六劃

七劃

八劃

概念索引

一劃

一元論（monism） 148,174,176,194,196,203,214
一般文化取徑（culture-general approach）154,168,170,172,193

三劃

大敘述（grand narrative） 33,184,186
小敘述（little narrative） 33,106,186,201

四劃

不可共量性（incommensurability）209,214,218,221-222,230-234,237-238,243,245-250,253,256-258,265,267,275-276,280-281
中學為體、西學為用 70
五四運動 58,67,73,104,128
公共論域（public sphere）14,28-31,231-232,244-246,268
文化中心主義（culturecentrism）160,166
文化心理學（cultural psychology） 18,164,187,188,270,278
文化同質化（acculturation）252
文化相對主義（cultural relativism）195
文化面向理論 （cultural dimension theory）270
方法論（methodology）20,43,87,116,117,122,124,156,163,170,172,180,197,200,202,214,226,261

五劃

主流典範（dominant paradigm）33,34,118,167
他者（the Other）2,7,46,50-53,68,69,73,100,104,108,160,205
功能人類學（functional anthropology）26
可比較性（comparability）214
可共量性（commensurability） 214,215,221,239,242-246,249-254,257-259,265,266, 276,278,280,281
可修改性（revisability）191
可溝通性（communicability）214
外推（strangification）204-210,214
本土化（indigenization）1-10,12-17,19-22,26,38,45,102,109,140,147,151-154,

中西對話

邁向第二代本土研究
社會科學本土化的轉機與危機

作　　者：汪　琪
叢書主編：汪　琪
發 行 人：王春申
副總編輯：沈昭明
編輯部經理：葉幗英
責任編輯：徐　平
封面設計：吳郁婷
校　　對：趙蓓芬

出版發行：臺灣商務印書館股份有限公司
10046 台北市中正區重慶南路一段三十七號
電話：(02)2371-3712　傳真：(02)2371-0274
讀者服務專線：0800056196
郵撥：0000165-1
E-mail：ecptw@cptw.com.tw
網路書店網址：www.cptw.com.tw
網路書店臉書：facebook.com.tw/ecptwdoing
臉書：facebook.com.tw/ecptw
部落格：blog.yam.com/ecptw

局版北市業字第 993 號
初版一刷：2014 年 10 月
定價：新台幣 360 元

ISBN 978-957-05-2961-5

邁向第二代本土研究：社會科學本土化的轉機與危機
／汪琪 著. --初版. --臺北市：臺灣商務，2014. 10
面； 公分. --（中西對話）

ISBN 978-957-05-2961-6（平裝）

1.文化研究 2.本土化

541.2 103016757

讀者回函卡

感謝您對本館的支持，為加強對您的服務，請填妥此卡，免付郵資寄回，可隨時收到本館最新出版訊息，及享受各種優惠。

■ 姓名：________________ 性別：□ 男 □ 女

■ 出生日期：______年______月______日

■ 職業：□學生 □公務(含軍警) □家管 □服務 □金融 □製造
□資訊 □大眾傳播 □自由業 □農漁牧 □退休 □其他

■ 學歷：□高中以下（含高中）□大專 □研究所（含以上）

■ 地址：________________
____

■ 電話：(H) ________________ (O) ________________

■ E-mail：________________

■ 購買書名：________________

■ 您從何處得知本書？

□網路 □DM廣告 □報紙廣告 □報紙專欄 □傳單
□書店 □親友介紹 □電視廣播 □雜誌廣告 □其他

■ 您喜歡閱讀哪一類別的書籍？

□哲學・宗教 □藝術・心靈 □人文・科普 □商業・投資
□社會・文化 □親子・學習 □生活・休閒 □醫學・養生
□文學・小說 □歷史・傳記

■ 您對本書的意見？（A/滿意 B/尚可 C/須改進）

內容 ________ 編輯________ 校對________ 翻譯________
封面設計________ 價格________ 其他________________

■ 您的建議：________________

※ 歡迎您隨時至本館網路書店發表書評及留下任何意見

臺灣商務印書館 The Commercial Press, Ltd.

台北市100重慶南路一段三十七號 電話：(02)23115538
讀者服務專線：0800056196 傳真：(02)23710274
郵撥：0000165-1號 E-mail：ecptw@cptw.com.tw
網路書店網址：www.cptw.com.tw 部落格：http://blog.yam.com/ecptw

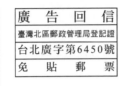